大学体育与健康

微课版

主　编　韩秋红
副主编　侯建柱
参　编　张红华　张小敬　赖新明　孙有智　叶木华
　　　　王学生　姜辉军　李慎广　卢　伟　杨永昭　金志鸿

清华大学出版社
北京

内 容 简 介

本书分为3篇：第一篇为理论知识篇，系统阐述了体育和健康的概念、体育锻炼的科学指导、运动损伤的预防和处理，为广大学生进行体育实践奠定理论基础和提供科学指导；第二篇为体育实践篇，分别介绍了球类运动、形体健美运动、武术运动、新兴体育运动4类体育运动项目的技术要领、比赛规则和考核评价标准，旨在培养大学生对体育锻炼的兴趣，并使他们逐步掌握相应的运动技能；第三篇是学习评价篇，主要阐述了"体育与健康"课程学习评价、体质健康测试与课外体育锻炼等相关内容，以让学生对学校的体质健康测试、课外体育锻炼、体育与健康成绩测试等政策有所认知，并能认真对待。

本书为高等学校公共体育教材，也可作为体育爱好者、教练员、运动员的参考书。

版权所有，侵权必究。举报：010-62782989，beiqinquan@tup.tsinghua.edu.cn。

图书在版编目（CIP）数据

大学体育与健康：微课版 / 韩秋红主编. -- 北京：清华大学出版社, 2024.9. -- ISBN 978-7-302-67326-2

Ⅰ. G807.4; G647.9

中国国家版本馆CIP数据核字第2024GA3408号

责任编辑：袁勤勇　杨　枫
封面设计：刘　键
责任校对：王勤勤
责任印制：丛怀宇

出版发行：清华大学出版社
网　　址：https://www.tup.com.cn, https://www.wqxuetang.com
地　　址：北京清华大学学研大厦A座　　邮　编：100084
社 总 机：010-83470000　　邮　购：010-83470235
投稿与读者服务：010-62776969, c-service@tup.tsinghua.edu.cn
质量反馈：010-62772015, zhiliang@tup.tsinghua.edu.cn
课件下载：https://www.tup.com.cn, 010-83470236

印 装 者：北京鑫海金澳胶印有限公司
经　　销：全国新华书店
开　　本：185mm×260mm　　印　张：19.25　　字　数：453千字
版　　次：2024年9月第1版　　印　次：2024年9月第1次印刷
定　　价：58.00元

产品编号：105723-01

前 言
FOREWORD

党的二十大报告指出,广泛开展全民健身活动,加强青少年体育工作,促进群众体育和竞技体育全面发展,加快建设体育强国。"大学体育与健康"相关课程是推进素质教育,加强高校体育课程建设,深化体教融合,提高体育教学质量,实现体育教学目标的重要载体。

随着高校"体育与健康"课程教学改革的不断深入,体育与健康教学理论和实践的研究和探索日益活跃,高校体育与健康教材也越来越多,这是高校体育理论和教学改革繁荣兴旺的景象,也是高校体育教学走向科学化的象征。自"体育与健康"步入高校的课堂以来,"体育与健康"教材便开始孕育、脱胎和发展,100多年来,各类版本的高校"体育与健康"教材接踵而至。然而,随着社会经济的不断发展,大学生的学习和就业压力不断增大,再加上智能终端的普及给大学生带来了各方面的影响与困惑,导致他们很少有时间从事体育运动,甚至对体育运动失去了兴趣。因此,在"健康第一"思想的指导下,以《全国普通高等学校体育课程教学指导纲要》和《国家学生体质健康标准》为依据,结合教学实际情况,作者完成了本书的编撰工作。

本书分为3篇。第一篇为理论知识篇,系统阐述了体育和健康的概念、体育锻炼的科学指导、运动损伤的预防和处理,为广大学生进行体育实践奠定理论基础和提供科学指导;第二篇为体育实践篇,分别介绍了球类运动、形体健美运动、武术运动、新兴体育运动4类体育运动项目的技术要领、比赛规则和考核评价标准,旨在培养大学生对体育锻炼的兴趣,并使他们逐步掌握相应的运动技能;第三篇是学习评价篇,主要阐述了"体育与健康"课程学习评价、体质健康测试与课外体育锻炼等相关内容,以让学生对学校的体质健康测试、课外体育锻炼、体育与健康成绩测试等政策有所认知,并能认真对待。

本书系湖州师范学院重点教材建设项目,由韩秋红担任主编,负责统稿和第1章,5.4节,6.1、6.3节部分,第7章和第8章的编写;侯建柱担任副主编,主要负责第2章、4.3、4.4节的编写。参加编写的还有:王学生,负责3.4节,6.3节部分;孙有智,负责3.1、4.2节;叶木华,负责3.3、4.1节;张红华,负责5.2、5.3、6.2节;赖新明,负责3.5、3.7、6.4节;金志鸿,负责3.2节;李慎广,负责3.6节;张小敬,负责5.1、5.5、5.6节;姜辉军,负责5.7、5.8节;卢伟,负责6.5节;杨永昭,负责6.6节。

在本书的编写过程中,得到了冯火红教授、刘炼副教授、耿家先副教授和许多朋友的帮助,也得到了清华大学出版社领导和编辑们的大力支持,得到了湖州师范学院重点教材建设项目的资助,在此,一并表示衷心的感谢。

由于作者时间和写作水平有限,书稿虽几经修改,仍难免有疏漏之处,恳请同行专家和读者批评指正。

作　者
2024 年 5 月

目录
CONTENTS

第一篇 理论知识篇

第1章 体育与健康概述 3
1.1 体育概述 3
1.1.1 体育的概念界定 3
1.1.2 体育的功能介绍 6
1.2 健康概述 8
1.2.1 健康的概念 8
1.2.2 影响健康的因素 10
1.2.3 亚健康状态介绍 10
1.2.4 文明健康的生活方式 11
1.3 体育锻炼与身心健康 11
1.3.1 体育锻炼与身体健康 12
1.3.2 体育锻炼与心理健康 12
1.4 体育锻炼的科学指导 14
1.4.1 体适能概念界定 14
1.4.2 体育锻炼应遵循的原则 16
1.4.3 一次体育锻炼的科学安排 17

第2章 运动损伤的预防处理 20
2.1 运动损伤概述 20
2.1.1 运动损伤的定义 20
2.1.2 运动损伤发生的原因 20
2.2 运动损伤的预防与处理 21
2.2.1 运动损伤的预防 21
2.2.2 运动损伤的处理 23

第二篇 体育实践篇

第3章 球类运动——秀出技巧 突显合作 35
3.1 篮球 35

    3.1.1 篮球运动概述……………………………………………………………… 35
    3.1.2 篮球运动基本技术…………………………………………………………… 35
    3.1.3 篮球运动基本战术…………………………………………………………… 46
    3.1.4 篮球运动竞赛规则简介……………………………………………………… 46
    3.1.5 篮球选项课考核评价标准…………………………………………………… 46
3.2 气排球……………………………………………………………………………… 47
    3.2.1 气排球运动概述……………………………………………………………… 47
    3.2.2 气排球运动基本技术………………………………………………………… 49
    3.2.3 气排球运动基本战术………………………………………………………… 51
    3.2.4 气排球运动竞赛规则简介…………………………………………………… 51
    3.2.5 气排球选项课考核评价标准………………………………………………… 51
3.3 足球………………………………………………………………………………… 52
    3.3.1 足球运动概述………………………………………………………………… 52
    3.3.2 足球运动基本技术…………………………………………………………… 53
    3.3.3 足球运动基本战术…………………………………………………………… 57
    3.3.4 足球运动竞赛规则简介……………………………………………………… 57
    3.3.5 足球选项课考核评价标准…………………………………………………… 58
3.4 乒乓球……………………………………………………………………………… 58
    3.4.1 乒乓球运动概述……………………………………………………………… 58
    3.4.2 乒乓球运动基本技术………………………………………………………… 59
    3.4.3 乒乓球运动基本战术………………………………………………………… 71
    3.4.4 乒乓球运动竞赛规则简介…………………………………………………… 71
    3.4.5 乒乓球选项课考核评价标准………………………………………………… 71
3.5 羽毛球……………………………………………………………………………… 73
    3.5.1 羽毛球运动概述……………………………………………………………… 73
    3.5.2 羽毛球运动基本技术………………………………………………………… 74
    3.5.3 羽毛球运动基本战术………………………………………………………… 87
    3.5.4 羽毛球运动竞赛规则简介…………………………………………………… 88
    3.5.5 羽毛球选项课考核评价标准………………………………………………… 88
3.6 网球………………………………………………………………………………… 89
    3.6.1 网球运动概述………………………………………………………………… 89
    3.6.2 网球运动基本技术…………………………………………………………… 89
    3.6.3 网球运动基本战术…………………………………………………………… 98
    3.6.4 网球运动竞赛规则简介……………………………………………………… 98
    3.6.5 网球选项课考核评价标准…………………………………………………… 98
3.7 嗒嗒球……………………………………………………………………………… 99
    3.7.1 嗒嗒球运动概述……………………………………………………………… 99
    3.7.2 嗒嗒球运动基本技术………………………………………………………… 99

  3.7.3 嗒嗒球选项课考核评价标准 …… 109

第 4 章 形体健美运动——塑造形体 展现优雅 …… 110

 4.1 有氧搏击操与健身舞 …… 110
  4.1.1 有氧搏击操与健身舞概述 …… 110
  4.1.2 有氧搏击操与健身舞基本技术 …… 111
  4.1.3 有氧搏击操与健身舞选项课考核评价标准 …… 117
 4.2 健美操 …… 118
  4.2.1 健美操概述 …… 118
  4.2.2 健美操基本动作 …… 118
  4.2.3 健美操选项课考核评价标准 …… 124
 4.3 体育舞蹈 …… 125
  4.3.1 体育舞蹈概述 …… 125
  4.3.2 体育舞蹈之拉丁舞基本技术 …… 126
  4.3.3 体育舞蹈选项课考核评价标准 …… 132
 4.4 形体训练 …… 133
  4.4.1 形体训练概述 …… 133
  4.4.2 形体训练基本技术 …… 134
  4.4.3 形体训练选项课考核评价标准 …… 140

第 5 章 武术运动——兼修文武 弘扬国粹 …… 141

 5.1 武术基本功 …… 141
  5.1.1 基本手型 …… 141
  5.1.2 基本手法 …… 141
  5.1.3 基本步型 …… 142
  5.1.4 基本步法 …… 142
  5.1.5 基本腿法 …… 143
  5.1.6 柔韧性练习 …… 143
  5.1.7 平衡练习 …… 144
 5.2 太极拳 …… 144
  5.2.1 太极拳运动概述 …… 144
  5.2.2 简化太极拳的基本手型、步型和手法、步法、腿法、技法 …… 145
  5.2.3 八式太极拳(一段位)套路动作 …… 147
  5.2.4 十六式太极拳(二段位)套路动作 …… 152
  5.2.5 太极拳选项课考核评价标准 …… 153
 5.3 健身气功 …… 154
  5.3.1 健身气功概述 …… 154
  5.3.2 八段锦基本技术 …… 155

5.3.3　八段锦选项课考核评价标准 …………………………………… 166
5.4　女子防身术 ………………………………………………………………… 166
　　5.4.1　女子防身术概述 ……………………………………………………… 166
　　5.4.2　女子防身术基本技术 ………………………………………………… 169
　　5.4.3　女子防身术选项课考核评价标准 …………………………………… 177
5.5　空手道 ……………………………………………………………………… 178
　　5.5.1　空手道概述 …………………………………………………………… 178
　　5.5.2　空手道基本技术动作 ………………………………………………… 179
　　5.5.3　空手道选项课考核评价标准 ………………………………………… 184
5.6　跆拳道 ……………………………………………………………………… 185
　　5.6.1　跆拳道概述 …………………………………………………………… 185
　　5.6.2　跆拳道基本技术动作 ………………………………………………… 187
　　5.6.3　跆拳道选项课考核评价标准 ………………………………………… 188
5.7　太极功夫扇 ………………………………………………………………… 189
　　5.7.1　太极功夫扇概述 ……………………………………………………… 189
　　5.7.2　太极功夫扇基本技术动作 …………………………………………… 190
　　5.7.3　太极功夫扇选项课考核评价标准 …………………………………… 206
5.8　三路长拳 …………………………………………………………………… 207
　　5.8.1　三路长拳概述 ………………………………………………………… 207
　　5.8.2　三路长拳基本技术动作 ……………………………………………… 209
　　5.8.3　三路长拳选项课考核评价标准 ……………………………………… 223

第 6 章　新兴体育运动——放松身心　张弛有度 ………………………… 225

6.1　拓展趣味运动 ……………………………………………………………… 225
　　6.1.1　拓展趣味运动概述 …………………………………………………… 225
　　6.1.2　拓展趣味运动技术及规则 …………………………………………… 225
　　6.1.3　拓展趣味运动选项课考核评价标准 ………………………………… 227
6.2　花样跳绳 …………………………………………………………………… 229
　　6.2.1　花样跳绳概述 ………………………………………………………… 229
　　6.2.2　花样跳绳技术及规则 ………………………………………………… 231
　　6.2.3　花样跳绳选项课考核评价标准 ……………………………………… 238
6.3　极限飞盘 …………………………………………………………………… 238
　　6.3.1　极限飞盘概述 ………………………………………………………… 238
　　6.3.2　极限飞盘技术及规则 ………………………………………………… 240
　　6.3.3　极限飞盘选项课考核评价标准 ……………………………………… 245
6.4　定向运动 …………………………………………………………………… 246
　　6.4.1　定向运动概述 ………………………………………………………… 246
　　6.4.2　定向运动技术及规则 ………………………………………………… 247

		6.4.3	定向运动选项课考核评价标准 ··	253

| 6.5 | 门球 | ·· | 254 |

		6.5.1	门球运动概述 ··	254
		6.5.2	门球运动技术及规则 ··	254
		6.5.3	门球选项课考核评价标准 ··	257

| 6.6 | 轮滑 | ·· | 258 |

		6.6.1	轮滑运动概述 ··	258
		6.6.2	轮滑运动技术及规则 ··	258
		6.6.3	轮滑选项课考核评价标准 ··	262

第三篇　学习评价篇

第 7 章　"体育与健康"课程学习评价 ·· 267

7.1　体育学习评价概述 ·· 267

　　7.1.1　"体育与健康"课程学习评价的目的 ··· 267
　　7.1.2　"体育与健康"课程学习评价的观点 ··· 268

7.2　体育学习评价的内容与方法 ·· 270

　　7.2.1　"体育与健康"课程学习评价的内容 ··· 270
　　7.2.2　"体育与健康"课程学习评价的方法 ··· 271
　　7.2.3　"体育与健康"课程学习评价的主体 ··· 274

第 8 章　体质健康测试与课外体育锻炼 ·· 276

8.1　国家学生体质健康标准 ·· 276

　　8.1.1　《标准》的重要性 ·· 276
　　8.1.2　测试项目及权重 ·· 276
　　8.1.3　测试项目评分表 ·· 277
　　8.1.4　特殊学生的处理 ·· 277

8.2　课外体育锻炼的重要性及注意事项 ·· 281

　　8.2.1　课外体育锻炼的重要性 ··· 281
　　8.2.2　课外体育锻炼的注意事项及要求 ··· 282

附录 A　"大学体育与健康"课程成绩计算办法 ··· 283

附录 B　"大学体育与健康"课程学生免测相关规定 ····································· 285

附录 C　免予执行《四项体能测试和课外体育锻炼》申请表 ······················· 286

附录 D　免予执行《国家学生体质健康标准》申请表 ··································· 287

附录 E　课外体育锻炼方案 ··· 288

参考文献 ··· 294

第一篇 理论知识篇

第1章 体育与健康概述

1.1 体育概述

1.1.1 体育的概念界定

19世纪末,"体育"这个词传入我国,100多年来人们一直围绕着"何为体育"进行了不倦的探索,高潮迭起,持续不断,仁者见仁,智者见智,损益相随。然而,科学、准确地界定体育概念,关系到体育的客观真实性,关系到国家的体育方针政策,关系到国家体育发展的方向,关系到国民素质的自强性和厚德性……总之,它对人的发展,社会的发展以及体育学科自身的发展都有重要意义。

关于"体育是什么"的研究一直处于百家争鸣的氛围中,本书作者在查阅大量的文献后,将体育概念争论的焦点与实质归纳为以下几点,不当之处,敬请众位专家、同仁、读者指正。

1. 体育概念争论的焦点

(1) 社会文化活动(现象)与教育过程(Sports and Physical Education)之争。

有的学者认为体育是一种社会文化活动(现象),体育教育(身体教育)、竞技运动等都包括在内。有的学者认为体育是一个教育过程,竞技运动不应包括在内。在欧洲,19世纪上半叶曾围绕Sports算不算体育发生过长达10年之久的争论;在日本,20世纪80年代,同样就体育与竞技的归属展开了争论。在我国,20世纪初的"兵操废存"之争和20世纪80年代的"真义体育"之争也是围绕Sports与Physical Education展开的。直至今日,仍然没有一个统一的认识。

(2) "身体的教育"与"通过身体的教育"之争。

有的学者认为体育是"身体的教育",有的学者认为体育是"通过身体的教育"。"身体的教育"(Education of the Physical)与"通过身体的教育"(Education Through the Physical)之争源自英美,20世纪30—40年代在我国曾有过热烈讨论。20世纪80年代,有些学者曾提出过这一问题,但似乎未产生重要影响。近年来,又有学者提到这一问题。

"社会文化活动(现象)与教育过程之争"涉及体育的内涵与外延,关系到国家的体育方针和政策。"身体的教育"与"通过身体的教育"之争关系到学校体育,特别是体育教学的指导思想。虽然它们在涉及面的广度方面有些差异,但对体育概念的界定都有重要影响。

2. 体育概念争论的实质

（1）身与心（形与神）的关系。

身与心，我国古代称形与神，是一个哲学问题，也可以说是一个体育问题。

其实，人类很早就开始探索身心（形神）的关系了，直到今天，这个问题还是哲学和科学上的前沿问题之一。

在西方，苏格拉底认为灵魂（心）与身体是根本对立的，如灵魂是单一的，高尚的，身体是复合的，可鄙的，要消除这种对立，唯一的办法就是牺牲肉体的欲求。苏格拉底的这种身体可鄙观为基督教"肉体是灵魂的监狱"埋下了伏笔。另外，苏格拉底还认为灵魂对身体的某种依赖性，如身体的健康状况直接影响到精神状态和理智活动的成败，所以他也很重视体育锻炼，并告诫人们应该成为体育内行，不应该成为体育的门外汉。

亚里士多德认为灵魂（心）与身体是不可分割的。身体不能离开灵魂而独立存在，因为身体是质料，如果没有灵魂亦即没有形式，它就不是现实的，有机的身体。同样，灵魂也不能跟身体分开。灵魂如果离开了身体，就等于无。亚里士多德第一次较系统地阐述了德育、智育、体育的关系。

唯意志主义者尼采等认为意志是世界的本原、本体或物自体，存在于万事万物之中，通过万事万物表现在人身上，意志是以中心、本质、本体的资格而存在的。也就是说，身体与意志实际上是一回事，显然这是不真实的。

在我国古代，身心也称为形神，既是一个哲学问题，又是一个养生问题。从哲学角度看，有两个根本命题：一个是物质和意识的关系问题，亦即谁是第一性、谁是第二性的问题；另一个是客观世界可不可以认识的问题。前一个问题表现在心理思想上又具体化为两个方面：第一，神与行，即心与身、心理与生理的关系问题；第二，心与物，即心须由物引起还是由形自生的问题。

从养生角度看，中国古代养生与上面提到的第一个问题关系密切，也就是说与"物质和意识的关系问题"联系密切，特别是与"神与形即心与身、心理与生理的关系问题"的联系更为密切。

庄子提出："精神生于道，形本生于精"，认为神不依赖于形体而独立存在，形体是从精神产生的。更有甚者，南朝梁武帝提出"神不灭"论等，都是唯心主义形神观。东晋葛洪有"形须神而立""身（形）劳则神散"等观点，有唯物主义倾向。但他认为"举形升虚，谓之天仙"，只有形神不离，形神才会一道起飞，升天成仙，入于虚幻世界，表现出唯心主义形神一元论。

养生，亦称摄生，是保养身体、养护生命之意。中国古代在养生方面，有注重养形的，其方法侧重"动养"；有注重养神的，其方法侧重"静养"。一般来说，唯物主义者倾向养形，主张动养；唯心主义者倾向养神，主张静养。当然，这不是绝对的。中国古代学校体育不发达，奴隶社会学校体育受军事训练影响，以练形为主。漫长的封建社会学校可以说无体育可言，只是在一些私学中或多或少有一些养生内容，有的主张静养，如朱熹等；有的主张动养，如苏轼、颜元等；有的主张"动静结合"，如王夫之等。不论动养、静养或动静结合，对身体健康都有促进作用。

20世纪30—40年代，著名体育教育家袁敦礼先生就身心一元论、二元论阐述了"身体的教育"和"通过身体的教育"的关系。袁先生虽然态度包容,但倾向于体育乃"通过身体的教育"也,更重"育心"。20 世纪 80 年代,一些学者主张"体育就是体质教育",强调"育体"。

体育运动,体育教学与训练,与身心问题有密切联系。"身体的教育"关注的是人的体质,"通过身体的教育"关注的是人的心理和精神。以上这些思想对我们界定体育概念有重要指导意义。

(2) 科学与人文的关系。

当代哲学具有两条主线:一是"科学主义思潮";二是"人本主义思潮"。当代教育改革同样有两条主线:"一是以适应外在的、社会科技和经济发展为旨趣;二是以适应内在的、受教育者自身精神的需要为鹄的。"

科学主义,也称纯科学主义、唯科学主义、科技主义等。科学主义关心的是对"是什么"的回答,用科学与不科学来衡量一切事物,这样就把价值、人的存在、情感、人的发展等一概排斥在科学大门之外,它把科学技术所提供的自然界演化图景当作终极的实在图景,并上升到本质的高度。它用自然科学的眼光来看待人文社会科学的研究对象,力图用自然科学的研究方法规范人文社会科学的研究方法等。

人文主义,也称人道主义或人本主义,以人为本是其主张和信念。尊重人的尊严和价值,歌颂人的智慧和力量,注重培养学生的个性和主体性,发掘人的潜力,关怀人的生存和发展是人文主义的根本特点。

在我国,竞技运动是一项国家事业,国家体育总局颁布的《奥运争光计划纲要》明确提出:"加强科学训练,向管理和科技要成绩"。2008 年北京奥运会提出"科技奥运",都有明显的科技取向。实际上,"体质教育"本身就有明显的科技倾向。其他教学思潮,如主智主义、行为主义、结构主义等也都有明显的科技倾向。我国在竞技运动研究中,出现了"竞技教育学",提出"夺标育人"观念,这是科学与人文相结合的良好尝试。2008 年北京奥运会在提出"科技奥运"的同时,还提出"人文奥运""绿色奥运",这是奥运史上的创举。在体育教育中,出现了人文倾向的"快乐教学""成功教学"等模式。特别是把"健康第一"作为学校体育的指导思想,将身体健康、心理健康、社会适应融为一体,为科学与人文相结合开了一个好头。只有明确体育概念争论的实质,才能准确界定体育的概念,明确我国体育特别是学校体育的发展方向。

3. 体育概念界定原则

要想准确地描述体育的概念,必须遵守一定的原则。对此,熊斗寅先生提出七条原则,中国体育科学学会科学理论分会 1982 年在烟台的学术会议上确定了三项原则。张元先生也提出了几条原则,现归纳如下。

(1) 合理应用亚里士多德公式。

亚里士多德为概念的确定制定了一个公式,即种概念＝属(概念)＋种差。这是大家非常熟悉而且经常应用的一个公式。如果把体育的概念即上位概念定为"教育",那么体育就是"教育过程"了;如果把体育的上位概念定为"文化",那么体育就是一种"文化现象"了;如果把体育的上位概念定为"身体活动",那么体育就属于"身体活动范畴"了。张洪谭先生说:"体育是旨在强化体质的一切非生产性的人体活动"。吴光远先生说:"体育是人类通过身体练习来改造自身身体、挑战身体极限的实践活动"。当然还有很多专家对体育进行界定,这里不再一一列举。

概念是客观事物在人们头脑中的反映。为什么人们对同一个"体育"得出不同的结论(概念)呢?可以说是观点、方法问题了。观点上表现出身心观、科学观、人文观等的差异,方法上表现出能否合理应用亚里士多德公式。

(2) 功能不可泛化。

功能即事物的功效和作用。给体育概念作界定,是要说明体育"是什么",不是谈体育"干什么""为什么干""为了什么干",如"增强体质""提高技术水平""丰富社会生活""提高教育水平""促进物质文明和精神文明建设"等。无须把功能加在体育概念之内。

(3) 考虑"体育中国化"的国情。

任何"舶来品",要想在中国这块土地上生根发展,必然要走"中国化"之路。如以苦、集、灭、道为教义的佛教传入中国后,吸收了中国的儒、道等文化,才在中国发展起来,并且产生了名震海内的少林武术。西方体育传入中国后,同样会有一个"中国化"的过程。因此,在给体育下定义时,既要与国际接轨,也要考虑我国国情,切忌全盘照搬。毕世明先生和谷世权教授指出:在实践中诞生和发展的"体育"总概念不能否定。

(4) 体育的概念。

根据对体育概念设定的原则,再加上对体育概念争论的焦点与实质的分析,研究认为,体育是人类以自身为对象实现自我超越的身心活动。"身心活动"是体育的外延和共性,涵盖各种体育形式。"以自身为对象"是体育的内涵,也就是体育的本质属性,它有别于以自然为对象的生产活动,也有别于身体暴力活动;它是身体的超越(健身),也是心理的超越(健心);它可以极限超越,也可以弱度超越;它可以是竞技,也可以是教育;它可以是娱乐,也可以是苦行;它可以是目的,也可以是手段。

1.1.2 体育的功能介绍

体育理论是体育实践的概括反映。体育功能作为一种理论概括和总结,首先必然来自实实在在的体育实践活动,再通过体育实践检验完善的基础上,返回体育实践,指导人们的体育实践,推动体育实践发展。关于体育功能的认识,主要有以下几种观点。

体育的功能是指体育以其自身特点作用于人和社会所能产生的良好影响和效益。鲍冠文在《体育概论》一书中指出:"体育的功能是指体育在人的自我完善和社会发展过程中所表现出来的作用或价值。"周西宽在《体育基本理论教程》中指出:"体育功能是体育系统和社会系统相互作用于人、社会所具有的作用。"杨文轩等人在《体育概论》中指出:"体育功能是指体育这一文化现象对人和社会所能发挥的有利作用和效能。"分析不难发现,体育的功能主要是指体育对个体和社会所能发挥的作用和效能,具体功能如下。

(1) 强身健体功能。

经常参加体育运动,可以促进骨骼的生长发育,可以促进人体血液循环,加强新陈代谢,使骨的结构及性能发生变化。体育运动可以促进肌肉粗壮、结实、健美,还可以增强关节的灵活性和稳定性;体育运动可以改善和提高神经系统的反应能力,消除脑细胞疲劳,提高学习、工作效率,还可以预防和缓解神经衰弱;体育运动可以增强心脏血管机能,可以增大心室容积,可以增强血管壁弹性,预防心脑血管疾病的发生;体育运动可以加强呼吸机能,提高肺活量;适宜的体育运动对促进消化系统的发展有良好的作用。经常从事体育运动可增加人体能量物质的消耗,反射性地提高胃肠道的消化和吸收功能;体育锻炼能使人体内的脑啡肽含量增加,它能使人产生一种特殊的欣快感觉,这种欣快感对减轻忧愁、降低忧郁、焦虑、增强活力有积极的作用;适度的体育锻炼,还可以促进人体内分泌、内循环改善,提高人体自身免疫能力。

(2) 健康心理功能。

体育运动可以发展人的认知能力,均衡性的肢体运动还可以使左右半球的大脑产生兴奋,促进人智力的发展;体育运动可以完善人的性格、气质,每个人的性格和气质都是迥异的,但随着运动次数的增多,人格心理就会得到适当改变,在很大程度上人格特征会向外向型方向发展,紧张、焦虑程度降低,竞争力和创造性得到加强;坚持体育锻炼能够提高心理应激水平,使得人体在受到强烈的物理、化学、生物等作用或情绪发生变化时避免刺激对人体的损害,在遇到外界的强烈刺激时也能保持心理的平衡,使心理承受能力和健康水平都处于较高的状态。较高的心理应激水平可以使人更加从容地面对和克服困难,提升意志品质。

(3) 人际交往功能。

参加体育运动,能够增加人与人之间的交流,打破自我封闭,特别是一些集体性的体育活动,必须通过合作完成某个活动,在活动中人与人之间的接触交流会使得原有的孤独感、抑郁感淡化乃至消失。同时,通过体育活动能够使人获得自信,从而改变参与者对生活的看法及自己的个性和行为方式。人们在体育活动中形成的合作、竞争、遵守规则的意识和行为,通常会迁移到日常社会生活、学习和工作中,有利于人们理解和遵守社会规范的意义及重要性,有利于形成尊重他人的行为习惯,从而促进人际关系的和谐发展。

(4) 休闲娱乐功能。

体育具有休闲娱乐的功能主要有以下两个原因。一是体育活动始终关注人"自身自然"的发展。人们通过从事体育活动,能够有效地满足人体健康的基本需求,而身体健康状况对个人的生活满意度、幸福感、心情的愉悦程度都有着重要的影响。一般来说,一个人的身体健康水平越高,心情的愉悦程度也越高,反之则越低。二是体育活动存在大量的人与人的交往。体育活动作为一种娱乐方式,有大量的集体性活动内容。这些体育活动的参与过程也是参与者之间愉快地交往、分享快乐的过程。因此,体育是人类特有的一种休闲娱乐方式,它具有休闲娱乐的功能。重要的是,从满足人类需求的角度讲,体育的休闲娱乐功能是其他文化娱乐形式所不能够替代的。

(5) 生命美学功能。

体育对人的生命之美有极大的激发和促成作用。体育通过各种运动形式对人的生命之美进行激发和磨炼,增强了人的生命力。体育运动能够全面发展体能,增强体能素质以及机体适应能力。这种改善的结果就是使人产生旺盛的生物生命力,直接表现就是人体外型的美。通过体育运动,人的身姿变得挺拔,胸背部肌肉的体积逐渐增加,腰腹间沉积的多余脂肪得以消除,胸、臀部变得丰满而富有曲线,人的体质、容貌、身材、皮肤、毛发等方面都出现令人悦目的形状和优美的姿态。同时,人的这种旺盛的生物生命力也表现在体育活动,特别是体育竞技中。现代体育运动项目,如艺术体操、花样滑冰、花样游泳等给人一种形体上的美;铅球、摔跤等运动项目则会让人体会到一种力的美。无论是形体的美还是力的美,其本质都是旺盛生命力的体现。因此,体育活动是人体生物生命力的展现场所,它本身就是人的生物生命之美的一种形式。体育激发和促进了人的生物生命之美,而生物生命之美也在体育活动中得到完美的展现。另外,体育作为一种社会文化,与生活方式密切相关。健康的生活方式对人的体质与精神都大有益处。体育通过增强人的体质增进人体的机能,加强人的生命活力,最大限度地促使人发挥生理、精神、情绪和社会潜力,改进生活方式。人们生活方式的改进使其生命质量得以提高,对自身的感受力得以增强,这在一定程度上增进了人的审美感受力,提升了人的审美境界。这是体育激发人的生物生命之美的另一层面的解释。

1.2 健康概述

1.2.1 健康的概念

何谓健康?古往今来,人们对其有不同的解释。以往,由于受传统观念和世俗文化的影响,往往将健康单纯理解为"无病、无残、无伤"。早在古希腊时代,医生就相信健康是身体的完全平衡。在我国《辞海》中,将健康定义为"人体各器官系统发育良好,功能正常,体质健壮,精力充沛,并且具有劳动效能的状态。通常用人体测量、体格检查和各种生理指标来测量"。在美国也有类似的叙述,健康专家贝克尔认为,健康是"一个有机体或有机体的部分处于安宁状态,它的特征是机体有正常的功能,以及没有疾病"。

1. 健康三维观

随着社会的发展和科学技术的进步,人们完全突破了原先的思维模式,对健康的概念有了新的认识。1948 年,世界卫生组织对健康提出了一个明确和全面的定义:"健康是指在身体、心理和社会各方面都完美的状态,而不仅是没有疾病和虚弱"。从而使对健康的评价不仅基于医学生物学的范畴,而且扩大到心理和社会学的领域。由此可见,一个人只有在身体和心理上保持健康的状态,并具有良好的社会适应能力,才算得上真正的健康。

2. 健康四维观

1989 年,世界卫生组织在健康三维观的基础上又提出了"身体健康、心理健康、道德健康、社会适应良好"4 方面的健康标准。从这一点可以看出,健康是人的发展的基本目标,一个人只有在生物、心理、社会和道德 4 方面着手,才能有效地保证其健康幸福的生活,并提高生命质量。

3. 健康五要素

美利坚大学的国家健康中心提出了一个与健康三维观相似的健康定义,即个体只有身体、情绪、智力、精神和社会 5 方面都健康(也称为健康五要素),才称得上真正的健康,或称为完美状态。

(1) 身体健康。

身体健康不仅指无病,而且还包括体能,后者是一种满足生活需要和有足够的能量完成各种活动、任务的能力。具备这种能力,就可以预防疾病,增进健康,提高生活质量。

(2) 情绪健康。

情绪涉及对自己的感受和对他人的感受。情绪健康的主要标志是情绪的稳定性,所谓情绪的稳定性是指个体应对日常生活中人际关系和环境压力的能力。

(3) 智力健康。

智力健康指在长期的学习和生活中,人们的大脑始终保持活跃状态。有许多方法可以使大脑活跃、敏捷,如听课、与朋友讨论问题和阅读报刊书籍等。努力学习和勤于思考还能使人们有成就感和满足感。

(4) 精神健康。

精神健康对于不同宗教、文化和国籍的人意味着不同的内容,主要包括理解生活基本目的的能力,以及关心和尊重所有生命体的能力。

(5) 社会健康。

社会健康指个体与他人及社会环境相互作用、具有和谐的人际关系和实现社会角色的能力。此能力将使人们在交往中有自信感和安全感,少生烦恼,心情舒畅。

4. 健康的十条标准

2000年,世界卫生组织提出了健康的十条标准。

(1) 有充沛的精力,能从容不迫地应付日常生活和工作压力而不感到紧张。
(2) 处事乐观,态度积极,乐于承担责任,事无巨细,不挑剔。
(3) 善于休息,睡眠良好。
(4) 应变能力强,能适应外界环境的各种变化。
(5) 能抵挡一般性的感冒和传染病。
(6) 体重适当,身体匀称,站立时头、肩、臀的位置协调。
(7) 反应敏锐,眼睛明亮,眼睑不发炎。
(8) 头发有光泽,无头屑。
(9) 牙齿清洁,无空洞,无痛感,无出血现象,齿龈颜色正常。
(10) 肌肉和皮肤富有弹性,行走轻松自如。

5. 身心关系

不管是健康三维观、健康四维观、健康五要素,还是健康的十条标准,仔细分析不难发现,健康诸要素之间的关系实际上就是身心之间的关系。近年来的研究表明,人的生理和心理之间存在着相互作用的关系。生理健康(即身体健康)有助于心理健康,例如,塔科(Turker)1990年的研究显示,生理健康水平较高的被试者心理抑郁水平较低。同样,人体生理方面的疾病或异常情况也会引起心理或行为方面的病症。例如,由于病菌的侵入使得大脑中枢神经受到损伤,患者会神志不清,对空间、时间和人物的定向能力将大为减退,记忆、推理和计算能力出现明显下降。再如,甲状腺的主要功能是控制人体的新陈代谢,甲状腺素分泌过多,使得人体的新陈代谢速度加快,个体便会产生紧张反应,表现为肢体颤动、情绪激动、注意力难以集中、焦虑不安和失眠等。反之，当甲状腺素分泌不足时，使得新陈代谢的速度减慢，患者的心理活动趋于迟钝，具体表现为反应缓慢、记忆力减退，且有抑郁倾向。身体健康有助于心理健康，心理健康也同样影响着身体健康。古人云"怒伤肝，喜伤心，忧伤肺，恐伤肾，思伤脾"。身体健康与心理健康是相互影响、相互作用的，身体健康是心理健康的基础，心理健康有助于身体健康，只有这两方面保持和谐统一，才能真正达到健康状态。

1.2.2 影响健康的因素

世界卫生组织的资料显示，每个人的健康与长寿，60%取决于自身状况，15%取决于遗传，10%取决于社会因素，8%取决于医疗条件，7%取决于生活环境和地理气候条件的影响。对取决于人们自身状况的因素来说，影响人的健康与长寿的关键是每个人的生活方式和行为习惯。生活方式是指人们长期受一定文化、民族、经济、社会、风俗、家庭等影响而形成的一系列生活习惯、生活制度和生活意识。人类在漫长的发展过程中，虽然很早就认识到生活方式与健康有关，但由于人们一直认为危害人类生命的各种传染病是人类死亡的主要原因，从而忽视了生活方式对健康的影响。直到19世纪60年代后，人们才逐步发现生活方式在全部死因中的比重越来越大。例如，1976年，美国年死亡人数中，50%与不良生活方式有关。可见，养成良好的生活习惯对于健康至关重要。

1.2.3 亚健康状态介绍

现代医学将健康称作"第一状态"，疾病称作"第二状态"，将介于健康与疾病之间的生理功能低下的状态称作"第三状态"，也称为"亚健康状态"或"灰色状态"。亚健康状态是指机体虽无明显疾病，却呈现出活力下降、适应能力不同程度减退的一种生理状态。专家认为，亚健康状态包括不良的心理行为、不振的精神面貌、对社会的不适应以及身体各部位的某种不适等。具体表现有情绪低落、心情烦躁、忧郁、焦虑、失眠、头晕、头痛、疲劳、慢性咽痛、淋巴结肿大、肌肉关节疼痛、反复感冒等一系列难以用某种疾病予以解释的症候群，而身体检查又无重大异常。亚健康对人体危害极大，那么应怎样走出亚健康状态呢？

1. 克服不良的生活习惯

吸烟、过度饮酒、高脂肪或过量饮食、缺少运动、睡眠不足、不吃早餐、经常熬夜等不良生活习惯，都会使身体由健康状态逐渐转变成亚健康状态，最后导致各种疾病的发生。

2. 调整好个人心态，适应瞬息万变的社会

当今社会瞬息万变，竞争激烈，工作、生活节奏加快，使人们的心理压力增加，精神负担增大。如果心理压力过大，会导致心理失衡，使神经系统功能失调，内分泌紊乱，正常的生理功能不能发挥出来，抵御疾病的能力也就明显下降，进而引起各种疾病。

3. 及时消除疲劳，努力提高身体素质

经常感到疲惫不堪是典型的"亚健康状态"。当代大学生紧张的学习、生活节奏会造成体力和脑力的疲劳状态。疲劳是人体一种生理性预警反应，长时间超负荷工作就会产生疲劳积累，长期下去必会引起疾病。

4. 有针对性地选用保健食品

从亚健康状态恢复到健康状态的关键在自己,要有自我保健意识,并能针对自己的亚健康状态分析原因,及时纠正。另外,有目的地服用一些适宜的保健食品,可以帮助人们消除亚健康状态。例如,由于不良的饮食习惯造成的高血脂、动脉粥样硬化,可配合服用深海鱼油、卵磷脂,对降低血脂、平稳血压有辅助治疗作用;工作紧张繁忙,经常处于疲劳状态时,可服用洋参含片缓解疲劳,增强身体的免疫力;经常睡不好的人可服用松果体素片睡个好觉来消除疲劳,保持每天的好心情。

1.2.4 文明健康的生活方式

现实生活中,许多人存在健康问题,重要的原因是没有正确、良好的生活方式。不良的生活方式是影响健康的重要因素之一;而良好的生活方式则是长寿的重要保证。现今社会,由于收入增多、交通发达、智能终端普及等原因,人们可以尽情地享受现代文明的成果,但是,不良的生活方式却在无情地蚕食着人们的健康,如吸烟、酗酒、暴饮暴食、过多摄入脂肪和糖等不健康的饮食方式,作息不规则的娱乐休闲、熬夜、睡眠不足、长时间看电视、玩电脑游戏成瘾、看手机刷微博等不健康的休息方式,缺乏锻炼或不运动等不健康的运动方式,夫妻间感情淡漠、对孩子不爱、对他人冷漠等不健康的情感生活方式,以自我为中心、孤独、抑郁、自私等不健康的心理活动,以及过多功利化、物质化等不健康的交友方式,导致了亚健康状态的产生和迅速蔓延。全球心血管疾病患者的迅速增加,就是亚健康状态越来越严重的直接后果之一。有学者指出,美国前10种死因疾病中,不良行为和生活方式在致病因素中占70%;中国前10种死因疾病中,不良行为和生活方式在致病因素中占44.7%。美国通过30年的努力,使心血管疾病的死亡率下降了50%,其中2/3是通过改善行为和生活方式取得的。1992年,国际心脏保健会议提出的"维多利亚心脏保健宣言"指出:健康的四大基石是合理的膳食、适量的运动、戒烟和限制饮酒、心理健康。可见,行为和生活方式对健康具有举足轻重的意义。在生活节奏越来越快的今天,体育运动是放松紧张的精神、调整生活节奏、适应和接受紧张现代社会节奏的重要手段。

1.3 体育锻炼与身心健康

科学技术的发展促进了人们生活水平的提高,改变了人们工作和休息的方式;同时,在生活和工作中,体力活动和体力支出日趋减少,给人们的健康带来了新的问题。

当今,计算机技术和网络技术的迅速发展,掀起了信息技术革命的浪潮,为人们的生活和工作提供了极大的便利。但一些人长时间用计算机工作、娱乐和"网络冲浪",又带来了有损健康的"计算机网络综合征";随着生活水平的改善,逐渐改变着人们的饮食结构,人们在享受丰富美食的同时,由于营养物质的过量摄取,能量消耗的不足,造成了肥胖、心血管疾病等现代"文明"病的蔓延,且发病年龄日趋提前。越来越多的迹象表明保持健康的重要性。而适宜的体育锻炼是保持健康、提高工作效率、保证生活质量的有效途径。体育锻炼对人体健康的促进作用是多方面的,如生理、心理、社会适应能力及创造力等。

1.3.1 体育锻炼与身体健康

体育锻炼是通过科学的身体活动形式给予人体各器官、系统一种良性刺激,促使身体的形态结构、生理机能等方面发生一系列适应性反应和变化,从而增强体质、增进健康。

1. 体育锻炼的健身功能

众多的文献资料显示,体育锻炼对促进人体发展,增强体质具有重要作用。体育锻炼的健身功能如下。

(1) 科学的体育锻炼不仅有利于人体骨骼、肌肉的生长,而且还能改善血液循环系统、呼吸系统、消化系统、排泄系统的机能状况,有利于人体的生长发育,提高抗病能力,增强有机体的适应能力。

(2) 体质的强弱受多种因素影响,体育锻炼是增强体质的最积极、有效的手段之一。国际医学联合会原主席普罗科教授研究发现,"不锻炼的人30岁起身体机能就开始下降,到35岁身体机能相当于最健康时的2/3,而经常锻炼的人到四五十岁身体机能还相当稳定,当他60岁时,心血管系统的功能相当于二三十岁不锻炼的人。这也就是说,经常锻炼的人比不锻炼的人要年轻20~30岁。"霍尔曼教授指出:每天坚持跑步10min,心脏可以年轻20岁。

(3) 科学的体育锻炼能改善神经系统的调节功能,提高神经系统对人体活动时错综复杂变化的判断能力,并及时作出协调、准确、迅速的反应;使人体适应内外环境的变化,保持机体生命活动的正常进行。

2. 体育锻炼的健脑功能

随着科技的不断发展,从事脑力劳动的人不断增多。用脑过度会使脑细胞转入抑制状态。如不做调整,则会导致记忆力减退甚至神经官能症而严重影响健康。

脑力劳动的机能特点是呼吸表浅,血液循环慢,新陈代谢低下,肌肉活动量少,但大脑神经却处于高度兴奋状态。根据高级神经活动的负诱导规律,运动中枢兴奋可以使思维、记忆中枢得到休息。科学研究证明,体育锻炼对大脑中枢神经系统有良好的刺激作用。改善大脑的供氧状况可消除大脑疲劳,提高大脑的工作能力。体育锻炼还能使大脑皮质及时、准确地调动植物性神经系统;尽早地进入工作状态,使大脑反应快,自动化程度高,功能加强。其原因如下。

(1) 体育锻炼能使脑细胞的数量和体积得到充分的发展。
(2) 体育锻炼能完善大脑的传导系统。
(3) 体育锻炼能改善大脑皮质的兴奋和抑制过程,促进条件反射的建立。
(4) 体育锻炼能提高大脑皮层反应的灵活性和工作能力,有激活脑细胞的功能。

1.3.2 体育锻炼与心理健康

体育锻炼不仅会对人的身体产生影响,而且会对人的心理产生影响。

1. 体育锻炼对心理发展的促进作用

对于一个健康的人来说,进行长期科学、适宜的体育锻炼,如有氧练习、力量和灵敏性练习,可以改善人的心理健康水平,还可以降低人的焦虑水平,并提高自我效率,发展积极的情绪。对于患有心理疾病的人来说,通过长期科学、适宜的体育锻炼能较大程度地改善心理状态。

(1) 体育锻炼是控制人类社会进化的有效手段。

在社会日益都市化的今天,自然和社会、身与心、形与神的相互联系是社会的需求、时代的追求。几百万年以来,人类身体的发展基本上是一种自然发展,不被人类所控制,而社会的进步、科学的发展、使人类认识到人类进化是可以控制的。体育锻炼就是控制人类社会进化的一种有效手段,体育锻炼不仅是身体和心理的磨炼,更是一种愉悦的享受。它使人身体健康,心情舒畅,缩小了人类和社会发展的差距,使二者同向发展。

(2) 体育锻炼是促进大学生个性、心理良性发展的重要途径。

大学生这一群体的文化背景、年龄特征、心理特征、社会角色特征决定了他们心理健康的自身特点。大学生具有较高的智力水平,富有活力,朝气蓬勃,他们在激烈的竞争和完善自我的奋斗中承受着巨大的压力。

体育锻炼对缓解压力,消除精神紧张具有重要意义;体育锻炼具有调节人体紧张情绪的作用,能够改善生理和心理状态,恢复体力和精力;体育锻炼能增进身体健康,使疲劳的身体得到积极的休息,让人精力充沛地投入学习和工作;体育锻炼可以陶冶性情、保持健康的心态,充分发挥个体的积极性、创造性和自主性,从而提高自信心和价值观,使个性在融洽的氛围中获得健康、和谐的发展;体育锻炼中的集体项目与竞赛活动可以培养人的团结、协作及集体主义精神。

2. 体育锻炼对心理疾患的预防和治疗

对于一个健康的人来说,长期进行体育锻炼可以促进心理健康,对于一个患心理疾病的人来说,这种效益会更明显。美国精神分析家哈内认为:许多心理变态是由于对环境的不良适应引起的,现代社会中,人们面临的挑战很多,心理上存在着许多方面的压力源。一是来自社会责任的压力;二是来自生活本身的压力;三是来自竞争的压力;四是来自整个社会不断加快的节奏所带来的压力,它迫使人们要改变原有的生活方式,加快生活节奏。人们的进取心越强,这种压力感也就越明显,这种压力若过于沉重,就会出现种种心理障碍。心理障碍进一步恶化,就会导致心理疾患,主要表现为身心疾患,如神经官能症和精神病等。长期进行体育锻炼是预防和治疗心理疾患的有效措施。

(1) 体育锻炼能治疗焦虑和抑郁。

焦虑和抑郁是普通人和精神病患者遇到的最常见的情绪困扰。焦虑患者常常无端地感到心烦意乱,惶惶不安,甚至产生恐惧感。它不是由具体事物引起的,患者往往找不到引起焦虑的具体对象和理由。随着焦虑的产生常常伴有心悸、头昏、恶心、手脚冰冷等症状,注意力不集中,正常学习和工作几乎不能进行等。

长期坚持的和一次性的有氧练习均可以有效地降低焦虑水平,体育锻炼坚持10周以上可以有效地降低焦虑。1991年,彼特鲁茨多等(Petruzzselloatal,1991)进行的104项研究表明20min有氧练习可降低焦虑水平。体育锻炼降低了心率和血压,减轻了特定应激源对生理的影响,体育锻炼锻炼人的意志,增强人的心理坚韧性,降低焦虑反应。

抑郁症是一种在长期持续的精神刺激因素的作用下的精神病。一种情绪异常低落或过分忧伤、抑郁的情绪反应。研究表明,有氧锻炼或不强烈的身体锻炼有助于降低轻度和中度精神抑郁者的抑郁水平。体育锻炼甚至比放松练习和其他愉快的活动更能有效地降低抑郁。如果能与心理治疗相结合,比单纯进行体育锻炼能更有效地降低抑郁。体育锻炼既可降低特质性(长期、稳定的)抑郁,也可降低状态性(短期、活动的)抑郁;体育锻炼既可降低正常人的抑郁,又可降低精神病患者的抑郁。

(2)体育锻炼促进性格、气质的形成和发展。

1.3.2 节已经提到,体育运动可以完善人的性格、气质,虽然每个人的性格和气质迥异,但随着运动次数的增多,人格心理就会得到适当的改变,在很大程度上,人格特征会向外向型方向发展,紧张、焦虑程度降低,竞争力和创造性得到加强。两千多年前,荀子曰"形具而神生",即精神要依赖于身体,有了身体才有精神。18 世纪,法国医生兼科学家拉美特里曾说:有多少种体质,就有多少种不同精神、不同性格和不同风习。心灵随着肉体的进展而进展,就像随着教育程度而进展一样。现代体育的发展进一步证实了前人的观点,它告诉我们:在创造健壮形体的同时,体育也在塑造着和谐的心灵和精神。体育锻炼可以锻炼意志,而有坚强的意志品质才能坚持锻炼,二者相辅相成、互相促进。体育锻炼是一种欢快的活动,它使人身体健康,心情舒畅,有利于塑造一个愉快、开朗、健康的心灵,促进个性气质的健康发展。

(3)体育锻炼能培养对自我、家庭、集体、社会的责任感。

解剖自我,认识自我,迎接挑战,运动过程就是人的新价值的形成过程,而这种价值积累是其他任何社会教育活动所不可代替的,它具有一种培育人的特殊含义。体育锻炼丰富多样的形式使人乐于与他人交往,不仅接受自我,也能接受他人,悦纳他人,能认可别人存在的重要性和作用,同时也能为他人所理解、为他人和集体所接受,使人际关系协调和谐,家庭幸福美满。

体育锻炼使人和集体紧紧地融为一体,既能共同享受胜利的快乐,又能共同分担失败的痛苦,这种气氛能使人产生安全感,对自己的力量充满信心,正确对待生活、学习和工作中的各种困难和挑战,待人接物适当、灵活,对外界刺激不偏颇,能够与社会的步调合拍,也能和社会、集体融为一体。社会学家告诉我们,体育运动中传播、宣传的精神、原则、体育道德等,具有很高的社会理想价值。体育锻炼中树立公正、守法、民主、竞争、协作、团结、友谊、谦虚、诚实等道德观念,是社会不可缺少的规范文化,对于青少年乃至全体社会成员都具有教育意义。

1.4 体育锻炼的科学指导

1.4.1 体适能概念界定

体适能也称为体能(Physical Fitness),主要通过身体锻炼而获得。保持良好的体能可以使身体更健康、精力更旺盛、生活更美好、寿命更长、生命更有价值。

每个人要获得健康都需要有一定的体能,但每个人所需的体能水平不尽相同,一个人良好的体能与其年龄、性别、体型、职业和生理上的缺陷(如糖尿病、哮喘病等)等因素有关。一般来说,个体对体能的要求与其活动的目的有关,例如,运动员必须不懈地花大力、流大汗去提高力量、耐力、柔韧和速度等体能,才能提高运动成绩;而普通人只需用一般性的身体活动来维持这些方面的体能,就可以增进健康。另外,即使对同一个人而言,不同的时间、不同的环境所需的体能水平也迥然不同。

良好体能的保持与长期的锻炼密不可分,如果一个人的锻炼半途而废,那么,他的体能水平就不能保持,甚至还会下降。身体锻炼是提高体能水平必不可少的重要途径,但需注意的是,良好的体能并不是完全靠身体锻炼就可以达到的,还与科学的饮食方法、良好的口腔卫生、足够时间的休息和放松等方面有关。

体能可分为两类:与健康有关的体能和与动作技能有关的体能。前者包括心肺耐力、柔韧性、肌肉力量、肌肉耐力、身体成分等,后者是指从事运动所需的速度、力量、灵敏性、协调性、平衡和反应等。

1. 与健康有关的体能

(1) 心肺耐力。心肺耐力指一个人持续身体活动的能力。心肺和血管的功能对于氧和营养物的分配、清除体内垃圾具有重要的作用,尤其是在进行有一定强度的活动时,良好的心肺功能则显得更加重要,心肺功能越强,走、跑、学习和工作就会越轻松,进行各种活动保持的时间也会越长。有研究表明:25～30岁是提高心肺耐力的最佳年龄段。

(2) 柔韧性。柔韧性是指身体各关节的活动幅度以及跨过关节的肌肉、肌腱、韧带、皮肤和其他组织的弹性和伸展能力,可以通过经常性的身体练习而得到提高。柔韧性是绝大多数的锻炼项目所必需的体能之一,对于提高身体活动水平、预防肌肉紧张以及保持良好的体态等具有重要作用。7～10岁是学习舞蹈的最佳年龄段,此年龄段练习柔韧性,可以起到事半功倍的效果。

(3) 肌肉力量。肌肉力量是一块肌肉或肌肉群一次竭尽全力从事抵抗阻力的活动能力,所有的身体活动均需要使用力量。肌肉强有助于预防关节的扭伤、肌肉的疼痛和身体的疲劳。如果腹肌力量较差,往往会导致驼背现象。需注意的是,不应在强调某一肌肉群发展的同时而忽视其他肌肉群的发展,否则会影响身体的结构和形态。

(4) 肌肉耐力。肌肉耐力指一块肌肉或肌肉群在一段时间内重复进行肌肉收缩的能力,与肌肉力量密切相关。一个肌肉强壮和耐力好的人更易抵御疲劳的发生,因为这样的人只需花很少的力气就可以重复收缩肌肉。

(5) 身体成分。身体成分包括肌肉、骨骼、脂肪和其他。体能与体内脂肪比例之间的关系最为密切,脂肪过多者是不健康的,其在活动时比其他人需要消耗更多的能量,心肺功能的负担也更重,因此,心脏病和高血压发生的可能性更大。另外,肥胖也会使人的心理健康水平下降,故寿命会缩短。要维持适宜的体内脂肪,就必须注意能量吸收和能量消耗之间的平衡,体育锻炼是控制脂肪增加的重要手段。

2. 与动作技能有关的体能

(1) 速度。速度指快速移动的能力,即在最短的时间内移动一定的距离,在许多竞技运动项目中,速度对于个人取得优异成绩至关重要。提高速度的最佳年龄段是9～14岁,10～12岁是速度提高最快的年龄段。

(2)力量。力量指短时间内克服阻力的能力。举重、推铅球、掷标枪等项目均能显示一个人的力量大小。提高力量的最佳年龄段是13～17岁,女子超过20岁,男子超过25岁,力量的增加速度开始减慢。

(3)灵敏性。灵敏性指在活动过程中,既快速又准确地变化身体移动方向的能力。灵敏性在很大程度上依赖于神经肌肉的协调性和反应时间,可以通过提高这两方面的能力来改善人的灵敏性。12～15岁是发展灵敏性的最佳年龄段。

(4)神经肌肉协调性。神经肌肉协调性主要反映一个人的视觉、听觉和平衡觉与熟练的动作技能相结合的能力。在球类运动中,这种体能成分显得尤为重要。

(5)平衡。平衡指当运动或静止站立时保持身体稳定性的能力。滑冰、滑雪、体操、舞蹈等项目对于提高平衡能力是很好的运动,闭目单足站立、抓耳旋转等练习也能提高人体的平衡能力。

(6)反应时。反应时指对某些外部刺激做出生理反应的时间。反应快速是许多项目优秀运动员的特征,特别是在短跑的起跑阶段,反应时的作用更大。

1.4.2 体育锻炼应遵循的原则

体育锻炼可以增进健康、提高身体的运动素质和基本活动能力,并能够防治疾病。但是,并不是只要参加体育锻炼,就一定会获得良好效果。如果锻炼内容、练习强度和练习方法等选择或运用不当,反而有害健康。科学的体育锻炼原则是体育锻炼过程中客观规律的反映,是人们成功经验的总结和概括,也是人们参加体育锻炼所必须遵循的准则,它包括从实际出发原则、循序渐进原则、持之以恒原则和全面锻炼原则。

1. 从实际出发原则

从实际出发原则是指锻炼身体应从自身的实际情况和外界环境条件的实际出发,确定锻炼目的、选择适宜的运动项目、合理地安排运动时间和运动负荷。这是增强身体素质及提高运动水平必须遵循的原则。

(1)从自身的实际出发。

由于性别、年龄、体质和健康状况的差异,体育锻炼要从自己的实际情况出发,有目的地选择和确定运动项目、练习方法,合理地安排锻炼的时间和运动负荷。在每次锻炼前,都要评估自己当时的健康状况,使运动项目的难度和强度不要超过自己身体的承受能力。违反人体发展这一基本规律,只会损害身体健康。

(2)从外界环境条件的实际出发。

参加体育锻炼时,一方面要根据自身的实际情况;另一方面还要从季节、气候、场地、器材等外界条件的实际情况出发,按照科学锻炼的方法,合理选择运动项目、练习时间、运动负荷,才能收到良好的锻炼效果。如在冬季应着重发展耐力和力量素质,在春秋两季应重点进行技术性的项目,在炎热的夏天,游泳是比较理想的运动项目。在运动时不要在阳光下运动太长时间;在力量训练前,要仔细检查器械,避免伤害事故的发生。

2. 循序渐进原则

循序渐进原则主要是指在安排锻炼内容、难度、时间及负荷等方面要根据人体发展规律和超量负荷原理,有计划、有步骤地逐步提高要求,使人体在不断适应的同时,体质逐步得到增强。

(1) 运动负荷的循序渐进。

进行体育锻炼时,当机体对一定运动负荷产生适应之后,这种负荷对机体的刺激会变小,此时,可以适当增加练习时间和练习次数,让机体产生新的适应。但运动负荷的增加要由小到大,逐步提高。体育锻炼的开始阶段或中断锻炼后恢复锻炼时,强度宜小,时间宜短,不要急于求成。

(2) 练习内容上的循序渐进。

练习内容要由简到繁,在动作要求上应由易到难,逐步加大难度。应首先考虑简单易行,容易收到锻炼效果的项目和内容。在每次练习时,也应先从动作简单、强度不大的内容开始练习,然后逐渐增加动作难度和运动负荷。体育锻炼只有遵循人体生理、心理发展的基本规律,根据自己身体健康状况,科学地安排适宜的运动负荷和练习内容,才能收到良好的锻炼效果。

3. 持之以恒原则

锻炼身体要有连续性和系统性,只有经常参加体育锻炼,安排适合自己兴趣、爱好的运动项目,科学地制订健身计划,才能不断有效地增强体质。科学实验表明:不经常参加体育锻炼或中断体育锻炼的人,会使原有的身体机能、素质和运动技术水平明显下降。中断锻炼身体时间越长,下降越明显。

掌握一项运动技术也需要持之以恒。人的大脑中有大量的神经突触,必须通过固定形式的重复练习对这些突触连续进行某种刺激,才能在大脑中形成一整套固定形式的反应,即动力定型。动力定型建立后,运动者就能习惯性地、熟练地完成一整套练习。如果不能坚持练习,已形成的条件反射就不能及时得到强化而慢慢消退,动作记忆就不牢固。

4. 全面锻炼原则

全面锻炼原则是指通过体育锻炼使身体形态、机能、身体素质和心理品质都得到全面而和谐的发展。

人体是一个有机的统一体,各器官和系统的机能都是相互联系和相互影响的。因此,体育锻炼选择的练习内容和方法应力求全面影响身体,使各种身体素质和身体各器官系统的机能得到全面发展。练习内容和练习手段的选择不能过于单一,因为每种练习内容或练习手段对身体的影响都具有局限性,练习内容和练习手段应多样、丰富,应避免长期局限于只锻炼身体某部位或只发展某种身体素质的练习。在锻炼中可以以某一项为主,辅以其他锻炼内容。如健美爱好者应在进行肌肉力量练习的同时,可增加一些发展有氧耐力和柔韧素质的练习,使身体得到全面的锻炼。

上述4个锻炼身体的基本原则是相互联系、相互促进的,在参加体育锻炼时,只有全面坚持执行科学锻炼身体的原则,才能使身体得到全面发展,不断提高健康水平。

1.4.3 一次体育锻炼的科学安排

体育锻炼实际是以每天为单元进行的,一般情况下,每天进行一次体育活动。一次体育活动,一般都要经过充分的准备活动,运动强度逐渐增加,保持相对稳定的、足够的锻炼时间,身体疲劳与恢复等阶段。因此,体育锻炼者应学会科学地安排每次锻炼,以获得理想的健身效果。

1. 充分的准备活动

在每次体育锻炼前都要进行充分的准备活动,通过准备活动既可以提高锻炼效果,又可以减少运动损伤。准备活动分为一般性的和专项性的。一般性准备活动指在正式练习前所进行的活动量较小的全身性体育锻炼,运动形式主要是慢跑,同时可以做一些伸展性体操和牵引性练习,主要目的是使身体各器官活动充分,为即将开始的体育锻炼做好准备,活动时间一般为5～10min。如果天气冷,准备活动时间可以长一些,天气热,准备活动时间可以短一些。如果活动的形式是散步,则可以不做准备活动。专项性准备活动主要指那些与活动项目相似的准备活动内容,如踢足球前的传接球、射门技术前的踢腿、压腿等。专项活动的时间不要太长,但活动的质量要高。准备活动不仅使身体机能进入最佳状态,而且也能使心理活动达到最佳水平,准备活动结束时,应保持身体和心理的全身心投入。

2. 运动强度逐渐增加

在正式进行一次体育锻炼时,活动量也要遵循循序渐进的原则,不要一开始就突然增加运动强度,这样会使身体出现一系列不适反应。这是因为人体的各器官都有一定的惰性,在运动开始后的一段时间有一个逐步提高的过程。由于内脏器官的生理惰性比运动器官的惰性大,所以活动一开始,肌肉能进行大强度活动,但内脏器官的活动并不能立即进入最佳状态,从而造成内脏器官与运动器官的不协调,出现各种不适症状。因此,活动开始后,运动强度要逐渐增加。

3. 保持相对稳定的、足够的锻炼时间

以健身为主要目的的体育锻炼,应当以有氧运动形式为主,因此,运动强度不要过大,但要保证足够的锻炼时间。在体育锻炼中,运动强度并不是主要的,而运动时间是影响锻炼效果的重要因素。因此,体育锻炼者在安排锻炼时间时,应注意以下几个问题。

(1) 为了保证基本的锻炼效果,每天锻炼的时间应保证在半小时以上。

在运动强度与运动时间之间出现矛盾时,应首先考虑运动时间,如果每天锻炼时间不能保证半小时的话,即使运动强度增加,健身效果也不明显。

(2) 可以采用每次锻炼10min,每天锻炼几次的方式。

如果锻炼者的工作、学习较忙,每天无法抽出半小时的时间进行身体锻炼,也可以采用化整为零的办法,也就是每次锻炼10min,每天锻炼几次,这样也能起到健身的效果。

(3) 每天锻炼一小时为最佳。

保证足够的锻炼时间不是说每次锻炼的时间越长越好,不管从事什么强度的体育锻炼,即使是散步这种小强度的体育锻炼也不要超过两小时,一般情况下,每天锻炼一小时效果最佳。

4. 身体疲劳与恢复

人体在进行一段时间的体育锻炼后,必然会产生疲劳,疲劳是一种正常的生理现象,是人所具有的一种自控信号。任何体育锻炼都会产生疲劳,人体通过体育锻炼产生疲劳,能形成身体机能的超量恢复。但是,疲劳的不断积累也可能造成身体的过度疲劳,如果不按警告立即采取措施,那么人体就会积劳成疾,对机体产生不利影响。一般来说,可以用主观感觉来判定疲劳。如果锻炼后虽然工作能力下降,但却感到身体轻松、舒畅,食欲和睡眠情况较好,并有一种舒服的疲劳感,说明这种疲劳是体育锻炼的正常反应。如果体育锻炼后,感到头昏、恶心、胸闷、食欲减退,身体明显疲劳,甚至厌恶体育锻炼,说明身体疲劳程度较重,应及时调整活动量或停止锻炼。体育锻炼后尽快地消除疲劳可以缩短身体恢复时间,有效地提高锻炼效果。常见的消除疲劳的手段如下。

(1) 足够的睡眠。在体育锻炼后,要保证足够的睡眠,比不运动时睡眠的时间要长;否则,虽然很努力地进行体育锻炼,但收效甚微。

(2) 整理性活动。在体育锻炼后可采用一些整理性活动,对促进身体机能的恢复有明显的作用。整理性活动主要包括一些小强度慢跑、伸展性练习、按摩等手段。

(3) 营养补充。运动中能源物质的消耗是产生疲劳的原因之一。一般来讲,力量练习后补充蛋白质,耐力练习后补充淀粉,而水果和蔬菜是各种体育锻炼后都应补充的。

(4) 温水浴。运动后进行温水浴可以加速全身的血液循环,促进新陈代谢,加速疲劳的消除和体力的恢复,温水浴的水温以 40℃ 为宜,每次时间在 10~15min,最长不超过 20min。

(5) 其他。在体育锻炼后还可以采用其他一些手段促进疲劳的消除,如听轻音乐等,这些看似平常的方法对身体机能的恢复都有不可低估的作用。

第2章　运动损伤的预防处理

2.1　运动损伤概述

运动损伤的发生往往与体育运动项目及技、战术动作特点密切相关,同时也与训练水平、运动环境和条件等因素有关;对运动损伤的概念、分类原因及预防原则进行了解,有助于运动损伤的治疗和康复,同时为合理安排患者的体育锻炼提供科学依据和实践指导。

2.1.1　运动损伤的定义

运动损伤是指人体在体育运动过程中所发生的以软组织损伤为主的各种伤害。其中与运动项目特点有关联的慢性损伤,又称为运动技术病。

2.1.2　运动损伤发生的原因

1. 运动损伤发生的基本原因

(1) 缺乏运动损伤预防常识。

运动损伤的发生,常与体育运动参加者对预防运动损伤的认识不足,思想上麻痹大意及缺乏专业的预防知识有关。因此,在运动前、运动中和运动后都要做好安全防护,以避免运动损伤的出现。

(2) 准备活动问题。

为了快速进入最佳运动状态,运动者都应该进行科学规范的准备活动。缺乏准备活动或准备活动不合理,都容易造成运动损伤。在准备活动问题上常存在如下问题。

① 不做准备活动或准备活动不充分。在身体相关系统没有得到充分动员的情况下,就投入高强度的运动。由于身体的协调性不足,肌肉的弹性和伸展性较差,关节的灵活性也不能满足运动的需要,因而容易发生运动损伤。

② 缺乏专项准备活动。准备活动的内容与正式运动的内容衔接不好,特别是运动中负担较重部位或有运动损伤隐患部位的功能没有得到充分改善,因休息而消退的条件反射性联系尚未恢复。

③ 准备活动的强度和负荷量安排不当。开始做准备活动时,用力过猛、速度过快,违反了循序渐进的原则和功能活动的规律,容易引起肌肉拉伤和关节扭伤;或身体已经出现疲劳,在参加正式运动时,身体的功能水平已经有所下降,此时完成高难度的动作就容易发生损伤。

④ 准备活动距正式运动的时间过长。准备活动所产生的生理作用已经减弱或消失，失去其活动的生理价值。

（3）技术动作错误。

初学者学习新技术动作过程中因技术动作不合理、不规范而容易造成运动损伤。

（4）运动量过大。

运动量没有循序渐进而是突然增大，尤其是局部负担量过大，很容易造成急性损伤，当然运动量过大也是慢性损伤的主要原因。

（5）组织方法不当。

在教学或训练中，不遵守循序渐进、系统性和个别对待的原则以及比赛的编排不合理；在组织方法方面，如学生过多，教师又缺乏正确的示范和耐心细致的教导，缺乏保护和自我保护，组织性、纪律性较差，以及比赛日程安排不当，比赛场地和时间任意更改，允许有病或身体条件不合格的人参加比赛等都可成为受伤的原因。

（6）运动参加者的生理功能或心理状态不良。

运动参加者处于身体疲劳、受伤初愈、女生处于生理期等状态下参加剧烈运动或练习较难的动作很容易发生损伤。另外，心理状态与损伤的发生也有密切关系。例如，心情不舒畅，情绪不高，对训练和比赛缺乏自觉性和积极性，注意力不集中，急躁、胆怯、犹豫等，都容易导致动作失常而引起损伤。某些青少年缺乏锻炼的知识和经验，争强好胜，不顾客观条件，盲目地参加有一定危险性的动作，也容易发生运动损伤。

（7）动作粗野或违反规则。

在比赛中不遵守比赛规则，或在教学训练中相互逗闹、动作粗野、故意犯规等也是造成运动损伤的重要原因。

（8）场地、器材设备、服装不符合要求及气候不良。

运动场地不平，有小碎石或杂物；跑道太硬或太滑；沙坑没掘松或有小石头，坑沿高出地面，踏跳板与地面不平齐；器械维护不良或年久失修，表面不光滑或有裂缝；器械安装不牢固或安放位置不妥当；器械的高低、大小或重量不符合锻炼者的年龄、性别特点；光线不足、能见度差；缺乏必要的防护用具（如护腕、护踝、护腰等）；运动时的服装和鞋袜不符合运动卫生。

2. 运动损伤发生的潜在因素

运动损伤发生的原因除了基本原因以外，还与人体某些部位的解剖、生理特点和运动项目本身的技、战术特点有关。在教学训练安排不当、局部负担过重等直接原因作用下，导致局部解剖、生理特点与专项技、战术的特殊要求不相适应，也会导致运动损伤的发生。

2.2　运动损伤的预防与处理

2.2.1　运动损伤的预防

1. 加强安全教育

平时要注意加强防伤观念的教育，无论是健身运动还是在体育教学、训练和比赛中，都要认真贯彻"预防为主"的方针。应对社会体育指导员、体育教师、教练员和运动参加者,加强运动损伤预防知识的普及,克服麻痹思想,使其养成良好的体育道德风尚。儿童、青少年运动经验不足,思想麻痹,缺少防伤意识,运动中好胜心强,从事力所不及的运动动作,容易导致运动损伤的发生。一些女生在体育运动中,有胆小、害羞、畏难等情绪,做动作时表现为恐惧、犹豫或紧张等,也容易导致运动损伤。上述这些情况都应在预防工作中引起重视。

2. 认真做好准备活动和整理活动

在正式运动或比赛之前,应充分做好准备活动。准备活动的目的是提高中枢神经系统的兴奋性和克服自主神经的惰性。通过全身各关节、肌肉的活动加速全身的血液循环,使肌肉组织得到充分的血液供应,增强肌肉的力量和弹性,并恢复技术动作的条件反射,为正式活动做好充分的准备。进行准备活动应注意以下几方面的要求。

(1) 一般的准备活动要做得充分,使身体明显发热,并微微出汗。

(2) 专项准备活动一定要有针对性,与后面的正式活动建立有机的联系。

(3) 准备活动的内容与负荷应依据正式活动的内容、个人身体机能状况、当时的气象条件等多方面因素而定。

(4) 易伤部位的准备活动要加强,一般需要加大局部活动的比重。

(5) 损伤康复期,损伤局部的准备活动要慎重,动作要和缓,幅度、力度、速度要循序渐进。

(6) 在运动中,间歇时间较长时,应在运动前再次做好准备活动。

(7) 准备活动结束与正式活动的间隔时间,一般以 1～4min 为宜。

(8) 在准备活动中进行适当的肌肉力量练习(针对易伤的肌肉),对于提高肌肉温度、改善肌肉功能很有益处。此外,在准备活动中加入一些肌肉伸展性的练习,对预防肌肉拉伤有积极效果。除了要做好准备活动,还要注意运动后的放松练习。其中,肌肉的拉伸练习对放松局部肌肉,防止肌肉僵硬和肌肉劳损都有良好的作用。对于负荷大的关节,运动后可适当采用冷疗的方法,使局部组织尽快降温,对防止某些慢性损伤有一定的作用。

3. 合理安排运动负荷

运动负荷安排不足,不能出现生理性的"超量恢复",达不到促进人体运动能力提高的目的。运动负荷安排过大,超出了人体所能承受的能力,不仅运动系统的局部负荷过重,还会导致中枢神经系统疲劳,致使全身机能下降,协调能力降低,注意力、警觉反应都减弱,从而容易发生损伤。为了减少因此发生的损伤,体育运动指导者和参加者都应严格遵守体育运动的基本原则,根据年龄、健康状况、训练水平和运动项目的特点,个别对待,循序渐进,合理安排运动负荷。

4. 正确掌握技术动作

运动技术错误将直接造成运动损伤,反复进行错误动作的练习,不但运动成绩不会提高,还会造成局部过度负荷引起损伤的不断发生。因此,应注意在动作形成阶段,不断调整动作的节奏和结构,使之合理化,避免运动损伤的发生。

5. 加强易伤部位练习

要根据运动项目的特点,加强对易伤部位和相对薄弱部位肌肉的练习,提高其机能,可以积极地预防运动损伤。另外,对于患有陈旧性损伤的部位应加强其功能练习,使之能够维持应有的生理功能,以利于预防重复性损伤。

6. 合理安排教学、训练和比赛

教师要认真钻研教材,充分备课,应对教学训练中的重点、难点以及容易发生损伤的动作做到心中有数。事先要采取相应的预防措施,遵守循序渐进和个别对待的原则。学习技术动作应从易到难,由简单到复杂,从分解动作到整体动作来进行。

7. 加强运动中保护帮助及合理使用护具

在从事某些容易造成损伤的运动项目时,要根据运动的内容和运动者的具体情况,采取合理的保护与帮助。尤其在学习新技术动作时更应注意。教师应将正确的保护与自我保护方法传授给学生。

另外,合理使用运动护具和保护带可以有效减少运动损伤的发生。特别是在对抗性较强的运动项目中显得尤为重要。例如,足球、搏击等都需要专业护具的保护,护具的选择一定要符合专项特点,并进行及时的淘汰和更新,以达到最佳的防护效果。

8. 加强医务监督

对于体育运动参加者,应定期进行体格检查。参加重大比赛的前后,要进行身体补充检查,以观察体育锻炼、比赛前后的身体机能变化。对体检不合格者,则不允许参加比赛。伤病初愈的人参加体育活动或训练时,应取得医生的同意,并做好自我监督。

2.2.2 运动损伤的处理

1. 肌肉拉伤

肌肉拉伤是指由于肌肉突然猛烈收缩或被动牵伸,超过了肌肉本身所能承担的限度而引起的肌肉组织急性损伤。体育运动中常见的肌肉拉伤部位有腘绳肌、大腿内收肌、腰背肌和小腿三头肌等。下面主要介绍腘绳肌拉伤和小腿三头肌拉伤。

(1)腘绳肌拉伤。

原因与机制:当准备活动不充分、腘绳肌疲劳或局部温度较低时,从事剧烈的跑跳运动容易拉伤腘绳肌。例如,跳远运动中,髋关节用力向后蹬伸也容易拉伤腘绳肌。

诊断与处理:有明确的受伤动作,多为大腿向前摆动时被动牵拉所致。拉伤同时可能有组织断裂感或局部被击打感。患者受伤后,抬腿或跨步时腘绳肌有明显的疼痛,适当休息后,减轻局部压痛明显,断裂严重者触诊局部可有凹陷,因疼痛造成行走困难。因血肿和继发的炎性反应,损伤局部肿胀逐渐加重,48～72h后才逐渐缓解。损伤组织较表浅时,局部皮肤还可以出现瘀斑。俯卧位屈膝抗阻试验,在腘绳肌损伤部位会出现明显疼痛。

伤后应立即停止运动,局部进行加压包扎和冷敷,患者休息时最好仰卧位,伸直膝关节,并把患者小腿垫高,以保证受伤肌肉处于拉长状态,并减少肌肉粘连。48～72h后可进行局部按摩和电针治疗。封闭疗法对该伤也有较好的疗效。肌肉断裂明显者应考虑早期手术缝合。

预防与伤后锻炼:当症状减轻后可开始运动,并逐渐增加运动量及运动强度。康复运动中要注意受伤肌肉的反复拉伸练习。每次拉伸前要进行热身运动。

为了减少肌肉拉伤的发生,在剧烈运动前,要做好充分的准备活动,使身体发热。同时,要注意运动肌肉的拉伸练习,正确掌握跑、跳、投的技术要领;遵循体育运动的基本原则,防止局部肌肉过度疲劳;注意锻炼环境的温度、湿度和运动场地情况,运动间隙要注意身体的保暖。另外,运动后合理进行肌肉放松对预防肌肉急性拉伤有重要意义。

(2) 小腿三头肌拉伤。

原因与机制:当小腿三头肌过度疲劳、僵硬或准备活动不足时,用力踏跳或做后蹬动作,小腿三头肌突然猛烈收缩容易被拉伤。此外,在高处跳下,脚尖着地瞬间也可能被拉伤。

诊断与处理:有明确的受伤动作,多数在损伤时局部有组织断裂感或被击打感;患者受伤后,踝关节后蹬或踏跳动作有明显的疼痛,局部压痛明显,断裂严重者触诊局部可有凹陷,因疼痛引起行走困难;因血肿和继发的炎性反应,损伤局部肿胀逐渐加重,48~72h后才逐渐缓解。损伤组织有浅表疼痛的,局部皮肤还可以出现瘀斑;踝关节屈曲抗阻试验,在小腿三头肌损伤部位出现明显疼痛。

伤后患者休息时最好采取仰卧位,并把患侧膝关节伸直,踝关节背屈,以减少受伤肌肉粘连。其他处理同腘绳肌拉伤。

预防与伤后锻炼按照腘绳肌拉伤方法处理。

2. 关节韧带损伤

关节韧带可以维持关节在正常范围内的活动,防止超范围运动,同时还可以保护其他组织,如关节囊、肌腱等。关节活动超过生理范围时,可导致关节韧带损伤。运动中常见关节韧带损伤的部位有指间关节韧带、肘关节尺侧副韧带、膝关节内侧副韧带和踝关节外侧副韧带等。下面主要介绍膝关节内侧副韧带损伤和踝关节外侧副韧带损伤。

(1) 膝关节内侧副韧带损伤。

原因与机制:人体重心失稳、冲撞、技术动作错误等原因易导致膝关节内侧副韧带损伤,在篮球、足球等对抗运动中容易发生。有些患者可以合并半月板或脂肪垫损伤。损伤严重者可以发生韧带完全断裂,出现膝关节松动。

诊断与处理:有明确的受伤动作;损伤后膝关节内侧疼痛、压痛,膝关节活动时疼痛加重,继而出现局部肿胀。损伤严重者引发膝关节整体肿胀,膝关节强迫外翻可使损伤的韧带出现疼痛,如果膝关节外翻活动范围明显增大者则考虑韧带完全断裂。韧带损伤后应立即进行压迫止血和冷敷踝关节强迫内翻试验处理。休息30min后,去掉临时包扎,进行强迫内翻试验检查,如果出现关节松动则提示韧带完全断裂。对于关节韧带轻度损伤,则重新进行加压包扎,局部制动并抬高伤肢进行休息。两三天后可拆除包扎,进行局部按摩电针、理疗或封闭等治疗。中药对关节韧带损伤有较好的疗效。对于韧带完全断裂、合并关节积液或关节半脱位者,则应尽早到医院处理。一般关节韧带损伤康复的时间为6~8周,如果超过这个时间还有踝关节疼痛不适或反复出现踝关节扭伤则应考虑关节半脱位的可能。

预防与伤后锻炼:损伤48~72h后进行伤后锻炼,为了保持正确的行走步态,早期锻炼可利用双拐以减轻疼痛。锻炼中局部也可以采用贴扎支持带加固。对于关节积液明显或合并其他损伤的患者,必要时采取医学处理方法,并严格遵照医嘱进行锻炼。

为了减少关节内侧副韧带损伤,运动场要平整,光滑度要符合运动项目要求;运动者要充分进行准备活动,文明比赛,掌握正确的技术动作;积极治疗膝关节等各种病症。对于膝关节失稳的患者应采用护膝加固。

(2) 踝关节外侧副韧带损伤。

原因与机制:运动场地不平、落地时踩到他人脚上、下台阶时踩空等原因易导致踝关节外侧副韧带损伤。有些患者还可能合并跗骨韧带损伤。损伤严重者可以发生韧带完全断裂,同时合并踝关节半脱位或撕脱骨折。

诊断与处理:有明确的受伤动作;损伤后外踝处疼痛、压痛,踝关节活动时疼痛加重,继而出现局部肿胀,距腓前韧带损伤者可合并关节积液,引发踝关节整体肿胀;踝关节强迫内翻试验可使损伤的韧带出现牵拉疼痛,如果踝关节内翻活动范围明显增大者则考虑韧带完全断裂。处理同膝关节外侧副韧带损伤。

预防与伤后锻炼:损伤48～72h后进行伤后锻炼。为了保持正确的行走步态,维持良好的本体感觉,早期锻炼可以利用双拐、悬吊车或在水中进行,以减轻踝关节的负荷,防止出现错误动作。锻炼中,局部也可以采用贴扎支持带加固。随着症状好转,逐渐恢复正常运动,但需要注意保持正确的运动模式,利用平衡垫等辅助练习对维持踝关节稳定性有一定作用。

为了减少踝关节韧带损伤的发生,应注意运动场地要平整、运动鞋要合适,若踝关节松弛可以选择合适的护踝加固。

3. 腱鞘炎

腱鞘是由两层纤轴膜构成的长形道,其内层覆盖于肌腱的表面,外层附着于肌腱周围的韧带和骨面上,两层之间有滑液,可以减少肌腱活动时的摩擦和防止肌腱被拉紧时向侧方的滑移。肌肉反复收缩容易造成腱鞘两层纤维膜间发生过度摩擦,引起腱鞘水肿、增生等损伤性炎症反应。此伤在局部受凉和滑液分泌不足的情况下活动更易发生。相关肌肉因受凉或疲劳引起的肌紧张会增加腱鞘炎发生的概率。

腱鞘主要存在于活动比较多的手足等部位。其发病部位与运动项目密切相关,其中以桡骨茎突部腱鞘、指屈肌腱鞘、肱二头肌长头肌肌腱腱鞘等部位损伤较为常见。下面主要介绍指屈肌腱鞘炎和肱二头肌长头肌肌腱腱鞘炎。

(1) 指屈肌腱鞘炎。

原因与机制:在体育运动或生活中,如果出现反复屈指或抓握动作时,指屈肌过度运动造成肌肉紧张疲劳和肌张力增高,或直接引起腱鞘结构的反复磨损,多会引发腱鞘炎。例如,射击运动员反复扣动扳机引起食指屈肌腱鞘炎,洗衣服时反复抓握动作引起拇长屈肌腱鞘炎。

诊断与处理:损伤前有反复或持续用力抓握动作,症状逐渐加重;重复抓握动作时,损伤部位局部疼痛,随着症状的加重,疼痛可向周围扩散;拇长屈肌腱鞘炎压痛点多出现在大鱼际中部或掌指关节位置,其他指屈肌腱压痛点多出现在掌指关节掌侧面。同时,大多可在相关屈肌的肌上触诊到紧张且压痛敏感的肌束。损伤严重、病程较长者可在局部触及小结节并有剧烈压痛;可因疼痛出现明显的抓提困难。病变严重者,因腱鞘水肿和增生在相关肌肉活动时发生"弹响"或"绞锁"现象。

发病初期,炎症反应不明显者,应通过针刺和拉伸等治疗技术放松拇长屈肌或其他指屈肌,减少拇指的抓握动作。局部封闭对该伤早期有较好的治疗作用。理疗、中药外敷、按摩、针灸对该伤也有一定疗效。对于久治不愈的患者可采取手术治疗。

预防与伤后锻炼:减少手部受凉和反复的抓握运动,降低相关屈肌的张力,是预防指屈肌腱鞘炎的主要措施。指屈肌的保暖和拉伸练习对预防腱鞘炎的发生和促进腱鞘炎的康复有很好的作用。一旦出现早期症状,应停止手指活动,最好实施固定处理。

伤后锻炼应循序渐进,锻炼前后和锻炼过程应反复进行指屈肌拉伸、热疗等放松肌肉的操作。

(2) 肱二头肌长头肌肌腱腱鞘炎。

原因与机制:在体育运动或生活中,如果出现反复进行投掷、拉拽上肢或肩部的前后挥动动作时,造成肱二头肌紧张疲劳和张力增高,或运动中腱鞘结构的反复磨损,都会引发肱二头肌长头肌肌腱腱鞘炎。例如,拔河比赛时肱头持续紧张状态下反复收缩,举重运动中上臂反复过度上举外展,长时间搬抬重物或反复投掷物体等,都易引起肱二头肌长头肌肌腱腱鞘炎。

诊断与处理:损伤前往往有典型的反复投掷,拉拽上肢或肩部的前后挥动动作,症状逐渐加重;重复上述动作时,肩部前侧出现疼痛,随着症状的加重,疼痛可向周围扩散,相关肌肉活动时疼痛剧烈;肩部结节间沟处压痛明显,损伤严重者可触诊到肿胀的条索。同时,大多可在肱二头肌肌腹触诊到紧张且压痛敏感的肌束;因疼痛影响投掷、拉拽和肩部的前后挥动动作,损伤严重者也会影响大幅度前后摆臂动作。

当肱二头肌长头肌出现压痛后,首先寻找肱二头肌肌腹部位紧张且压痛感敏感的肌纤维条索,在压痛部位进行针刺,并辅以肱二头肌的牵拉,以降低肌肉的张力,减轻肌腱的紧张性疼痛。对于炎症明显者,应悬吊上肢,禁止肱二头肌的活动,局部封闭对该伤早期有较好的治疗作用。理疗、中药外敷、按摩、针灸对该伤也有一定疗效。对于久治不愈的患者可采取手术治疗。

预防与伤后锻炼:减少上臂受凉和反复投掷、拉拽上肢和肩部的前后挥动动作,降低肱二头肌的紧张度,是预防肱二头肌长头肌肌腱腱鞘炎的主要措施。一旦出现早期症状,应停止屈肘和肩关节前屈等运动,最好悬吊上肢以减少肱二头肌的活动。

肱二头肌拉伸练习对预防肌腱腱鞘炎的发生和促进肌腱腱鞘炎的康复有良好作用。伤后锻炼应循序渐进,锻炼前后和锻炼过程中都应反复进行肱二头肌拉伸或热疗等放松肌肉操作。

4. 关节软骨损伤

关节软骨损伤是指因创伤、关节液营养供应等原因造成覆盖在关节处的透明软骨受损,患者常出现急性或慢性的关节疼痛、肿胀或活动受限等症状。下面主要介绍腕三角软骨盘损伤和半月板损伤。

(1) 腕三角软骨盘损伤。

原因与机制:腕背伸位受到过大的冲击和旋转力时,可引起腕三角软骨盘的过度挤压或研磨,容易引发三角软骨盘损伤,同时也可以合并下尺桡关节韧带损伤和腕关节半脱位。此伤多见于体操、排球、网球、拳击等运动项目,也可在摔倒手掌撑地时发生。

诊断与处理:多有明确的损伤动作;腕关节后伸受限,撑地时疼痛,局部压痛。合并其他损伤的压痛范围较广泛;陈旧性腕关节痛和功能障碍。排除骨折后应考虑下尺桡关节和关节半脱位。

急性伤应固定3～4周,可配合外用中药、理疗等。急性期过后如仍有症状,可以配合泼尼松局部注射。对于长时间无法治愈的患者,要考虑尺桡关节和腕关节半脱位、骨折、软骨位或韧带撕裂等,应采取关节整复或手术治疗。

预防与伤后锻炼:做好准备活动,提高腕部肌肉的力量,在进行有损伤风险的体育运动时,可以佩戴护腕加以保护。腕三角软骨损伤的病程较长,伤后锻炼要循序渐进。在未治愈前进行运动时,需用5～6cm宽的布带缠紧腕部,限制活动范围,以减轻症状和避免再度伤害。

(2) 半月板损伤。

原因与机制:起跳伸膝加旋转或落地时膝关节屈曲加旋转的动作,股骨和胫骨平台之间产生剧烈的研磨,并对半月板产生前后的力,易造成半月板急性损伤。例如,跳马落地不稳,足球运动中的转身突然启动,篮球运动中落地时伴有转身等。另外,长期从事以半蹲状态为主的运动,易产生半月板劳损,例如,篮球或排球运动的半蹲位防守。

诊断与处理:多数患者有明显的膝关节扭伤史。伤后膝关节立即发生剧烈疼痛,关节肿胀,屈伸功能受限;损伤严重者膝关节时有"弹响"或"绞锁"。关节间隙挤压痛对诊断半月板伤有重要临床意义。膝关节强迫外翻试验、麦氏征等均呈阳性体征,必要时可做核磁和关节镜检查。

急性伤后,应及时进行局部加压包扎固定和冷敷,2～3天后可进行局部理疗针刺等处理。关节积液严重的,应尽早抽取积液,注射抗炎药物,并用棉花夹板加压包扎固定2～3周。症状严重,经常绞锁妨碍运动者应考虑手术治疗。对于慢性半月板损伤,可以采用痛点针刺或局部封闭的方法治疗。

预防与伤后锻炼:运动前做好准备活动,提高身体的协调性;运动中掌握自我保护方法,身体疲劳时不应参加剧烈运动;加强下肢肌肉力量训练,提高膝关节的稳定性;遵守比赛规则,文明比赛;运动场地要符合体育卫生要求。

伤后锻炼要循序渐进,严格遵照医嘱。康复过程中,要加强关节相关肌肉力量,并加强关节稳定性训练。对于反复发生绞锁的患者建议及早进行手术治疗。

5. 疲劳性骨膜炎

疲劳性骨膜炎是由于肌肉附着部的骨膜长期受到牵拉,肌张力过强,使该部骨膜组织松弛或分离,骨膜瘀血、水肿,血管扩张血球溢出,造成骨膜下瘀血,多发生在胫腓骨、跖骨等部位。下面主要介绍胫腓骨疲劳性骨膜炎和跖骨疲劳性骨膜炎。

(1) 胫腓骨疲劳性骨膜炎。

原因与机制:长时间的走、跑、跳运动,导致地面的应力和小腿肌肉反复牵拉,以及持续性的肌肉紧张,都是诱发此伤的主要原因,多见于篮球和足球运动中。

诊断与处理:有过度跑、跳史,症状渐起。胫腓骨疼痛,轻者运动后疼痛,休息后减轻;重者运动时疼痛,运动后加重,并有跛行,个别病例有疼痛。局部压痛明显,可有结节,结节处压痛更敏感,并以胫腓骨下半段为多见。

早期轻症病例,用弹力绷带将小腿包扎,减少下肢的跑、跳运动,并放松小腿周围相关肌肉,2～3周症状自行消失。症状较重者,下肢应完全休息,抬高患肢。同时,可以进行局部封闭、针灸和按摩等治疗。

预防与伤后锻炼:遵守循序渐进的训练原则。特别是体重较大且下肢无力的运动者,更应控制下肢的运动负荷。禁止突然加大下肢的运动量,避免长时间做过分集中的跑、跳、后置或支撑胫骨疲劳性等练习。做好准备活动和运动后的放松练习,其中,小腿肌肉的静力拉伸对防止胫腓骨疲劳性骨膜炎有较好的效果。

(2) 跖骨疲劳性骨膜炎。

原因与机制:一般认为跖骨疲劳性骨膜炎是因长时间的走、跑、跳运动,导致踝屈肌或足底肌紧张或疲劳无力,过度牵扯骨膜或使跖骨失去保护所致,多见于长距离跑、竞走和体操运动中。

诊断与处理:有过度走、跑、跳史,症状逐渐加重,重复上述运动时疼痛,前脚掌置地时疼痛明显。压痛出现在跖骨或骨间隙软组织,严重者可引起足背部肿胀和疲劳性骨折。

骨膜损伤后,应停止引发疼痛的足部运动,放松相关肌肉,采用冲击波、超声波治疗有一定效果。

预防与伤后锻炼:减少长时间的走、跑、跳运动是预防跖骨疲劳性骨膜炎的关键。运动要循序渐进,增加趾屈肌和足底跖骨间肌的力量。运动后注意放松相关肌肉。选择合适的运动鞋,对于有扁平足的患者应该积极进行矫正待疼痛消失后,再逐渐增加运动量,同时注意运动后相关肌肉的放松。

6. 运动性腹痛

运动性腹痛是运动中常见症状之一,在中长距离跑步运动项目中发生率较高,身体对运动的适应能力差,精神紧张导致植物性神经功能紊乱,呼吸肌、平滑肌痉挛而发生腹痛。原因较复杂。

原因与机制:

(1) 运动前准备活动不充分。运动前,身体各脏器都处在安静或休眠状态,在准备活动不充分时,突然参加比赛或运动强度突然增加到极限强度,身体各组织器官在血供和神经支配上都不能迅速提高到相应水平,导致神经系统、呼吸系统(剧烈运动急促呼吸引发胸膜腔内压剧烈升高)、循环系统(心肌收缩力不能满足运动需要,引发心腔内压增加)等功能紊乱,下腔静脉回流受阻等出现腹痛。

(2) 胃肠功能紊乱。进食后马上剧烈运动,胃部没有排空,运动进一步加剧胃的负担,运动时胃蠕动快,腹内压升高,胃部受到牵拉而引发腹痛;运动中进食较冷饮料也可以刺激胃肠痉挛的发生,导致腹痛。

(3) 机体内环境稳态遭到破坏。

① 高温。高温环境中剧烈运动往往使体液大量丧失,使机体内水、钾、镁等电解质丢失,体内代谢失衡,引发肌肉痉挛,出现腹部疼痛。

② 低温。高寒地区比赛、滑冰、滑雪或进食大量冷饮都会引起机体内环境稳态破坏。在低温环境中,人体温度为 36～37℃,而周围温度可能在 −30～−20℃,人体内外温差过

大,导致运动时因呼吸急促、肺活量增大等情况吸入大量冷空气,呼吸肌及平滑肌痉挛,引发腹痛。

（4）运动性伤害。

① 运动量过大。运动量过大导致呼吸节奏破坏,摄氧量下降,体内缺氧严重,呼吸肌与膈肌疲劳,出现腹痛。

② 外伤。腹肌拉伤或运动中冲撞（球类项目）易引发腹部外伤,常见腹壁单纯性挫伤,严重时可发生腹腔脏器损伤。

运动性腹疼,早期均表现为上腹痛,无法维持预定运动负荷。胀痛常见肝脾痛；痉挛性疼痛常见胃肠痉挛及结石病；持续性痛常见损伤,阑尾炎呈现为转移性右下腹痛、腰大肌试验阳性；胆囊炎通过膈神经的联系常引起右肩痛；腹腔外脏器疾病特点是无明显腹部压痛及板状腹等急腹症表现。

诊断与处理：运动中出现腹痛,应立即减慢运动速度并降低运动强度,缓慢深呼吸,调整呼吸与动作的节奏,用手按压痛部,一般疼痛即可减轻。如无效或疼痛剧烈时,则应停止运动,同时,可针刺或点掐内关、足三里、中腕穴；运动中如出现受伤导致腹痛,应迅速检查伤情,排除脏器损伤,采取急救措施后迅速就医；及时补充运动饮料,如因温度过低应积极保暖,如中暑应采取相应措施。

预防与伤后锻炼：

（1）注意运动前饮食结构及时间间隔。运动前不宜过食和过度饮水；慎食易产气食物,如豆薯类食品及碳酸饮料；也不宜在饥饿状态下进行运动,应在进食1～2h后进行运动。

（2）运动前要做充分的准备活动,使内脏血供、氧供均能迅速提升到运动所需的状态,防止由于下腔静脉压过大引发的肝脏瘀血等准备活动不充分导致的急性腹痛发生。

（3）注意防寒及避暑,夏季运动出汗时要保证体液的补充,防止发生电解质失衡性腹痛,局部按摩腹直肌,做背伸运动拉长腹直肌可缓解腹痛。

（4）运动中调整呼吸节律,尽可能用鼻呼吸而不要张嘴呼吸,防止冷空气刺激呼吸肌痉而引发的腹痛。

（5）应积极提高身体素质,防止因运动水平过低导致过度紧张而引发腹痛。

7. 运动性昏厥

运动性昏厥是指在运动的过程中由于脑血流暂时降低或血液中化学物质变化所致意识短暂紊乱和意识丧失。昏厥也是过度紧张的一种表现形式。

原因与机制：精神心理状态不佳,由于神经反射引起的急性外周组织血管扩张,血压下降,一时性脑缺血。

（1）重力性休克。疾跑后突然停止而引起的晕厥,肌肉泵作用停止,大量血液聚集下肢,回心血量骤减,脑供血不足。胸膜腔内压和肺内压增高,吸气后憋气,使胸膜腔内压和肺内压增高,回心血量下降,输出量下降,脑缺血。

（2）直立性血压过低。由于体位突然变化,长时间站立不动、久蹲后突然起立或长时间卧床后突然起立,会导致自主神经功能失调,血液重新分配反应力下降,回心血量骤减和动脉血压下降。血液中化学成分改变,低血糖,脑组织对葡萄糖摄取减少,氧利用减少。

（3）心源性晕厥。冠状动脉供血不足，引起心肌缺血缺氧；激烈运动引发心律失常；冠状动脉因免感性增强或儿茶酚胺分泌增多而痉挛引起心肌缺血。

诊断与处理：

昏倒前全身软弱无力、头晕、耳鸣、眼前发黑；有冷汗及强烈的饥饿感（低血者）。

昏倒后面色苍白，手足发凉；脉率快而细弱；血压下降或正常、呼吸加快或减弱一般昏倒数秒，长者 1～2h。

清醒后有头晕、全身乏力等症状。

患者平卧，头部稍低，松开衣领、腰带，做双下皮向心性重推摩、揉捏，以加速血液回流，必要时嗅浓氨水或点掐人中、合谷等穴位 1～2min；若有呕吐现象，将头部转向一侧，清醒后饮热糖水一杯和维生素 B1、维生素 C 等。当神志不清或有呕吐时，均不应进食药物、食物及饮料等，注意休息。

预防与伤后锻炼：定期体检；增强体质，坚持科学训练，避免过度紧张；久蹲后要慢慢站起，若有晕厥先兆，应立即俯身低头或平卧；疾跑后应继续慢跑一段，并做深呼吸，逐渐停下来；避免在高温、高湿和大风环境下长时间训练和比赛；饥饿或空腹时不宜参加运动；长距离运动时要及时补糖、盐、水；剧烈运动后应休息半小时后淋浴。体育教师、运动员和教练员应有预防和简单处理运动中发生晕厥的技能。

8. 肌肉痉挛

肌肉痉挛俗称抽筋，是肌肉发生不自主强制收缩的一种现象。最易发生痉挛的肌肉为小腿腓肠肌，其次是足底的屈肌。常见高发运动项目为游泳和足球。

原因与机制：由于寒冷刺激、电解质丢失过多、肌肉舒缩失调、疲劳，都会引起肌肉痉挛。

诊断与处理：肌肉痉挛常发生在运动中或睡觉时。痉挛的肌肉僵硬，疼痛难忍；所涉及的关节暂时屈伸受限，当痉挛缓解后，局部仍有酸痛不适感。

反向牵引痉挛肌肉，如小腿腓肠肌痉挛时，让患者取仰卧位或坐位，膝关节伸直，脚背用力往上翘至最大幅度，并固定在此位置，一般坚持 30s 即可消除痉挛。然后保持脚背上翘约 5min 以巩固疗效。当屈拇指、屈指趾肌痉挛时，可用力将足和足趾背伸直。牵引时切忌用力过猛，以免造成肌肉拉伤。牵引配合局部按摩。当游泳时发生肌肉痉挛时，首先不要惊慌，如果自己无法处理或缓解，要立即呼救。痉挛缓解后，应慢慢游到岸边，以免再次发生痉挛。肌肉痉挛缓解后，不宜继续运动，应针对原因进行治疗。如补充盐分和水分，注意保暖，并按摩、理疗或热敷痉挛的肌肉；如经常发生肌肉痉挛，可能与缺钙有关（尤其是中老年人），应考虑适当补钙。

预防与伤后锻炼：加强体育锻炼，提高身体耐寒力和耐久力。运动前必须做好充分准备活动，对容易发生痉挛的肌肉，运动前应适当按摩。冬季运动要注意保暖，夏季运动出汗过多时，要及时补充水分、盐和维生素 B1。游泳下水前，应用冷水淋湿全身，使身体对冷水的刺激有所适应。当水温较低时，游泳时间不宜太长。疲劳和饥饿时不要进行剧烈运动。应学会肌肉放松的办法。

9. 低血糖症

正常人空腹全血血糖浓度为 3.9～6.1mmol/L（70～110mg/dL），血浆血糖为 3.9～

6.9mmol/L(70～125mg/dL)，若血糖浓度低于 2.78mmol/L(50mg/dL)时就会出现一系列临床症状，称为低血糖症。

产生原因与机制：长时间剧烈运动，体内血糖大量消耗和减少。

运动前或运动时饥饿，体内糖原储备不足，运动时没有及时补充糖。训练或比赛前补充糖过多。精神过于紧张，巨大的精神波动以及患病等情况，都有可能导致低血糖症。

诊断与处理：低血糖昏迷常有体温降低；交感神经活动加强、肾上腺素释放增多；脉快、神经质、颤抖、无力、面色苍白、出冷汗、眩晕、心悸、饥饿感等现象。

病症确诊后，应使病人平卧、注意保暖。神志清醒者口服热糖水或进食少量流质食物，一般短时间内症状消失。

症状较重者或出现昏迷者，应迅速静脉注射 50％葡萄糖 50～100mL，同时针刺或点掐人中、涌泉、合谷等穴位，并迅速请医生来处理。

用热水泡（或敷）双下肢或按摩双下肢，以促进下肢的血液循环。

预防与伤后锻炼：对平时缺乏锻炼、患病未愈或初愈者，不允许他们参加长时间的激烈运动。参加长时间运动项目赛前应适当补充糖（标准为 1 克每千克体重），运动中适当补充含糖饮料。

第二篇　体育实践篇

第3章 球类运动——秀出技巧 突显合作

3.1 篮 球

3.1.1 篮球运动概述

篮球起源于美国马萨诸塞州,1891年12月21日由詹姆斯·奈史密斯创造,是奥运会核心比赛项目,是以手为中心的身体对抗性体育运动。当时,由于在寒冷的冬季,人们缺乏室内进行体育活动的球类竞赛项目,奈史密斯便从工人和儿童用球向"桃筐"投准的游戏中得到启发,将两只桃筐分别钉在健身房内两端看台的栏杆上,桃筐口水平向上,距地面10英尺(1英尺=0.3048m),以足球为比赛工具向篮内投掷,入篮得1分,按得分多少决定胜负。因为这项游戏最初使用的是桃筐和球,遂取名为篮球。1893年,铁质球篮取代了桃筐并挂上了线网。1895年,篮筐开始固定在4英尺×6英尺的篮板上并逐渐深入场内,到了1913年,由于每次投篮命中后都需要将球从篮筐内捞出,太麻烦,于是人们将篮网底部剪开,形成了近似现代的篮板和球篮。因篮球运动本身特有的魅力,深受人们喜爱,所以很快在全世界传播开来。1895年,篮球运动传入我国天津。1932年,成立了国际业余篮球联合会,简称国际篮联。1936年,男子篮球运动成为奥运会正式比赛项目;1976年,第21届奥运会增加了女子篮球项目。1992年,第25届奥运会向职业篮球球员敞开了大门。篮球运动在中国广为普及,深受广大青少年喜爱。

大学体育是高等教育的重要组成部分,大学体育中的篮球教学是实现体育教育目标的基本途径之一。通过篮球课的学习,全面锻炼学生的身体,有效地增强体质、增进健康,让大学生掌握体育科学的基本知识、基本技术、基本技能,提高大学生在体育锻炼中自我组织、自我管理、自我评价、自我监督能力,这将对大学生的思想品德教育,培养拼搏竞争的进取精神,发展大学生篮球体育才能,提高运动技术水平,实现课程思政的育人目标等具有非常重要的作用。

3.1.2 篮球运动基本技术

1. 移动

移动是篮球比赛中为了改变位置、方向、速度和争取高度采用的各种脚步动作的通称。

(1)起动。起动是队员在球场上由静止状态变为运动状态的一种动作,是获得位移初速度的方法。

动作要领：向前起动是用后脚的前脚掌短促有力地蹬地，重心前移，上体前倾，迅速向前迈步。起动后的前两三步要短促而迅速。向侧起动是用异侧脚的前脚掌用力蹬地，同时上体迅速向起动方向侧转并前倾，重心跟随移动，迅速向跑动方向迈步。步法同向前起动。

（2）变向跑。变向跑是队员在跑动中突然改变方向的一种脚步动作。

动作要领：以右向左变向跑为例，队员跑动中最后一步用右脚的前脚掌制动。同时脚向内侧蹬地、屈膝、脚尖稍向内扣、腰部随之左转、重心左移，上体稍前倾，同时左脚向左前方跨出一小步，右脚再迅速向左腿的侧前方跨出一大步。

（3）侧身跑。跑动时为了观察场上情况并随时准备接侧耳后方传来的球而经常采用的跑动方法。

动作要领：脚尖和膝盖对着跑动方向，头和腰部向球的方向扭转，侧肩，上体和两臂放松，随时观察场上情况。

（4）急停。急停是队员在跑动中突然制动速度的一种动作方法，是衔接其他技术动作和摆脱对手的有效方法。急停包括跨步急停和跳步急停。

① 跨步急停。动作要领：急停时的第一步跨出稍大，脚跟先着地，前脚脚掌撑地，脚尖由向前方转为向侧前方，同时重心下降，并先落在后脚上，身体稍向后坐，以减缓向前的冲力。第二步着地时，前脚脚掌内侧用力蹬地，脚尖稍向内转，两膝弯曲并内收，上体稍前倾，重心落在两脚之间。两臂屈肘张开，帮助控制身体平衡。

② 跳步急停。动作要领：队员在跑动时用单脚起跳，两脚同时落地（略比肩宽），前脚掌用力蹬地，两膝迅速弯曲，重心下降。两臂屈肘张开，保持身体平衡。

（5）转身。转身是一脚作中枢脚，另一脚蹬地向不同方向随之转动（向前或向后）来改变身体原来方向的动作。

动作要领：两膝微屈，上体稍向前倾，转身时重心移向中枢脚，中枢脚以前脚掌为轴用力碾地，另一脚前脚掌内侧蹬地，腰部扭转带动上体随着移动脚转动过程中，向前或向后来改变身体原来的方向。身体重心要在一个水平面上，不能上下起伏。

（6）滑步。滑步是队员防守时移动的主要步法。滑步一般分为侧滑步和前、后滑步。

① 侧滑步。两脚左右开立，两臂张开。向左侧滑步时，右脚前脚掌内侧用力蹬地的同时，左脚向左跨出一步，右脚在左脚落地的同时紧随滑动，重心保持在两脚之间。向右侧滑步时动作相反。动作要点为蹬、跨、滑。

② 前、后滑步。前、后滑步的动作方法和动作要点与侧滑步相仿，只是方向不同。

2. 传接球

双手胸前传接球是篮球运动中应用最广泛的传接球方式，是各种传接球技术的基础。

（1）双手胸前传球。

动作要领：持球时两手五指自然分开，拇指相对成八字形（见图3-1-1），用指根以上部位握球的侧后方，手心空出，两肘自然弯曲于体侧，将球置于胸前。肩、臂、腕肌肉放松，两眼注视传球目标，身体成基本姿势。传球时，后脚蹬地，身体重心前移，同时两臂前伸（见图3-1-2），手腕由下向上翻转，同时拇指用力下压，食、中指用力弹拨，将球传出（见图3-1-3）。

图 3-1-1　　　　　　　图 3-1-2　　　　　　　图 3-1-3

（2）单手肩上传球。

动作要领：（以右手为例）双手胸前握球，两脚前后站立，左脚在前，左肩对传球方向，将球引至右肩，右手持球，肘关节外展，右手腕后仰，指根以上托球，掌心空出，重心落在右脚上。传球时，右脚蹬地，转体，前臂迅速向前挥摆，手腕前屈，通过拇指、食指、中指拨球，将球传出（见图 3-1-4）。球出手后身体重心随之移到左脚上（见图 3-1-5）。

图 3-1-4　　　　　　　　　　　　　图 3-1-5

（3）单手胸前传球。

动作要领：持球手法与单手肩上传球同（以右手传球为例），将球由胸前引到体前右侧耳（见图 3-1-6），传球时振动前臂、手腕急速前扣，并向内翻，同时食指、中指、无名指用力拨球，将球传出（见图 3-1-7）。

图 3-1-6　　　　　　　　　　　　　图 3-1-7

（4）双手头上传球。

动作要领：双手持球举于头上，两肘稍屈，持球手法与双手胸前传球相同，传球时小臂前挥，手腕前扣外翻（见图 3-1-8）的同时，拇指、食指、中指用力拨球（见图 3-1-9）。传球距离较远时，加脚蹬地，腰腹用力，全身协调发力，将球传出（见图 3-1-10）。

图 3-1-8

图 3-1-9

图 3-1-10

（5）双手胸前接球。

动作要领：面向传球队友抬头，屈膝，手指张开，持球于胸腹之间，两肘微向外，伸臂向外推球时，向前跨一步，球出手时手指向上、向前推，弹动手腕使球回旋，出手后掌心向下，保持跟随动作（见图3-1-11）。

接球时，眼睛注视球，肩臂放松，手臂半屈迎向球，手指自然分开、放松。当手指触球时手臂立即随球后引缓冲来球力量，将球握于胸前，保持身体平衡，并做好投篮、传球、突破的准备。双手胸前传接球见图3-1-12。

图 3-1-11

图 3-1-12

（6）传接球技术的练习方法。

二人一组，相对站立，做各种传接球练习。

三人一组成等边三角形站立，相距3～5m，采用各种方法传球。

二人一组，一人原地向另一人前、后、左、右方向传球，另一人移动接球。

全场二人行进间传接球练习。

高运球

3. 运球的基本技术

（1）高运球。

多用于快速运球，提高运球高度加大反弹距离，与快速奔跑相结合。

动作要领：膝微屈，上体稍前倾，目视前方，手按球的后半部（见图 3-1-13），球落点在人的侧前方（根据速度快慢、决定运球距离远近），球的反弹高度在腰胸之间（见图 3-1-14），手脚要协调配合，这种运球身体重心较高、便于观察场上情况。

图 3-1-13

图 3-1-14

（2）低运球。

当运球接近防守队员或防守队员来抢球时，运球队员应改用低运球突破对手，用身体保护球，并善于运用假动作摆脱防守。

动作要领：两脚前后开立，两膝弯曲，上体稍前倾，抬头看前方（见图 3-1-15），重心落在前脚掌上，手腕放松，手掌与地面平行，五指自然分开。用手指和指根按、拍球，手心空出，以肘关节为轴，前臂做上下伸压动作，结合手指、手腕缓冲球向上反弹力量，以控制球的高度和落点，一般运球落点应为运球手同侧脚的外侧稍前。运球高度在膝关节以下，为了保护球，运球者应该使球、自己和防守者三者保持一条线，不运球的手臂要抬起（见图 3-1-16）。行进间低运球，向前时要拍球的后半部；向左变向时拍球的右半部；向右侧则反之。

图 3-1-15

图 3-1-16

（3）运球急停急起。

动作要领：运球急停要领与不持球急停相同。运球急停时，手按拍球的上方稍靠前，使球与地面成垂直反弹，用异侧臂和身体保护球（见图 3-1-17）。起动时，后脚前脚掌偏内侧用力蹬地，上体前倾，重心前移，同时按拍球的后上方，利用起动速度，超越对手（见图 3-1-18）。

图 3-1-17

图 3-1-18

(4)体前变向运球。

动作要领：运球队员要从对手右侧突破时，先向对手左侧快速运球，当对手向左侧转移身体重心准备堵截时，运球队员突然变换运球的方向，用右手按拍球的右侧上方（见图 3-1-19），并靠近身体向左侧按拍球，使球的落点靠近左脚，向身体左侧反弹（见图 3-1-20），同时，右脚向左前方跨步，上体左转侧肩，以臂、腿、上体保护球（见图 3-1-21），换左手按拍球左侧上方，从对手右侧运球突破（见图 3-1-22）。

图 3-1-19

图 3-1-20

图 3-1-21

图 3-1-22

(5)运球后转身。

动作要领：（以右手运球为例）当对手逼近自己的右侧时，左脚上步置于对手两腿之间，左脚为轴脚，左脚脚内侧蹬地（见图 3-1-23），同时，后转身将球拉引向自己身体左侧，用身体背部挡住对手，左脚迅速上步加速（见图 3-1-24）。依据场上情况左手与右手均可以运球以从对手右侧突破（见图 3-1-25）。

动作要点：上步快，转体稳，转引变向球近身。

图 3-1-23

图 3-1-24

图 3-1-25

4. 投篮的基本技术

（1）原地双手胸前投篮。

动作要领：双手握球在胸部以上（高度在肩部附近），握球手法与双手胸前传球相同，肘关节自然下垂，上体稍前倾，两脚前后或左右站立，两膝微屈，重心落在两脚之间，目视投篮目标（见图3-1-26）。准备投篮时，两脚的前脚掌蹬地，腰腹伸展，同时两臂向前上方伸出，两臂即将伸直时两手腕同时外翻，拇指向前压送，指端拨球，以拇指、食指、中指的力量将球投出（见图3-1-27），最后腿、腰、臂自然伸直（见图3-1-28）。

原地双手胸前投篮

图 3-1-26

图 3-1-27

（2）原地单手肩上投篮。

动作要领：（以右手为例）右手五指自然分开（手心空出），指根以上部位触球，向后屈腕，屈肘持球于肩上耳部左右，肘内收，前臂与地面接近垂直，左手扶球的左侧，右脚稍前，左脚稍后，重心放在两脚之间，两膝微屈，目视投篮目标（见图3-1-29）。投篮时，两脚前脚掌用力蹬地，伸展腰腹，抬肘，手臂上伸（见图3-1-30），即将伸直时，手腕用力前屈，手指拨球，球最后以中指和食指的指端投出（见图3-1-31）。球出手后，腿、腰、臂自然伸直（见图3-1-32）。

图 3-1-28

图 3-1-29

图 3-1-30

图 3-1-31

图 3-1-32

(3) 行进间投篮。

① 行进间单手高手投篮。

动作要领：(以右手为例)右脚跨出一大步，在落地前接球(见图 3-1-33)，右脚落地后左脚向前跨一小步(缓冲向前的水平冲力)，并用力蹬地向上起跳，同时举球于肩上(或头部以上)(见图 3-1-34)。当身体至最高点时，前臂向前上方伸展，右臂即将伸直时手腕前屈，食、中指用力拨球，通过指端将球拨出，出手要柔和(见图 3-1-35)。

② 行进间单手低手投篮。

动作要领：(以右手投篮为例)右脚跨出一大步(见图 3-1-36)，在落地前接球，左脚紧接跨出，步幅稍小，不要减速(见图 3-1-37)，用力蹬地向前上方起跳，同时双手持球移至体右侧耳上举，左手离球，右手掌心向上托球，向球篮方向伸出(见图 3-1-38)，接着向上屈腕，食指、中指、无名指向上拨球投出(见图 3-1-39)。

图 3-1-33

图 3-1-34

图 3-1-35

图 3-1-36

图 3-1-37

图 3-1-38

图 3-1-39

(4) 原地跳起单手肩上投篮。

原地跳起单手肩上投篮简称为跳投，是跳起在空中完成投篮的动作，具有突然性强、出手快、出手点高、不易防守的特点。

动作要领：(以右手为例)两手持球于胸前，两脚前后或左右自然站立，两腿微屈，重心在两脚之间(见图3-1-40)。起跳时两腿迅速屈膝，前脚掌用力蹬地向上起跳，同时迅速举球于头侧上方(起跳和举球动作要协调一致)，用右手托球，手腕后屈，左手扶球。当身体接近最高点时(见图3-1-41),左手离球,右臂伸向前上方,前臂即将伸直时,手腕用力前屈,食、中指拨球,通过指端将球投出,手臂向出球方向自然伸直。落地时屈膝缓冲,保持身体重心稳定(见图3-1-42)。

图 3-1-40

图 3-1-41

图 3-1-42

(5)运球、接球急停跳起投篮。

运球急停或接球急停跳起投篮时,可采用跳步或跨步急停的动作方法,停步同时双手随起跳持球上举,当身体至最高点时,辅助手离球,投篮臂向前上方伸直,手腕前屈,食、中指用力拨球将球投出。

(6)传接球接行进间低手投篮。

传接球接行进间低手投篮是篮球比赛中应用比较广泛的一项组合技术。由于它的技术特点是投篮动作柔和、稳定,出手点在身体前上方,所以一般在快速奔跑中或身体前方没有人防守时使用。此技术动作在所有行进间投篮技术中,是命中率较高的一种投篮形式。与运球接行进间投篮相比,在衔接部分有一定难度。在教学中应注意动作的技术特点。

(7)运球接行进间单手肩上投篮。

运球接行进间单手肩上投篮是一项运球与行进间投篮组合的动作。学会此组合动作对学生参加比赛会有很大帮助,因为此组合动作解决了个人移动和投篮问题,甚至可以用此动作跳在空中传球给同伴。此组合动作关键在于两动作的衔接与在空中平衡的控制。

动作要点:跨步拿球双脚要腾空,跳起投篮时要控制住身体平衡,投篮出手动作连贯柔和。

运球接行进间单手肩上投篮

5. 持球突破

持球突破是持球队员运用脚步动作与运球技术相结合,达到超越对手的一种进攻技术。

(1) 交叉步持球突破。

以右脚作中枢脚为例,两脚左右开立,两膝弯曲,两手持球于胸腹间。突破时,左脚前脚掌内侧用力蹬地,上体向右转移,左肩向前下压,左脚向右侧前方跨出,在右脚离地前,运球在左脚的右侧前方,右脚迅速蹬地跨步超越对手。

动作要点:转体、侧肩、加速。

(2) 顺步持球突破。

顺步持球突破也称为同侧步持球突破。以左脚作中枢脚为例,两脚左右开立,两膝弯曲,两手持球于胸腹间。突破时,右脚向右前方跨出一步,同时向右转体侧肩,重心前移,右手运球,左脚前脚掌用力蹬地,向右前方跨出。

动作要点:转体、侧肩、加速。

6. 防守对手

防守对手,是指队员在防守时,为了阻挠和破坏对手的进攻,达到夺球反攻的目的所采取的各种专门动作方法的总称。

比赛中,对无球队员的防守大部分是在移动中进行的。在移动防守过程中,经常采取的移动步法有各种滑步、撤步、上步、转身、侧身跑等,并且都是在随时变化中运用,其目的为积极抢占有利位置,不让对手在有威胁的位置上接到球。

防守有球队员,进攻队员一旦接到球,防守队员要及时调整与对手的位置和距离。根据对手不同的进攻位置和特点,采用有所侧重的防守方法。

(1) 防投篮。一只手轻贴对手身体,另一只手抬起,扰乱对手的投球注意力,必要时跳起盖帽,但不要轻易起跳,以免被对方假动作欺骗。

(2) 防突破。身体保持好重心,稍微与对手拉开距离,一手向前平伸,全力注意对手的移动,及时封住对手的突破路线。

(3) 防运球。与防守突破一样,当防守时多前后移动,做抢球的动作,给对手压力。

7. 抢球、打球、断球

抢球、打球、断球是攻击性很强的防守技术,是积极防守战术的基础。

(1) 抢球。抢球是攻击性防守的重要技术之一,在对方动作迟缓、精神不集中或球保护不好的情况下,防守者都可以大胆地抢球。

动作要领:抢球时要突然上步,靠近对手,同时伸出右臂,右手迅速按在球上方(对方的两手之间),左手立即控制住球的下方,右手下按球并将球向对方怀内旋转,左手用力协助转动。当球在对方手中转动时,右手加速做向回拉球动作,使球脱开对方双手,将球抢到手。

(2) 打球。当队员持球、运球、投篮时,防守队员都可以出其不意地突然打球,也可以在集体防守的配合过程中,通过堵截、夹击、关门等方法打掉持球队员手中的球。

(3) 断球。断球分为横断球和纵断球两种。

横断球动作要领:要准确判断对方传球意图和球的飞行路线,要与对手有一定距离,使其同伴感到可以传球。准备断球时要降低重心,与传球人、接球人保持一定角度,位置要靠近传球一侧。注意观察持球队员的动作,当持球队员传球出手时,迅速向来球方向起跳。充分伸展腰腹和手臂,截获来球后立即收腹、双脚落地,保持平衡,及时与运球、传球相接。

纵断球动作要领：以从对手右侧断球为例。纵断球时，右脚应向右前方（从对手侧后绕出断球时）或右侧前方（从对手身后绕出断球时）跨出，左腿从侧面绕过对手，同时右脚用力蹬地（或两脚蹬地），侧身向来球方向迅速跃出，两臂伸直将球断获。其他动作要领同横断球。

8. 抢篮板球

比赛中双方队员争抢投篮未中的球所采用的技术统称为抢篮板球技术。

（1）抢进攻篮板球。当同队队员投篮出手后，及时判断球反弹的方向和落点，快速起动抢占有利位置，或利用假动作绕到对手的面前，用单脚或双脚起跳，在最高点时进行补篮或抢球。落地时缓冲并保护球。

（2）抢防守篮板球。在抢防守篮板球时，保持正确的站立姿势，两膝弯曲，上体稍前倾，重心放在两脚之间，两肘外展以便占据较大的空间，正确判断球的反弹方向，并注意对手的动向。一般运用上步、撤步、转身、侧跨步等步法抢占有利的位置，把进攻队员挡在身后。起跳时用力蹬地，摆臂提腰，跳至最高点时用双手或单手抢球。如难以抢到球，可用点拨球的方法在空中将球点传给同伴。落地时，侧对进攻方向，及时传球发动快攻。

3.1.3 篮球运动基本战术

3.1.4 篮球运动竞赛规则简介

3.1.5 篮球选项课考核评价标准

1. 课程考核方式与成绩评定

（1）考核类别：技术考试。

（2）考核方式：期末小组统一考试。

2. 各学期成绩计算方法

详见附录A。

3. 测试项目及评分标准

（1）篮球课程测试项目及评分标准

第一学期、第二学期标准：全场绕障碍物计时跑篮(10分)。
要求：按规定路线跑篮，并行进间上篮命中(不中篮需补中)，如表3-1-1所示。

表3-1-1　第一学期、第二学期篮球考核评价标准

	10分	9分	8分	7分	6分	5分	4分	3分	2分
男	20″5	21″	21″5	22″	22″5	23″	23″5	24″	25″
女	28″5	29″	29″5	30″	30″5	31″	31″5	32″	32″5

定点投篮5个(每球2分,共10分)。要求：男生在罚球线,女生在罚球线前1m。
第三学期、第四学期标准：全场绕障碍物计时跑篮(20分)。
要求：按规定路线跑篮,并行进间上篮命中(不中篮需补中),如表3-1-2所示。

表3-1-2　第三学期、第四学期篮球考核评价标准

	20分	19分	18分	17分	16分	15分	14分	13分	12分
男	20″5	21″	21″5	22″	22″5	23″	23″5	24″	25″
女	28″5	29″	29″5	30″	30″5	31″	31″5	32″	32″5

定点投篮5个(每球2分,共10分)。要求：男生在罚球线,女生在罚球线前1m。
(2) 四项体能测试项目和标准。
男生：50m跑、1000m跑、立定跳远、引体向上。
女生：50m跑、800m跑、立定跳远、1min仰卧起坐。
评分标准：严格执行教育部印发的《国家学生体质健康标准(2014年修订)》。
体能测试项目成绩：四单项平均得分。第一学期、第二学期、第三学期、第四学期，每项5分。
(3) 学生平时成绩和标准
上课出勤率：请假、迟到、早退，一次扣1分；旷课一次扣2分；教师根据学生平时上课的表现评定学生的学习态度。
(4) 课外体育锻炼根据学校下发的文件来执行。

3.2　气　排　球

3.2.1　气排球运动概述

气排球运动是由排球运动衍生而来的集健身、娱乐、休闲等特点为一身的大众健身活动。该运动项目是由双方各4名队员(老年组每队各5名)，在规定的场地内以中间球网为界,用塑料材料制作的充气球,运用相关技术进行攻防对抗的健身活动。

气排球运动的雏形是在1984年内蒙古集宁市铁路分局的一次老年人体育活动中出现的,其最初的目的是丰富离退休职工的生活,引导他们走出家门参与体育锻炼,尝试用充气球替代硬式排球在排球场进行体育活动。后来由于充气球容易爆炸且太轻,不利

于长时间使用,为了克服这个问题,经过多次更换,最后用儿童使用的软塑球替代充气球,随后人们又比对6人制排球规则对其规则进行了简单修改,并且将其称为"气排球"。

我国在1989年成立了研发气排球运动的项目组织,尝试在全国各地大力开展这项大众健身运动,而且指出在不久的将来气排球将会成为大众健身和全民娱乐的主要项目,还建议在企事业单位、社区、学校等进行大力推广。1991—1998年是气排球运动的完善发展时期,各种规则、秩序逐渐形成。1991年,内蒙古集宁市铁路分局的代表去参加全国铁路系统离退休人员体育工作大会,参会代表在休息期间进行了气排球展示,引起了观看者的热烈响应。这次会议指出在全国老年人群中发展该项目。会后不久,火车头老年人体育协会按照规则要求首次编写了《气排球比赛规则》。1992年3月,河北省举办了首届全国气排球学习班,同年11月,武汉举办了第一届全国铁路系统离退休人员气排球竞赛,该赛事共吸引了7支男气排球队、6支女气排球队参加,并且受到了媒体的关注。1993年,在北京成立了老年人气排球协会,随后又在锦州、齐齐哈尔两地举行了第二届铁路系统离退休人员气排球竞赛。自此,气排球项目在铁路系统内部得到了快速开展、普及。

气排球得到大力发展的时期是在1998年后,其不再局限于铁路系统内部,而是在全国各地、各行各业。中国老年人体育协会在1999年修改、明确了《老年人气排球竞赛章程》,且在河南省举行了首届全国老年人气排球培训班。同年4月,老年人体育协会和中央电视台《夕阳红》节目组一起制作了"老年人气排球"系列片,录制完后在中央电视台进行了播出,其连续播放了近1个月,使该运动正式走入了全国人民的视野。

气排球活动举行规模最大、举办届数最多的是全国老年人气排球比赛(或"活动"),自2004年后都会举办一年一次的气排球比赛(全国性质),到2015年为止已举办了12届。另外,遍及范围也非常广,甘肃、湖南、海南、广西、福建等地都组织过气排球比赛,同时各省的体育局举办的气排球公开赛、夏令营也较多,如2005—2012年,昆明市共举办了8届大规模的气排球活动,而浙江磐安县等地也多次举办过全国气排球夏令营等形式的气排球活动,参赛人数也从2010年的460人,发展到2014年的2000多人。

2011年后,参与人群的结构也有了很大的改变,不仅老年人参与其中,而且越来越多的儿童、中青年也加入进来。究其原因,2011年以前气排球运动主要由中国老年人协会来推广,而在2011年后中国老年人体育协会成立了专门的组织(即气排球委员会),这样使得气排球的推广更有针对性、推广手段也更专业,有了创新和发展,使得许多的青少年也关注气排球运动,乐于参与其中;另外,老年人的活动也对他们起着潜移默化的影响。

气排球运动因具有强身健体、趣味性高、娱乐性强、简单易行、老少皆宜、轻松欢快、愉悦身心等功效深受大学生的喜爱。大学生可通过气排球比赛在对抗中斗智斗勇,在与同伴的默契配合中、在战胜自我中得到美妙的快感和身心满足。同时气排球运动可使人们在娱乐中产生自信、自尊,满足人们交往、合作的需要,既能陶冶情操,又娱乐身心,它所具有的结果不确定性,也使大学生们产生了浓厚的兴趣,大大提高了娱乐价值。

3.2.2 气排球运动基本技术

1. 垫球

面临来球时,双脚自然站立,膝盖弯曲,重心下沉,双手自然置于胸前。击球时双脚蹬地发力,带动手臂向前上方迎球,击球时含胸收腹,用腕关节以上 10cm 左右击球(见图 3-2-1～图 3-2-3)。

图 3-2-1

图 3-2-2

图 3-2-3

2. 发球

发球是气排球比赛的开始。发球是由 1 号位队员在发球区内自己抛球,用一只手将球击入对方场区的一种击球方法。

(1) 正面下手发球。发球前面对球网,两脚前后开立,两膝微曲,重心置于后脚,持球手将球抛于另一侧体前同时,击球手以肩为轴向后摆动。后脚蹬地发力,重心前移,在腹前以全手掌、掌根或虎口击球中下方(见图 3-2-4～图 3-2-6)。

(2) 勾手大力发球。发球前面对球网,两脚前后开立,两膝微曲,重心置于后脚,持球手将球抛于体前上方同时,击球手以肩为轴向后摆动。后脚蹬地发力,重心前移,在体前以全手掌击球中上方(见图 3-2-7～图 3-2-9)。

图 3-2-4

图 3-2-5

图 3-2-6

图 3-2-7　　　　　　　图 3-2-8　　　　　　　图 3-2-9

正面上手
发球

（3）正面上手发球。发球前面对球网，两脚前后开立，两膝微曲，重心置于后脚，持球手将球抛于另一侧体前同时，击球手以肩为轴向后摆动。后脚蹬地发力，重心前移，在额前以全手掌击球中下方（见图3-2-10～图3-2-12）。

图 3-2-10　　　　　　图 3-2-11　　　　　　图 3-2-12

扣球

3. 扣球

助跑前采用低蹲准备姿势，两臂自然下垂，站在离球网后3m左右，观察判断，跟随传球进行扣球上步。以右手扣球为例，右脚向前跨出，左脚快速跟上，膝盖弯曲，重心下沉，起跳时双脚蹬地发力，双臂由后往前带动身体向上跳跃，挺胸展腹。扣球时转体收腹，以肩为轴，大臂带动小臂向前上方击球的中上部（见图3-2-13～图3-2-15）。

图 3-2-13　　　　　　图 3-2-14　　　　　　图 3-2-15

4. 传球

面临来球时,双脚自然站立,膝盖弯曲,重心下沉,双手自然置于额前。击球时双脚蹬地发力,触球时手腕向后微收,随后快速抖腕,带动手指向前拨球(见图 3-2-16~图 3-2-18)。

传球

图 3-2-16　　　　　　　图 3-2-17　　　　　　　图 3-2-18

5. 拦网

面对球网,两脚左右开立,两膝微屈,两臂屈肘置于胸前。仔细观察,判断对方进攻方向,随后采用并步、交叉步等步法到拦网位置。在体侧近身处,做前后划弧摆动,帮助身体迅速起跳。随后两手从额前沿球网向上方伸出,两臂伸直保持平行,手指张开,屈指屈腕呈半球状。落地时含胸,手臂先后摆再收回,以免触网。

拦网

3.2.3　气排球运动基本战术

3.2.4　气排球运动竞赛规则简介

3.2.5　气排球选项课考核评价标准

1. 课程考核方式与成绩评定

(1) 考核类别:技术考试。

(2) 考核方式：期末小组统一考试。

2. 各学期成绩计算方法

详见附录 A。

3. 气排球课程各测试项目及评分标准

(1) 体育专项考试项目。

专项技术考核内容：发球和垫球。

专项技术评分标准：

发球考试第一学期、第二学期成绩占总成绩的 5%，第三学期、第四学期成绩占总成绩的 10%。

垫球考试第一学期、第二学期成绩占总成绩的 15%，第三学期、第四学期成绩占总成绩的 20%。

垫球考试分为技评和达标两部分，其中技评第一学期、第二学期成绩 5 分，第三学期、第四学期成绩 10 分；达标第一学期、第二学期成绩 10 分，第三学期、第四学期成绩 10 分。

(2) 四项体能测试项目和标准。

男生：50m 跑、1000m 跑、立定跳远、引体向上。

女生：50m 跑、800m 跑、立定跳远、1min 仰卧起坐。

评分标准：严格执行教育部印发的《国家学生体质健康标准（2014 年修订）》。

体能测试项目成绩：四单项平均得分。第一学期、第二学期、第三学期和第四学期，每项 10 分。

(3) 学生平时成绩和标准。

上课出勤率：请假、迟到、早退，一次扣 1 分，旷课一次扣 2 分；教师根据学生平时上课的表现评定学生的学习态度。

(4) 课外体育锻炼根据学校下发的文件来执行。

3.3 足　　球

3.3.1 足球运动概述

足球运动是一项古老的体育活动，源远流长。它最早起源于中国古代的球类游戏"蹴鞠"，后来经阿拉伯人传到欧洲，逐渐发展成为现代足球。2004 年初，国际足球联合会确认足球源于中国，"蹴鞠"是有史料记载最早的足球活动。

近代，我国足球运动是在北京、上海、广州等教会学校开展的基础上逐步推向社会的，也出现了像李惠堂这样的代表性人物。1915—1934 年，中国获得了远东运动会足球比赛的九连冠，并于 1936 年、1948 年两次入围奥运会，中国足球在亚洲逐渐发展壮大。然而在抗战期间，全国足球运动的开展受到严重破坏，国际交往也完全停止。中华人民共和国成立后，随着国家经济状况的好转，足球运动又开始发展。但 1966—1976 年，我国的足球运动再受重创,全国各级别足球竞赛及国际交往连同足球教学、训练、科研等全部停止。改革开放之后,中国足球在本土教练和"洋教练"的轮番带领下一次次地为冲出亚洲走向世界而努力,也使中国足球在中国社会受关注的程度达到了空前的高度。随着体育事业改革的深化,全民健身意识的增强,经过多年的积弱不振之后,中国足球的发展已经上升到"国家战略"的层面,前景令人关注和期待。现代足球具有激烈的对抗性、参与的广泛性、超强的观赏性、风格的多元性、诱人的效应性、极大的包容性等特点。

3.3.2 足球运动基本技术

足球技术是指球员在足球竞赛规则条件下,运用身体的有效部位合理完成各种动作方法的总称。足球技术是球员进行比赛活动的基本手段和能力,是完成战术配合,决定战术质量的前提和保证。

足球技术可从多层次和不同角度进行分类。根据球员的技术方式,可分为有球技术和无球技术两类。有球技术包括踢球、接球、运球、头顶球、抢球、断球、掷界外球;无球技术包括起动、跑动、急停、转身、跳跃、步法。

本书针对的是几乎没有任何足球练习基础的普通大学生,学生的学习目标是培养学习兴趣,并不是培养高水平的足球运动员,在有限的教学课时内不可能教授所有内容。作为教材,本书只是根据"体育与健康——足球"课程教学大纲,介绍相关教学内容,有能力想进一步提高足球技术、技能的同学,可选择相应的足球教材继续深入学习。

1. 正脚背颠球技术

支撑腿的膝关节微屈,身体重心转移到支撑腿上,当球落至低于膝关节时,颠球脚一侧的膝、踝适当放松,并柔和地向前上方稍甩动,小腿、脚尖稍翘起,用脚背正面轻击球的底部,将球向上颠起。颠球不宜过高,略有下旋(见图3-3-1~图3-3-3)。

图 3-3-1

图 3-3-2

图 3-3-3

(1)正脚背颠球技术应用。足球比赛争夺激烈,对抗性强,运动员要在比赛中自如地应对处于各种不同状态的球。颠球可使运动员熟悉球性,提高控球能力,提高运动员的身体协调性,增强脚步移动以及踝、膝、髋关节的灵活性和在比赛中的应变能力,可为传球、射门、接球、抢截等技术打下良好的基础。

(2)易犯错误。脚击球时踝关节松弛,造成用力不稳定;击球时脚尖向下或向上勾,造成球受力后向前或向后触碰身体,使球难以控制;颠球时身体其他部位不够放松,以致动作僵硬;头部颠球时腿部、躯干、颈部配合用力不协调,仅靠颈部支撑。

2. 脚内侧踢球技术

脚内侧踢球

踢定位球时,直线助跑,支撑脚踏在球侧约15cm处,膝微屈,脚趾指向出球方向。踢球腿以髋关节为轴由后向前摆动,膝踝外展,脚尖稍翘,以脚内侧部位对准来球,当膝关节接近球体上方时,小腿加速前摆,击球刹那,脚跟前顶,脚型固定,用脚内侧部位击球的后中部(见图3-3-4和图3-3-5)。

图 3-3-4

图 3-3-5

(1)脚内侧踢球技术应用。脚内侧踢球动作的特点决定了其触球面积大,可控性强,出球平稳,是短距离传球和射门常用的脚法,可用于踢定位球、地滚球、空中球。

(2)易犯错误。踢球腿膝、踝外展不充分,脚趾没勾翘,击球脚型不正确,影响击球效果;踢球腿直腿摆击球,出球乏力;击球刹那,脚型不固定,出球不顺畅。

3. 脚背正面踢球技术

踢定位球时,直线助跑,支撑脚踏在球侧约15cm处,脚趾指向出球方向,膝微屈,眼睛注视球。在支撑脚前跨的同时,踢球腿大腿顺势后摆,小腿后屈。前摆时,大腿以髋关节为轴带动小腿前摆,当膝关节摆近球体上方时,小腿加速前摆,脚背绷直,脚趾扣紧,以脚背正面击球的后中部。击球后,踢球腿顺势前摆落地(见图3-3-6和图3-3-7)。

图 3-3-6

图 3-3-7

(1)脚背正面踢球技术应用。脚背正面踢球动作的特点决定其踢球幅度大,动作顺畅,便于发力。但出球路线及性能缺乏变化,适用于远距离的传球和大力射门,可用于踢反弹球、地滚球、空中球。

(2)易犯错误。支撑脚选位不当,影响摆踢发力和击球效果;击球刹那,脚型不稳,脚尖上挑,影响出球力量和方向;踢球腿摆踢路线不直,出球方向不正。

4. 脚背内侧踢球技术

踢定位球时,斜线助跑,助跑方向与出球方向约成45°,支撑脚踏在球侧后方约25cm处,膝微屈,脚趾指向出球方向,重心稍倾向支撑脚一侧。在支撑脚踏地的同时,踢球腿以髋关节为轴,大腿带动小腿由外后向前内略呈弧线摆动,膝踝关节稍外旋,当膝关节摆至接近球的内侧上方时,小腿加速前摆。击球时,膝向前顶送,脚背绷直,脚趾扣紧斜下指,以脚背内侧击球的后中下部,击球后踢球腿顺势前摆着地(见图3-3-8和图3-3-9)。

图 3-3-8

图 3-3-9

(1)脚背内侧踢球技术应用。脚背内侧踢球动作的特点决定其踢摆动作顺畅,幅度大,脚触球面积大,出球平稳有力,且性能和线路富于变化,是中远距离射门和传球的重要方法,可用于踢地滚球、内弧线球等。

(2)易犯错误。支撑脚选位不当,脚趾没对准出球方向,影响摆踢动作的完成;击球刹那,膝不向前顶送,而是顺势内拐,导致出球侧内旋;踢球腿后摆动作紧张,影响前摆速度,击球发力不足;支撑脚落地偏后,上体放松后仰,出球偏高乏力。

5. 额正面顶球技术

原地顶球时,身体正对来球,两腿自然开立,膝微屈,两眼注视来球。随球临近,上体稍后仰,展腹挺胸,两臂自然张开,下颌收紧,身体自下而上蹬地、收腹、摆体、顶送发力,当头摆至身体垂直部位时,用前额正面顶击球的后中部。

(1)额正面顶球技术应用。额正面顶球动作的特点决定其容易控制出球方向,出球平衡有力,可用于转向顶球、跳起顶球、鱼跃顶球。

(2)易犯错误。上体与下肢发力动作脱节,不协调,影响发力效果;击球时机掌握不好,使头在被动位顶球,影响顶球效果;击球刹那闭眼缩颈,影响顶球力量和准确性;跳起顶球时,起跳点、起跳时机和击球掌握不好,影响顶球动作质量和出球效果。

6. 脚内侧接球技术

接地滚球时,身体正对来球,判断来球的速度和方向,选好支撑位置,膝关节微屈。接球脚根据来球的状态相应提起,膝、踝关节旋外。脚趾稍翘,用脚内侧对准来球,触球刹那,接球部位做相应的引撤或变向接球动作,将球控制在所需要的位置上。

(1)脚内侧接球技术应用。脚内侧接球动作特点决定其接球平衡,可靠性强,动作灵活多变,用途广泛,可用于接反弹球、空中球。

(2) 易犯错误。接球腿膝、踝关节外展不够,影响触球角度,控球不稳;接球引撤的时机速度控制不好,缓冲效果差;压推或拨转接球后,重心跟进慢,接、控动作脱节;接球腿动作僵硬,直腿接球,难以接、控。

7. 脚背外侧接球技术

接地滚球时,判断来球状况,选好支撑脚位置,接球腿屈膝提起,膝踝关节内翻,以脚背外侧部对准来球,当球临近时,接球脚以脚背外侧拨球的相应部位,将球控在所需位置上。

(1) 脚背外侧接球技术应用。脚背外侧接球动作特点决定其动作幅度小,速度快,灵活机动,隐蔽性强,但动作难度较大,接球时常伴随假动作和转体动作,适用于接地滚球和反弹球。

(2) 易犯错误。支撑脚选位不当,影响接球腿完成动作;掌握不好球的落点和推压时机,接不住球或接球不稳;膝、踝关节的摆动僵硬不灵活,接球力量失控;接反弹球时,小腿与地面的夹角不当,接球"卡壳"或控球不到位。

8. 脚背外侧运球技术

直线运球时,自然跑动,步幅偏小,上体稍前倾,两臂协调摆动。运球脚提起,膝关节微屈,脚跟提起,脚趾稍内转斜下指,摆至球体上方时,用脚背外侧推拨球的后中部,重心随球跟进。

(1) 脚背外侧运球技术应用。脚背外侧运球特点决定其灵活性、可变性强,可做和直线、弧线和向外变向运球,易于控制运球方向和发挥运球速度,并便于对球进行保护。

(2) 易犯错误。运球脚直腿前摆,难以控制推拨力量;膝踝关节僵硬,影响控球效果;身体重心偏高或坐后,影响重心跟进。

9. 脚背正面运球技术

自然跑动,步幅稍小,上体稍前倾,两臂协调摆动,运球腿屈膝提起前摆,脚背绷紧,脚跟提起,脚趾下指,用脚背正面推拨球后自然落步。

(1) 脚背正面运球技术应用。脚背正面运球动作特点决定其直线推拨,速度快,但路线单一,运球时前方需有较大的纵深距离。

(2) 易犯错误。运球脚推拨球部位及方法不当,难以控制运球的力量和方向;膝、踝关节僵硬,变推拨为捅击动作,控制不住球;支撑脚偏后,推拨球后重心滞后,导致人球分离。

10. 脚背内侧运球技术

自然跑动,步幅稍小,上体略前倾并向球侧稍转,两臂协调摆动。运球腿屈膝提起,脚尖稍外转,前摆用脚背内侧部位向侧前推拨。

(1) 脚背内侧运球技术应用。脚背内侧运球特点决定其控球稳,运球速度较慢,适用于掩护性球或运球变向。

(2) 易犯错误。身体重心过高或侧倾不够,影响运球变向;推拨球动作不稳定,影响控球效果。

11. 运球过人技术

运球过人是在运控球的基础上,根据临场需要,准确判断和把握对手的防守位和重心变化情况,利用速度、方向或动作变化,获得时间和空间位置优势,从而突破防守的一种技术手段。

(1) 强行突破:指利用速度优势,突然快速地推拨球和爆发式地起动,加速超越防守队员的动作方法。

实施该动作时要求防守队员身后有较大的纵深距离,从而使速度优势能够得到充分发挥。

(2) 假动作突破:指运动员利用各种虚晃动作迷惑对手,如假射、假传、假停等,使其因判断失误而不知所措或贸然盲动失去重心,并趁机突破的动作方法。

实施该动作时要真假结合,假动作要逼真,真动作要迅速。

(3) 变向突破:指队员利用娴熟的脚部动作,不断改变球路和重心方向,使对手重心跟不上而出现防守错位并趁机突破的动作方法。

实施该动作时要求队员脚部动作娴熟,步法灵活,重心移动灵便,变向突然迅速。

(4) 变速突破:指队员通过速度的突变,影响对手的速度节奏,从而出现利于突破的时间差并趁机突破的动作方法。

实施该动作时,节奏变化要鲜明,做到骤停疾起,并把握变化的主动性。

(5) 人球分离突破:是利用对手站位过死或重心移动过猛时,突然从其一侧或胯下向前推球,并从另一侧超越对手控制的动作方法。

实施该动作时,应能利用对手的重心漏洞和身后空当,并能够隐蔽自己的动作意图。

3.3.3 足球运动基本战术

3.3.4 足球运动竞赛规则简介

3.3.5 足球选项课考核评价标准

1. 课程考核方式与成绩评定

（1）考核类别：技术考试。

（2）考核方式：期末小组统一考试。

2. 各学期成绩计算方法

详见附录 A。

3. 测试项目及评分标准

（1）足球课程测试项目及评分标准。

第一学期、第二学期：

脚内侧射门。用脚内侧踢地滚球方式射进 10m 外 1m 宽的球门，每人 5 球，每球 4 分，若球击中门柱则此球不算，重踢。

第三学期、第四学期。

脚内侧射门。用脚内侧踢地滚球方式射进 10m 外 1m 宽的球门，每人 5 球，每球 3 分，若球击中门柱则此球不算，重踢，技术评定为 15 分。

（2）四项体能测试项目和标准。

男生：50m 跑、1000m 跑、立定跳远、引体向上。

女生：50m 跑、800m 跑、立定跳远、1min 仰卧起坐。

评分标准：严格执行教育部印发的《国家学生体质健康标准（2014 年修订）》。

体能测试项目成绩：四单项平均得分。第一学期、第二学期、第三学期、第四学期，每项 5 分。

（3）学生平时成绩和标准。

上课出勤率：请假、迟到、早退，一次扣 1 分，旷课一次扣 2 分；教师根据学生平时上课的表现评定学生的学习态度。

（4）课外体育锻炼根据学校下发的文件来执行。

3.4 乒 乓 球

3.4.1 乒乓球运动概述

乒乓球运动起源于英国，19 世纪后期由网球演化而来。据传，在英国首都伦敦，某一天，有两位青年网球迷到一家高级餐厅就餐，因为天气炎热，在等候侍者上菜时，就信手拿起桌上的大号雪茄烟的硬纸盒盖子，扇风降温。当两人为网球战术而争论得不可开交时，便从酒瓶上拔下一只软木塞当作球，以餐桌为场地，以烟盒为球拍，现场模拟起实战网球来。此举引得食客和侍者纷纷围观，餐厅的女主人完全被这种别开生面的游戏吸引了，情不自禁地脱口而出:"Table Tennis(桌上网球)!"不经意间,就给这项运动命了名。很快,这项餐桌上的游戏就在欧洲各国流传开来。

1890年,英格兰越野跑运动员詹姆斯·吉布(James Gibb)在美国旅行时,发现由美国人发明的赛璐珞空心球弹力较强,就带回英国使用。由于赛璐珞空心球触球拍和球桌时发出"乒""乓"的声音,因此又称这项运动为"乒乓球"(ping-pong)。1902年,英国人库特(Goodea)发明了颗粒胶皮拍。同年,在英国游学的日本东京高等师范学校教授坪井玄道将乒乓球运动传入日本。

1904年,乒乓球运动从日本传入中国上海。一家文具店的经理王道平,从日本买来十套乒乓球器材摆设在店中,并亲自做打球表演,给人们展示在日本看到的打乒乓球的情形。从此,乒乓球运动开始在中国落地。

1905—1910年,乒乓球运动逐渐扩展到北非的埃及等地。

20世纪20年代后,在蒙塔古等的推动下,因第一次世界大战一度被冷落的乒乓球运动又重新在英国活跃起来。

1926年,早已成立的英国乒乓球协会发现ping-pong已被他人商业注册,加之该协会缺乏代表性,因而解散了组织,重新成立了乒乓球(table tennis)协会并作了商业注册。自此,乒乓球(table tennis)这个名称一直沿用至今。我国所称的"乒乓球"是从声音上得名的。

3.4.2 乒乓球运动基本技术

1. 站位和准备姿势

(1) 站位。

① 站位的特点与作用。站位是指运动员与球台之间的距离和所处的位置。比赛中运动员站位的合理性,直接影响运动员技术、战术水平的发挥,站位正确有利于运动员保持稳定的击球姿势和快速移动的能力。选择站位时应考虑技术特长的发挥,因此,不同类型打法的运动员的基本站位的范围大小也不同。

② 不同类型打法的运动员的基本站位。左推右攻打法的运动员,其基本站位在近台偏左1/3处,距球台30~40cm;直拍两面攻打法的运动员,其基本站位也在近台偏左,距离球台端线40~50cm;弧圈球打法的运动员,其基本站位在中台偏左,距球台50~70cm;直拍单面拉弧圈打法在距离球台端线偏左1/3处;横拍两面拉弧圈打法则稍偏中间位置;快攻结合弧圈打法与球台的距离介于近台快攻与弧圈球打法之间;横拍削攻结合型打法的运动员,其基本站位在中台偏左,距离球台端线70~100cm处;削球结合进攻型打法的运动员,其基本站位在远台。

(2) 准备姿势。

① 准备姿势的特点和作用。准备姿势是指击球者准备击球或还击球时的身体各部位姿势,蓄势待发。运动员在每一次击球之前,均应使身体保持合理、正确的姿势,有利于脚、腿用力蹬地和腰、躯干各部位的协调配合与迅速起动。保持正确的击球姿势,可提高击球的命中率,制造出最大的击球力。

准备姿势

② 准备姿势的动作要点（见图3-4-1）。

下肢：两脚左右开立，约与肩同宽。身体稍向右侧，面向球台，保持身体重心平稳，两膝自然弯曲，提踵，重心置于两脚之间。

躯干：含胸收腹，上体略前倾，下颌微收，两眼注视来球。

上肢：持拍手和非持拍手均应自然弯曲置身体前侧方，保持相对的平衡状态。

准备姿势中关键是做到身体重心低，起动快。两脚略比肩宽和屈膝内扣是为了保持身体重心的稳定性；脚掌内侧着地和微提踵是为了保证快速起动。横握球拍时肘部向下，前臂自然平举。

图 3-4-1

2. 握拍方法

不同的握拍方法与击球动作的完成情况有着密切的关系，往往对击球技术的动作质量产生影响。握拍方法的正确与否，影响着技术动作的合理程度，在进行乒乓球技术的学习时，一定要注意握拍方法的正确性，对击球时引拍位置、拍形角度、拍面方向、发力方向和位置等都具有重要意义。

（1）直握球拍方法。

用拇指和食指握住球拍拍柄与拍面的结合部位，拍柄右侧贴在食指的第二关节内侧，食指的第二关节压住球拍的右肩，其第一关节自然弯曲，拇指的第一关节压住球拍的左肩。中指、无名指和小指自然弯曲斜形重叠，用中指、无名指的手指前部抵住球拍背面上端1/3处。

① 直拍标准握法（见图3-4-2）。直拍标准握法，是指拇指和食指深浅适宜地握在拍肩两侧。这种握法是目前直拍近台快攻打法最常用的握法。

(a)

(b)

图 3-4-2

② 直拍深握法（见图3-4-3）。直拍深握法是指握拍时，拇指和食指较深地握住拍肩的两侧。拇指和食指间距较大，这种握法能使球拍稳定，利用上臂和前臂的集中发力，对正手攻球比较有力。但由于握拍太深，影响手指和手腕的灵活性，因此，此握法不常用。

③ 直拍浅握法（见图3-4-4）。直拍浅握法是指握拍的拇指和食指较浅地握在拍肩的两侧，拇指和食指间距较小。这种握法手腕较灵活，适宜处理台内球和突击加转下旋球，但拍形下垂不太稳定，回接旋转性强的球有一定难度，多见于用传统的两面攻打法的选手。

图 3-4-3

图 3-4-4

④ 直拍横打握法(见图 3-4-5)。直拍横打握法近似于浅握法,拇指较直,食指比较放松。中指、无名指和小指较直,用指头顶住底板,便于反面击球。

图 3-4-5

⑤ 直拍削球握法(见图 3-4-6)。拇指弯曲紧贴拍柄的左侧肩部,食指、中指、无名指和小指托住球拍的背面。此握法在削球时引拍至肩高,为减少来球冲力,拍形稍竖立或稍后仰;反手削球时,拍后四指灵活地把球拍兜住,使拍柄向下压住来球。

图 3-4-6

(2)横握球拍方法。

横握球拍因手指动作相似,均称"八字式"握法,有"大刀握法"的美誉。其握拍方法是:虎口压住球拍右上肩,中指、无名指和小指自然地握住拍柄,拇指在球拍的正面轻贴于中指旁边,食指自然伸直斜贴在球拍的背面。深握时,虎口紧贴球拍;浅握时,虎口轻微贴拍。

① 深握球拍(见图3-4-7)。虎口稍紧贴拍柄正侧面,而且拍形较稳定,发力相对集中,扣杀球比较有力,削球容易控制。但手腕不灵活,台内球和中路偏右的球处理起来较困难。

(a)　　　　　　　　(b)

图　3-4-7

② 浅握球拍(见图3-4-8)。虎口处稍离开拍柄肩侧,手腕较灵活,有利于制造球的旋转变化,对台内球的处理更多样化,进攻低球较容易,左右结合更富协调性。但因手腕较活,拍形不固定,尤其削球时较难控制,发力相对差一些。图3-4-7和图3-4-8的区别在于虎口位置。

(a)　　　　　　　　(b)

图　3-4-8

③ 拳式握法(见图3-4-9)。

拳式握法极少人采用,这种握法虽然力量不大,但因缺乏手指夹住球拍来辅助手腕用力,所以不易正确掌握拍形,往往容易影响击球的准确性。

(a)　　　　　　　　(b)

图　3-4-9

3. 基本步法

步法是乒乓球击球环节中的重要组成部分,是指乒乓球运动员为选择合适的击球位置所采用的脚步移动方法。乒乓球的基本步法的种类包括单步、跨步、跳步、并步、交叉步、侧身步和小碎步。

(1) 单步。

① 特点。它是各种类型打法的运动员常用的步法之一,是乒乓球步法中简单而有效的技术。其特点是移动速度比较快,移步简单、灵活,重心转换比较平稳。一般是在距离身体不远的来球,小范围内运用,在还击近网短球或追身球时常采用此步法。

② 运用。一般是在来球距离身体较近的小范围内运用,其运用方法是:持拍手同侧脚前叉,用正手回击正手位近网短球;持拍手同侧脚平行迈出,用正手回击正手位的出台球;持拍手同侧脚向后迈出,用正手回击正手位的底线长球;持拍手异侧脚向前迈出,用正手回击侧身位的来球;持拍手异侧脚向侧前迈出,用反手回击反手位的近网短球;持拍手异侧脚平行迈出,用反手回击反手位的出台球;持拍手异侧脚向后迈出,用反手回击反手位的底线长球。

③ 动作要点(见图3-4-10)。以一只脚的前脚掌为轴,另一只脚向前、后、左、右等不同方向移动,当移动完成时身体重心也随之落到摆动脚上。

④ 技术关键点。移动时身体重心向击球方向移动;击球后注意用移动脚的前脚掌内侧蹬地,使身体还原。

(2) 跨步。

① 特点。其特点是移动幅度较大,常会降低身体重心的高度,故多采用借力还击,移动速度比较快。

② 运用。跨步是近台快攻打法的运动员在还击正手位大角度来球时常用的步法之一;削球运动员有时也会用它来对付对方突然攻击;如要发力击球,则不宜采用跨步。其运用方法是:持拍手同侧脚平行跨出,用正手回击正手位的来球;持拍手同侧脚向后跨出,用正手回击正手位的底线长球;持拍手异侧脚向侧前跨出,用正手回击侧身位的来球;持拍手异侧脚向侧前跨出,用反手回击反手位的近网短球;持拍手异侧脚平行跨出,用反手回击反手位的出台球;持拍手异侧脚向后跨出,用反手回击反手位的底线长球。

③ 动作要点(见图3-4-11)。与来球方向的异侧脚用力蹬地,一只脚向来球前或后、左或右方向跨一大步,另一只脚迅速滑动半步跟上后挥拍击球,球一离拍应立即还原,保持准备姿势,身体重心不宜起伏过大。

图 3-4-10

图 3-4-11

④ 技术关键点。向击球方向移动时跨步幅度不宜过大,且另一脚要及时跟进,击球后用移动脚的前脚掌内侧蹬地,使身体还原。

(3) 跳步。

跳步

① 特点。其特点是移动时的幅度比单步、跨步都大,会有短暂的腾空时间,通常是依靠落地时膝关节、踝关节的缓冲来缓解身体重心的上、下起伏,通常要靠落地时膝、踝关节的缓冲动作来缓解。

② 运用。跳步是弧圈球打法运动员在中台向左、右或侧身移动时常用的步法,快攻打法运动员也常用跳步侧身正手攻。在左、右大范围移动时,常将小跳步与跨步、小跳步与交叉步结合起来运用。其具体运用方法是:向正手方向平行跳出,用正手回击正手位的来球;向正手侧后方向跳出,用正手回击正手位的底线长球;向反手位侧前方向跳出,用正手回击侧身位的来球;向反手位方向平行跳出,用反手回击反手位的来球;向反手位侧后方方向跳出,用反手回击反手位的底线长球。

③ 动作要点(见图 3-4-12)。起动时,异侧脚的前脚掌内侧用力蹬地,移动时两脚同时离地,向左或右、前或后移动。蹬地脚先落地。移动完成时,身体重心也随之落在持拍手侧的脚上,同时挥拍击球,击球后注意还原。

④ 技术关键点。移动时要尽量保持身体重心平稳;在持拍手同侧脚落地的同时击球。

(4) 并步。

并步

① 特点。其特点是移动幅度比单步大,没有腾空,有利于保持身体重心的平衡和稳定,移动范围不如跳步大。

② 运用。向正手方向平行并步移动,用正手回击正手位的来球;向正手侧后方向并步移动,用正手回击正手位的底线长球;向反手位侧前方向并步移动,用正手回击侧身位的来球;向反手位方向平行并步移动,用反手回击反手位的来球;向反手位侧后方并步移动,用反手回击反手位的底线长球。

③ 动作要点(见图 3-4-13)。用来球方向的异侧脚前脚掌内侧蹬地,在发力脚向另一脚并拢的同时,另一脚向来球前或后、左或右方向跨出一步,身体重心不要起伏过大;在持拍手的同侧脚落地时挥拍击球,脚一落地,即可制动,击球后快速还原。

图 3-4-12

图 3-4-13

④ 技术关键点。向击球方向移动时步法幅度不宜过大,击球后注意用移动脚的前脚掌内侧蹬地,使身体还原。

4. 发球技术

在乒乓球技术中,发球技术是唯一不受对方控制的技术,具有极强的主动性,选择自己最适合的站位,按照自己的意图把球发到对方球台的任何位置,因此它是乒乓球竞赛中创造得分机会的主要技术。

(1) 平击球。

① 特点与作用。平击发球发出的球一般是旋转比较弱、速度比较慢、力量比较轻的上旋球。其击球动作简单易学,是初学者最基本的发球方式,也是掌握其他复杂发球技术的基础,包括正手平击发球和反手平击发球两种(以下以右手持拍发球为例)。

② 正手平击发球的动作要点(见图 3-4-14)。

站位:近台偏左处,两脚开立,左脚稍前,身体略向右转,左掌心托球置于身体右侧前方,右手持拍于身体右侧。

正手平击发球

引拍:抛球的同时,持拍手向后上方引拍,拍面略前倾。

挥拍击球:在球的下降期击球的中上部,使球的第一落点在球台的中间附近。

还原:手臂向前挥拍击球后迅速还原。

③ 反手平击发球的动作要点(见图 3-4-15)。

站位:球台中间偏左处,两脚平行站立或右脚稍前,身体稍向左转,含胸收腹,左手掌心托球置于身体左侧前方。

反手平击发球

图 3-4-14

图 3-4-15

引拍:将球抛至身体左侧前方的同时,右臂外旋,球拍拍面稍前倾,并向身体左侧后方引拍。

挥拍击球:在球的下降期击球的中上部,并向右前方发力。球击出后的第一落点在球台中间区域。

还原:持拍右臂随势向右前方挥动,并迅速还原。

④ 平击发球技术动作关键点。抛球和引拍的时机要准确;挥拍击球时有一个略微向前下方向压球的动作。

(2) 奔球。

① 特点及作用。具有球速快、落点长、冲力大、球的飞行弧线低、突击性强的特点。常常通过偷袭对方正手位,来实施牵制对方侧身抢攻的战术意图,分正手发奔球和反手发奔球两种。

② 正手发奔球的动作要点(见图3-4-16)。

站位：左脚稍前，身体略向右转，近台站位。

引拍：向上抛球的同时，持拍手向右后上方引拍，拍形稍前倾，腰向右转，身体重心移至右脚。

挥拍击球：球下降至接近网高时，腰带上臂、上臂带动前臂由后方向左前方挥拍，击球的中部并向中上方摩擦击球。球击出后的第一落点尽量落在接近本方球台端线处。

还原：手臂随势前挥，身体重心由右脚向左脚移动，并迅速还原。

③ 反手发奔球的动作要点(见图3-4-17)。

站位：右脚稍前，身体略向左转，近台站位。

引拍：向上抛球的同时，持拍手随即向左后方引拍，上臂自然靠近身体右侧，手腕适当放松，身体重心在右脚。

挥拍击球：当球下降至网高，以肘关节为轴，上臂带动前臂由左后方向右前方挥动，击球左侧中上部，拍面稍前倾，手腕抖动使拍面摩擦球。发力时以腰部带动前臂发力为主。球击出后第一落点接近自己端线。

还原：手臂随势向右前上方挥动，并迅速还原。

图 3-4-16

图 3-4-17

④ 发奔球技术动作关键点。击球点比较低，与网高基本相同；第一落点要靠近本方球台的底线附近；用手腕的弹击力击球。

(3) 发转与不转球。

发转与不转球的技术特点是旋转反差比较大，在使用旋转变化方面，发不转球的以能够发出比较强烈的下旋球为前提；在落点方面，往往以发近网短球为主，兼顾长球。此技术包括正手发转与不转球和反手发转与不转球。

① 正手发转与不转球的动作要点(见图3-4-18)。

站位：近台，左脚在前，右脚在侧后，左手掌心托球置于身体右前方。

引拍：抛球的同时持拍手向右后上方引拍，拍面后仰，手腕适当外展，腰向右转。

挥拍击球：当球下降至网高时，以腰带臂向前下方作浅弧形的挥拍，触球时拍面后仰，手腕加力，身体

图 3-4-18

微向前下压,充分运用身体的发力。

还原:发球后,挥拍动作尽可能停住,以利于还原。

正手发转与不转球的关键在于球拍触球的瞬间。发转球时,用球拍的下半部偏前的部分摩擦球的中下部,拍面后仰角度偏大一些,手腕、拇指、食指在触球瞬间加强爆发力。发不转球时,用球拍的中上部去摩擦球的中下部,拍面后仰角度略小一些。

② 正手发转与不转球技术动作关键点。

发下旋球时,用球拍的下半部摩擦球的中下部,触球瞬间,拇指、食指和手腕加强用力,充分爆发力量;发不转球时,用球拍的中上部去摩擦球的中下部,触球瞬间加速;注意体会球拍吃不住球的感觉。

③ 反手发转与不转球的动作要点(见图 3-4-19)。

站位:站位近台,右脚稍前或两脚平行,重心稍低,持拍手的肩部略低于对侧肩。

引拍:抛球时,持拍手向后上方引拍,拍面后仰,同时身体向左侧转动,以便发力。

挥拍击球:球从高点下落时,持拍手向前下方挥拍迎球,当球落至网高时,持拍手前臂加速,以前臂和手腕发力,击球中下部并向底部摩擦球。

还原:控制动作幅度,注意还原。

④ 反手发转与不转球技术动作关键点。

发下旋球时,用球拍的前半部去摩擦球的中下部,手腕发力摩擦;发不转球时,用球拍的后半部去摩擦球的中下部,手腕和前臂有送球的感觉。

5. 推拨技术

推挡和拨球是反手(直拍、横拍)的主要技术之一,是乒乓球主要的控制和防御技术,具有站位近、动作小、速度快、变化多、稳定性高的特点。比赛中常用快速推挡或拨球结合力量、落点及旋转的变化来控制和调动对方,为正手抢攻和侧身抢攻创造有利条件;在被动防守时,推挡也可以起到积极防御的作用。推拨技术包括直拍平挡球技术、直拍快推球技术、直拍加力推技术、直拍减力挡技术、横拍拨球技术、推下旋球技术、推侧旋球技术、横拍反手快拨技术等。

(1) 直拍平挡球技术动作要点(见图 3-4-20)。

图 3-4-19

图 3-4-20

站位:身体距离球台 30～50cm,左脚稍前或两脚平行约与肩宽,两膝微曲,手臂自然弯曲,球拍置于腹前,前臂与台面几乎平行。

引拍：将球拍引至腹前，约与台面垂直。

挥拍击球：在来球的上升期击球的中部，拇指放松，食指用力，前臂和手腕向前上方挥拍，借助来球的反弹力将球击出。

还原：击球后手臂、手腕随势前送，并迅速还原成击球前的准备姿势。

技术动作关键点：挥拍方向向前上方；注意借力击球。

（2）直拍快推球技术动作要点（见图3-4-21）。

站位：左脚稍前，上臂内收，自然靠近身体右侧。

引拍：击球前手臂适当后撤引拍，前臂稍外旋，肘关节靠近身体胸腹侧。球拍稍前倾，右肩稍沉，拍头向前下方。

挥拍击球：向前上方挥拍击球的中上部，食指用力，拇指放松。击球时，肘关节快速展开便于手腕发力。

还原：击球后手臂、手腕继续向前随势挥动，距离要短，快速还原。

技术动作关键点：肘关节靠近胸腹前，便于发力；手腕发力动作要准确，不要乱用力。

（3）直拍加力推技术动作要点（见图3-4-22）。

站位：左脚稍前，身体距离球台40～50cm，手臂自然弯曲并外旋。

引拍：以肩为轴，肘部适当贴近身体，屈肘引拍向后，引拍位置稍高，拍形稍前倾略收腹。

图 3-4-21　　　　　图 3-4-22

挥拍击球：击球时，前臂提起，上臂后收，触球瞬间拍形前倾，食指用力，拇指放松，在上升后期或高点期击球中上部，前臂和手腕加速向前下方推压，腰、髋关节顺势配合发力。

还原：击球后手臂和手腕继续向前下方随势挥动，并迅速还原成准备姿势。

技术动作关键点：要有足够的击球距离；触球时手腕要控制好弧线。

（4）直拍减力挡技术动作要点（见图3-4-23）。

站位：近台偏左，左脚稍前或两脚平行，身体距离球台40cm，上臂和肘关节靠近身体右侧旁。

引拍：以肩为轴，屈肘略引拍向后上方，拍形稍前倾。

挥拍击球：击球时，前臂稍上提，食指用力，拇指放松，

图 3-4-23

在来球的上升期触球中上部。触球瞬间手臂和手腕稍后收,缓冲来球的反弹力。

还原:击球后,手臂和手腕继续向后随势回收,并迅速还原成准备姿势。

技术动作关键点:引拍距离要小,位置略高;手腕减少用力。

(5)横拍拨球技术动作要点(见图3-4-24)。

站位:两脚平行,两膝微曲,重心在两脚之间,身体距离球台约40cm。

引拍:肘关节稍前倾,手腕内收,右肩稍沉,球拍向后下引。

挥拍击球:拍面稍前倾,以肘关节为轴在来球的上升期击球的中上部,向前上方弹击,触球时腰、髋配合发力。

还原:挥拍不易过大,并迅速还原成准备姿势。

技术动作关键点:肘关节略提起,手腕略下压;击球时前臂和手腕略用弹击的方式发力。

6.攻球技术

攻球具有力量大、速度快、攻击性强的特点,是乒乓球技术中最重要的基本技术,是进攻型选手在比赛中争取主动、克敌制胜的主要手段,也是其他类型打法的选手必须掌握的重要技术。

攻球技术主要分为正手攻球技术、反手攻球技术和正手发力抽球技术,其中又包括快点、快攻、快拉、快带、突击、扣杀和中远台对攻等技术。每种技术的特点不同,所起的作用也不一样。作为以进攻为主要打法的运动员,必须掌握比较全面的攻球技术,而且特长要突出,才能获得主动,赢取比赛的胜利。对于初级阶段的学生来说,主要掌握正手近台攻球技术和反手近台攻球技术。

(1)正手近台攻球技术动作要点(见图3-4-25)。

图 3-4-24

(a) (b)

图 3-4-25

站位:左脚稍前,站位近台偏左,身体离球台50cm,两膝微屈,上体略前倾,两眼注视来球。

引拍:引拍时,重心向右脚移,引拍至身体右侧成半横状,手臂自然弯曲并内旋,右肩稍沉,拇指用力,食指放松,拍面稍前倾。

挥拍击球:向左前上方挥拍,在来球的上升期击球的中上部,前臂做内旋转动,身体重心由右脚移至左脚。

还原:击球后随势挥拍至前额,并迅速还原。

技术动作关键点：引拍动作不宜过大，注意运用腰的转动；击球点在身体的侧前方；要主动迎击来球。

（2）反手近台攻球技术动作要点（见图3-4-26）。

站位：两脚开立，右脚稍前，前臂外旋，距离球台约70cm。

引拍：身体略向左转，并向左后方引拍，拍形稍垂直，上臂贴近身体，重心在左脚上。

挥拍击球：上臂带动前臂向右前方挥击，食指压拍，拇指放松，同时腰部右转，拍面前倾，拍柄略向下，在来球的高点期击球的中上部。

还原：击球后随势挥拍，重心移至右脚，并迅速还原成准备姿势。

(a)　　　　　　　　　(b)

图　3-4-26

技术动作关键点：站位要正确；引拍动作和腰的转动结合起来；注意前臂和手腕的用力。

7. 搓球技术

搓球是近台和台内回击下旋球的一种比较稳健的技术，在各种类型打法中都不可缺少。搓球力量小、速度慢、旋转和落点变化多、线路短、球弹起后多在台内，缺乏前进力，对方不易发力进攻，它属于控制性的技术，为进攻制造机会。

搓球技术种类繁多，按击球位置的不同可划分为正手搓球和反手搓球；按击球时间的早晚可划分为快搓和慢搓；按球的旋转强度的不同可划分为搓"转"与"不转"；按旋转方向的不同可划分为搓下旋和搓侧旋等。

（1）反手搓球技术动作要点（见图3-4-27）。

站位：站位稍偏左，离台约40cm。右脚稍前，两膝微屈，收腹含胸，身体向前或略向左转。

引拍：手臂自然弯曲，前臂略内旋并向左上方提起，引拍至身体左前上方，手腕适当放松。

挥拍击球：挥拍时，拍面后仰，来球从台面弹起后，前臂和手腕向右前下方挥拍迎球，击球时手腕发力击球的中下部，食指略用力。

图　3-4-27

慢搓时，击球的下降期，慢搓是搓球的入门技术；快搓时,击球的上升期,快搓是比赛中常用的搓球技术。

还原:击球后,前臂和手腕顺势向右前下方挥动,并迅速还原成准备姿势。

技术动作关键点:注意借力发球;摩擦球的力量要集中。

(2) 正手搓球技术动作要点(见图 3-4-28)。

站位:站位稍偏左,离台约 40cm。左脚在前,两膝微屈,收腹含胸,身体略向右转。

引拍:手臂自然弯曲,前臂略向外旋向右上方提起,引拍至身体右前上方,拍面稍后仰。

挥拍击球:来球从台面弹起后,前臂和手腕向左前下方挥拍迎球,用球拍的下半部摩擦球的中下部。击球时前臂手腕适当加力,拇指用力明显。

慢搓时,击球的下降期;快搓时,击球的上升期。

还原:击球后,手和臂顺势向左前下方挥动,并迅速还原成准备姿势。

正手搓球技术

图 3-4-28

技术动作关键点:注意借力发力;身体前迎,帮助手臂发力;触球时,手腕快速发力摩擦球。

3.4.3 乒乓球运动基本战术

3.4.4 乒乓球运动竞赛规则简介

3.4.5 乒乓球选项课考核评价标准

1. 各学期成绩计算方法

详见附录 A。

2. 乒乓球考核技术评分标准

(1) 乒乓球初级技术评分标准的依据。

乒乓球技术考核是按照技术原理与技术规格,对练习者掌握的技术程度进行定性与定量评定的一种手段。技评和达标是乒乓球教学过程中检查教学效果和练习质量的重要内容之一。它不仅有助于练习者努力掌握基本技术、提高技术水平,而且通过考核提供的反馈信息,教师可及时发现教学过程中存在的问题并进行有针对性的改进。

(2) 乒乓球初级考核各项技术指标的内容与评分参考标准。

以下技术指标是乒乓球各项技术、战术组合的主练技术,也是乒乓球初学者的必练内容。

在测试技术指标时,均在有技评前提下进行评定。向测试者讲解测试内容、方法及技术规格,使击出的球具有合适的弧线、速度、力量、旋转、落点等因素要求,保证击球的技术质量。

① 左斜线反手推挡(30分)。

对手的选择:原则上要求两个测试者同时测验,如果被测人数不够或水平相差悬殊,经老师批准后,可另选他人陪测,以下各项测验不变。

测验方法:以一分钟计时为准,两人左斜线对推1min,累加计算对推的板数(掉球后可以重发球继续累加)。

评分标准如下。

达标:满分20分。每人一次机会。

技评:满分10分,按如下4个等级评定。

a. 优秀:两人推挡球技术动作完整、协调,节奏好,落点稳,控制球的能力强。

b. 良好:两人推挡球技术动作完整、较协调,节奏较好,落点稳,控制球的能力较强。

c. 及格:两人推挡球技术动作基本完整、协调,节奏较好,落点较稳,控制球的能力一般。

d. 不及格:正手攻球技术不完整、不协调,节奏不好,落点不稳,控制球的能力差。

② 右斜线正手攻球(30分)。

对手的选择:原则上要求两个测试者同时测验,如果被测人数不够或水平相差悬殊,经老师批准后,可另选他人陪测,以下各项测验不变。

测验方法:以1min计时为准,两人正手斜线对攻1min,累加计算对攻的板数(掉球后可以重发球继续累加)。

评分标准如下。

达标:满分20分。每人一次机会。

技评:满分10分,按如下4个等级评定。

a. 优秀:两人正手攻球技术动作完整、协调,节奏好,落点稳,控制球的能力强。

b. 良好:两人正手攻球技术动作完整、较协调,节奏较好,落点稳,控制球的能力较强。

c. 及格:两人正手攻球技术动作基本完整、协调,节奏较好,落点较稳,控制球的能力一般。

d. 不及格:两人正手攻球技术不完整、不协调,节奏不好,落点不稳,控制球的能力差。

(3) 初级乒乓球技术考核评分表如表3-4-1所示。

表 3-4-1　初级乒乓球技术考核评分表

反手推挡				正手攻球			
达标		技评		达标		技评	
板数	分值	等级	分值	板数	分值	等级	分值
60	20	优+	9.5~9.9	60	20	优+	9.5~9.9
57	19			57	19		
54	18	优-	9~9.4	54	18	优-	9~9.4
51	17			51	17		
48	16	良+	8.5~8.9	48	16	良+	8.5~8.9
45	15			45	15		
42	14	良-	8~8.4	42	14	良-	8~8.4
39	13			39	13		
36	12	中+	7.5~7.9	36	12	中+	7.5~7.9
33	11			33	11		
30	10	中-	7~7.4	30	10	中-	7~7.4
27	9			27	9		
24	8	及格	6~6.9	24	8	及格	6~6.9
21	7			21	7		

（4）四项体能测试项目和标准。

男生：50m 跑、1000m 跑、立定跳远、引体向上。

女生：50m 跑、800m 跑、立定跳远、1min 仰卧起坐。

评分标准：严格执行教育部印发的《国家学生体质健康标准（2014 年修订）》。

体能测试项目成绩：四单项平均得分。第一学期、第二学期、第三学期和第四学期，每项 5 分。

（5）学生平时成绩和标准。

上课出勤率：请假、迟到、早退，一次扣 1 分，旷课一次扣 2 分；教师根据学生平时上课的表现评定学生的学习态度。

（6）课外体育锻炼根据学校下发的文件来执行。

3.5　羽　毛　球

3.5.1　羽毛球运动概述

羽毛球运动跟大多数体育运动一样起源于民间体育活动。《民族体育集锦》记载："中国远古时期有类似羽毛球游戏的活动存在，这种活动分布在中国西南地区，至少有七个民族做过这种活动"。现代羽毛球运动起源于英国。

现代羽毛球运动于20世纪初传入中国,主要是在上海、广州、天津、厦门等外国租界内和基督教青年会、教会学校中开展。1949年中华人民共和国成立后,竞技羽毛球运动开始起步。1953年,中国首次举办以行政区划为单位的全国"四项球类"大赛,羽毛球运动列为正式比赛项目。1958年9月,中国羽毛球协会正式成立。20世纪60年代是中国竞技羽毛球运动赶超世界水平的时期。进入21世纪,中国羽毛球一直保持着世界领先水平。

3.5.2 羽毛球运动基本技术

羽毛球基本技术由准备姿势、握拍技术、发球与接发球技术、击球技术和步法技术等组成(注:本节均以右手握拍为例)。

1. 准备姿势

准备姿势指击球前的预备状态,一般分为:单打击球前准备姿势和站位、单打接发球准备姿势和站位、双打击球前的准备姿势和站位等。

(1)单打击球前准备姿势和站位。两脚自然开立,距离与肩同宽,与持拍手同侧的脚前移半步,两脚后跟自然提起,以前脚掌触地,两膝弯曲,降低身体重心。持拍手稍屈肘展腕,拍头上仰置于胸前。

(2)单打接发球准备姿势和站位。左脚在前,全脚掌着地;右脚在后,前脚掌触地。双膝稍屈,重心在左脚上。右手持拍自然举放在胸前,左臂自然屈肘于左侧,保持身体平衡,两眼注视前方,判断对方的发球方向(见图3-5-1)。

图 3-5-1

(3)双打击球前的准备姿势和站位。两脚与肩同宽自然开立,脚后跟提起,两膝微屈。持拍手屈肘高举至头前上方,拍头稍偏向左。左手自然向上举,与持拍手保持身体平衡,眼睛注视对方,准备接发球(见图3-5-2)。

(a)   (b)

图 3-5-2

2. 握拍技术

握拍是击球前要做的最基本准备,是学习羽毛球各项基本技术的起点,主要有基本型正手握拍和基本型反手握拍技术。

(1) 正手握拍。左手握拍中杆,使拍框与地面垂直。无名指和小指握紧球拍,拇指、食指和中指自然放松,贴在拍柄两侧的宽面上。球拍柄端靠近手掌的小鱼际肌,拍柄与掌心间留有空隙准备发力击球。击球时,靠食指和拇指扣住球拍柄,中指、无名指和小指紧握拍柄,以拇指和手掌末端的小鱼际肌为支点,其余几指为发力点,由放松到抓紧,用近似杠杆原理的方法,屈指发力击球(见图 3-5-3)。

图 3-5-3

(2) 反手握拍。在正手握拍的基础上,将球拍柄稍向外旋转,拇指上提,内侧顶贴在拍柄第一斜棱旁的宽面上,也可将拇指放在第一、二斜棱之间的小窄面上(见图 3-5-4)。

3. 发球与接发球技术

(1) 单打发球。

单打的发球姿势可以采用正手发球姿势、反手发球姿势。一般情况下单打多采用正手发球姿势,双打多采用反手发球姿势。单、双打羽毛球比赛发球有效区域见图 3-5-5。

图 3-5-4

图 3-5-5

（2）单打发球技术。

单打发球站位：单打的发球站位距前发球线约 1m，双脚不能踩踏发球有效区域内任何场地线。

正手发球准备姿势：两脚自然分开，左脚在前，脚尖对网，右脚在后，脚尖稍斜，重心在右脚上。左手手指夹持羽毛球中部，自然抬举至胸前方；右手正手握拍放松屈举至体后侧，呈发球前的准备姿势。

正手发球技术（见图 3-5-6）：以发球准备姿势站立，持球手松手放球，持拍手上臂外旋带动前臂充分伸腕，自下而上沿半弧形做回环引拍动作。

正手发球技术

(a)

(b)

(c)

(d)

图 3-5-6

同时随引拍动作转体，重心向左脚移动。当挥拍至身体右侧前下方，转体至接近于面对球网时，准备击球。

几种主要正手发球击球动作介绍如下。

正手发高远球击球动作：当拍面与球接触瞬间，上臂与前臂迅速内旋，带动手腕快速向前上方屈指展腕闪动发力，用正拍面将球击出。

正手发平高球击球动作：以正手发高远球为基础，注意拍面与地面成小于 45° 的夹角，向前推进击球。

正手发小球击球动作：击球时握拍要松，前臂前摆，以手指控制力量收腕发力，用斜拍面往前推送切击球托，使球轻轻擦网而过，落入对方前发球区内。击球后，身体重心完全移至左脚上。

（3）双打的发球技术。

双打发球技术：因双打男双、女双、混双的发球者存在水平差异，发球者会在发球区域有效位置出现站位变化（见图3-5-7），发球者既可以为实心三角符号表示的队员，也可以是空心三角符号表示的队员。发球者可站在前发球线T字附近发球，也可在中场靠近中线处发球（见图3-5-8）。

图 3-5-7

(a) (b)

图 3-5-8

（4）双打发球技术。

反手发球技术：是在身体的左前方用反拍面击球的一种发球姿势。

双打发球站位：双打发球者的站位较单打靠前，在紧靠前发球线与中线交接附近的T字形位置。

双打反手发球准备姿势：双脚自然分开前后站立，右脚在前，脚尖对网；左脚在后，脚尖触地，重心在右脚上。左手拇指、食指和中指拿住球体羽毛部分，自然斜倾置于反拍面前。持拍手作反手发球握拍，自然屈肘放至体前，拍头向下，准备发球。

反手发球技术：以反手发球准备姿势做好准备，左手放球的同时，持拍手以肘为轴前臂内旋，带动手腕展腕由后向前做回环弧形引拍，准备击球。

几种主要反手发球击球动作介绍如下。

反手发小球击球动作：击球时手腕由外展至内收捻动发力，靠手腕和手指控制力量，以斜拍面向前轻轻推送切击球托，使球齐网飞行，落至对方前发球线附近。双打反手发小球的关键是击球拍面角度与力量的控制反手发网前小球，即反手突击发后场球技术基本型（见图3-5-9）。

(a)

(b)

(c)

图 3-5-9

反手发平高球击球动作：动作要领基本同反手发球技术，注意拍面仰角稍小。

反手发平射球击球动作：动作要领基本同反手发球技术，使拍面与地面近似成90°。

（5）双打接发球技术。

双打接发球基本站位：由于双打后发球线比单打缩短了92cm，发高球易被扣杀，一般以发小球为主。双打接发球的站位一般选择靠近前发球线的位置，目的是争取在网前抢高点击球（见图3-5-10），实心三角形为发球方，实心圆为接发球方。

图 3-5-10

双打接发球准备姿势：左脚全脚掌着地在前，右脚前脚掌触地在后，身体重心在左脚上，双膝稍屈，右手屈肘举拍至头顶前上方，左手自然屈肘于左前侧，保持身体平衡，眼睛注视对方，准备接发球。

双打接发球技术：双打接发前场小球的方法是快速抢网前制高点，可利用推扑球或拨半场球等方法还击。

① 双打正手前场接发球技术：做好接发球准备姿势判断来球后，持拍手正手握拍，微外旋展腕引拍伸向来球方向，同时右脚向前跨步，准备击球。

主要击球动作如下。

双打正手接发推扑球:争取高的击球点,前臂迅速内旋,带动手腕转动,屈食指紧扣拍柄发力,以正拍面向前下方拍击球托正部,使球以与球网平行或是过网以后向下的弧线飞行,落至对方中后场区域。

双打正手接发拨半场球:取高点击球,用食指和拇指捻动拍柄发力,以斜拍面收腕动作向对方半场区域拨击球托右侧,使球呈低弧线飞行,越过对方前场选手,落至两人之间半场位置。击球后掌心向下,持拍手以制动动作结束,随后随球向前场跟进,并将球拍收回至头顶前上方,准备封击下一个来球。

② 反手前场接发球技术:判断来球,做好准备。持拍手反手握拍伸向来球方向,右脚向前跨步的同时做内旋引拍,准备击球。

主要击球动作如下。

反手接发拨半场球:争取高点,拇指和食指捻动拍柄,以斜拍面收腕动作向对方半场区域拨击球托左后侧。

反手接发推扑球技术:争取高点,前臂迅速外旋并收腕,拇指前顶紧握拍柄向前下方发力,反拍面拍击球托正部。

击球后持拍手以制动动作结束,准备封击下一个来球。

③ 双打后场接发抽杀球技术:持拍手对准来球方向,抬肘,以鞭打动作快速向后倒臂引拍。正手抽杀球时击球点在右肩前上方,头顶抽杀球时击球点在左肩头顶上方。击球时,上臂和前臂迅速内旋,带动手腕快速闪动,手指由松至紧屈指发力,用正拍面快速将球向对方场区击出。注意:击球后要控制住手臂,不要挥臂过大,要迅速收回至体前位置,准备回击下一个来球。

4. 击球技术

羽毛球的击球技术按场地区域划分,可以分为前场击球技术、中场击球技术、后场击球技术。

(1) 前场击球技术。前场搓球、放小球、挑球、推球、勾对角小球、扑球、拨半场球和封网等技术(见图3-5-11)。

前场击球技术

图 3-5-11

① 前场正(反)手搓球:将对方击至网前高手位置的球,用斜拍面以"搓""切"等动作击球,使球在摩擦力的作用下旋转飞行,擦网而过,使球落点在对方网前。其技术动作要

领如下。

判断起动：判断来球后，运用正（反）手上网步法向身体右（左）侧的来球方向起动、移动，同时以肩肘为轴，前臂外旋（内旋）带动伸展，在身体的右（左）前方做适量的半弧回环引拍，左手自然后伸与右手反方向平行，保持身体平衡、准备击球。

击球动作：击球点选择在距离球网顶端 10～30cm 的位置。正手搓球击球动作：用食指、拇指捻动球拍，手腕由展腕至收腕发力，由右向左以斜拍面摩擦切击球托的右后侧部位，使球呈下旋翻滚过网称为"收搓"。击球动作由收腕到展腕发力，由左向右以斜拍面切击球托左后侧部位，使球呈上旋翻滚旋转过网称为"展搓"。反手搓球击球动作：运用食指、拇指捻动球拍，收腕由展腕至收腕发力，以斜拍面由左至右切击球托的左后侧部位称为反手"收搓"。手腕由收腕至展腕发力，以斜拍面由右向左切击球托的右后侧部位称为反手"展搓"。

击球后回动：击球后右脚立即蹬地向中心位置回动，同时手臂收回至胸前，准备回击下一个来球。

② 前场正（反）手放小球：将对方击来前场低手位（几乎触地）的球轻轻一击，使球擦网而过落在对方前场区域。其技术动作要领如下。

判断起动：网前起动准备动作基本同前场正（反）手搓球。

击球动作：前场低手位击球点在腰部或跨步腿膝盖以下的位置。正手放小球击球动作：手掌放松空出，仅用手指握住球拍柄，呈水平伸向球托底部，靠身体前冲力量和拇指、食指力量将接近地面的球轻轻向上"抬举"球托底部，使球直线越过球网，贴网下落至对方前场区域。反手放小球击球动作：借用跨步前冲力量，拇指轻轻向前上方抖动发力抬击球托底部，使球越过球网，贴网落入对方前场区域。

击球后回动：同前场正（反）手搓球回动步伐。

③ 前场正（反）手挑球（挑高球）：将对方击至前场低手位的球，以由下至上的弧线回击至对方后场端线上空的球为前场正手挑高球。这一技术是被动情况下为赢得回位时间而经常采用的一种过渡性技术。其技术动作要领如下。

判断起动：网前起动准备动作基本同前场正（反）手搓球。

击球动作：前场低手位击球点在腰部或跨步腿膝盖以下的位置。正手挑高球击球动作：前臂迅速内旋，带动手腕向前上方展腕发力击球，将球向对方场区上空高高挑起，以高弧线飞行，落至对方场区底线附近。反手挑高球击球动作：前臂外旋带动手腕，利用大拇指的顶力向前上方收腕发力将球向对方后场上空击出，落入对方场区底线附近。

击球后回动：同前场正（反）手搓球回动步伐。

（2）中场击球技术。中场平抽快挡球、接杀挑高球、接杀平抽球、接杀勾对角小球、接杀放直线小球、接杀拨半场球和抽杀球技术。

① 中场正反手平抽快挡球技术：运用正手或反手击球姿势，将对方击至肩部高度附近的球，以齐网的飞行弧线，还击至对方中后场区域，或者快挡过网的球（见图 3-5-12）。

中场正手平抽快挡击球技术动作要领如下。

判断起动：击球前做好准备姿势，准确判断，适时移动。跨步的同时，持拍手以肩为轴，手臂屈肘后引，前臂向后外旋回环带动手腕伸展引拍。

击球动作：分平抽球和快挡球击球两种。正手平抽球击球动作：持拍手的肘关节后

中场正反手
平抽快挡球

引,前臂迅速向前内旋,带动手腕屈收发力,向前推压击球,使球以一定的速度齐网平行飞行至对方场区。正手快挡球击球动作:击球时主要以食指和拇指控制住拍面,向前推送击球,使球以低弧线越过球网,落入对方前场区域。挡球的击球点较平抽低一些。

击球后回动:击球后惯性动作小,要迅速收拍,同时右脚回位一步成准备姿势。

中场反手平抽快挡击球技术动作要领如下。

判断起动:持拍手以肩为轴,上臂带动前臂内旋回环引拍,向来球方向伸出。

击球动作:分平抽球和快挡球击球两种。反手平抽球击球动作:击球时前臂外旋带动手腕屈收闪动,利用拇指的顶力向前推送发力击球。球的飞行弧线同正手平抽球。反手快挡球击球动作:以反拍面对准来球,几乎没有击球前的预摆引拍动作,以拇指和食指控制球拍,向前推送挡球。击球后球的飞行弧线轨迹同正手快挡球,挡球的击球点较平抽球低一些。

图 3-5-12

击球后回动:击球后前臂以制动动作结束,收拍成准备姿势。

② 中场接杀挑高球技术:将对方杀至腰部以下位置的球,以高弧线回击至对方后场底线附近的球为接杀挑高球接杀球回击,可挑对方后场底线,勾对角,轻挡网前(见图 3-5-13)。

正手接杀挑高球击球动作要领如下。

判断起动:降低身体重心,运用正手接杀球步法向来球方向移动,同时以上臂带动前臂和手腕外旋做一定的弧形引拍,球拍与跨步脚脚尖同时指向来球,准备击球。

击球动作:以肘为轴,前臂和手腕迅速内旋,食指紧扣拍柄,展腕发力将球击出,使球呈高弧线飞行,落入对方场区底线附近。

击球后回动:同中场抽挡球回动步伐。

反手接杀挑高球击球动作要领如下。

判断起动:降低身体重心,运用中场接杀球步法向来球方向移动,在跨步脚前迈的同时,持拍手的上臂内旋,带动前臂和手腕做一定的弧形引拍,伸向左侧来球方向,准备击球。

击球动作:以肘为轴,前臂和手腕迅速外旋,利用拇指的顶力发力,紧握球拍,以收腕动作将球击出,使球呈高弧线飞行,落入对方场区底线附近。

中场接杀挑高球

击球后回动:同中场抽挡球回动步伐。

(3)后场击球技术。高远球是后场击球技术的基础,其他击球技术都是在高远球击球技术基础上的"延伸"技术。后场高远球指由底线击至对方底线的一种高弧线飞行球。

① 后场正手高远球击球(见图 3-5-14)动作要领如下。

图 3-5-13

图 3-5-14

后场正手
高远球

判断起动：运用后场正手后退步法向右后侧区域的来球方向移动，同时持拍手臂以 45°夹角屈肘举于体侧，左手自然上举保持平衡，侧身对网，重心在右脚上，呈击球前准备姿势。当球下落到一定的高度时，持拍手肘部上抬，手臂外旋，充分后倒，以肩为轴做回环引拍动作，手腕充分伸展，形成击球前较长的力臂，左手随转体动作伸向左侧，协调右手发力，准备击球。

击球动作：击球点在右肩前上方，前臂急速内旋，带动手腕加速向前上方挥动，屈收手腕，屈指发力，用正拍面以与地面成近 120°的仰角在空中最高点将球向前上方击出，高弧线飞行，落入对方场区底线附近。

击球后回动：击球后持拍手随击球动作完成后的惯性向前下方挥动，左手协助保持身体平衡，起跳脚触地瞬间即向中心位置回动，同时持拍手由左前下方迅速收回至体前，准备迎接下一次来球。

后场反手
高远球

② 后场反手高远球击球(见图 3-5-15)动作要领如下。

判断起动：以后场反手转身"后退"步法迅速向来球方向移动，身体稍向左转，背向球

图　3-5-15

网,含胸收腹,反手握拍屈肘举于右侧与肩同高的位置,同时手臂内旋回环引拍,手腕稍有外展,双眼注视来球,准备击球。

击球动作(见图 3-5-16):上臂和前臂急速外旋带动手腕加速,近似画一条弧线,由左下方经胸前向右前上方挥动,击球点在右肩上方。击球时手腕由伸展至屈收快速闪动屈指发力,利用拇指的顶力、其余四指的配合,紧握球拍,用反拍面将球向后场击出,使球高弧线飞行,落入对方场区底线附近。在完成击球动作的同时,右脚着地,身体重心落在右脚上。

击球后回动:完成击球后,身体重心在右脚上,持拍手由制动动作收回体前,准备迎接下一个来球。

(a)　　　　　　　(b)　　　　　　　(c)　　　　　　　(d)

图　3-5-16

③ 后场平高球。后场平高球是一项高手位状态下运用的后场进攻技术,其动作要领如下。

判断起动:同后场高远球起动步伐,注意手持拍手臂以 45°夹角屈肘于体侧。

击球动作:用比击高远球稍小(约 95°)的仰角拍面,将球击出为平高球,以平高弧线飞行,落入对方场区底线。

击球后回动:同后场正手高远球击球动作。

④ 后场吊球、劈球。后场吊球是将后场区域端线附近位置的球,回击到对方前场区域(前发球线附近与球网之间)紧靠边线两角的近网小球。

后场正手吊球、劈球(见图 3-5-17)动作要领如下。

判断起动:同后场正手高远球步伐,注意手持拍手臂以 45°夹角屈肘于体侧。

击球动作:吊球和劈球的击球点在右肩的前上方较击高远球稍前一点的位置。击球

后场正手
吊球、劈球

时手腕由伸腕到屈收带动手指捻动发力,使球拍向内或向外旋转,手腕手指控制力量,以斜拍面"切击"球托后部的右侧或左侧,使球呈对角线飞行,落入对方前场区域。

击球后回动:同后场正手高远球击球动作。

(a) (b) (c) (d)

图 3-5-17

后场反手吊球、劈球

后场反手吊球、劈球(见图3-5-18)动作要领如下。

判断启动:同后场反手高远球回动动作。

击球动作:击球瞬间拍面与地面的夹角保持90°左右,以稍带有前推的动作击球,斜拍面沿从左向右的轨迹向前下方切击球托的后中部,避免击球不过网。

击球后回动:同后场反手高远球。

⑤ 后场杀球。将球由高而下地向对方场区全力扣压过去的一种球,采用高手位击球。杀球技术的击球力量最大,速度最快,威力也最大,是进攻得分的重要手段。

图 3-5-18

后场正手杀球(见图 3-5-19)动作要领如下。

后场正手杀球

图　3-5-19

判断起动：同后场正手高远球步伐，注意手持拍手臂以 45°夹角屈肘于体侧。

击球动作：击球点选在右肩前上方，较击高远球、吊球更前一点的位置。击球前，为获得较大的力臂，可充分调动下肢、腰腹和上肢的力量，使身体后仰呈"弓形"准备发力击球。击球瞬间前臂带动手腕由伸到屈快速闪动，以正拍面向前下方发力压击球，使球自上向下飞行落入对方中后场区域。

击球后回动：同后场正手高远球回动动作。

后场反手杀球(见图 3-5-20)动作要领如下。

判断起动：同后场反手吊球、劈球。

击球动作：击球点较击高远球和吊球靠前，击球时拍面的仰角较小。

图　3-5-20

击球后回动：同后场反手高远球回动动作。

5. 步法技术

羽毛球步法视来球距离的远近，可运用并步、交叉步、蹬跨步等移动方式，选用一步、两步或三步移动步法击球(见图 3-5-21)。

羽毛球的步法技术同击球技术一样也是按照前场、中场、后场 3 个区域(见图 3-5-22)进行技术运用。

图 3-5-21

图 3-5-22

（1）前场步法（图 3-5-23）：前场上网、起跳扑球移动步法。羽毛球上网步法的特点是前脚从后脚跟落地刹那停止并缓冲至全脚掌。后脚拖行一段距离以保持重心并有利于下一步回到中场。

前场正手上网步法：来球在右侧前场区域，运用蹬跨步、交叉步或垫步移动法向右侧的前场区域移动击球。

前场反手上网步法：来球在左侧前场区域，运用蹬跨步、交叉步或垫步向左前方移动击球。

（2）中场步法（见图 3-5-24）：中场接杀球、起跳腾空抽杀球移动步法。

中场正手击球步法：由场地中心位置向右侧区域移动击球的步法。

中场反手击球步法：由中心位置往左侧移动击球步法为中场反手区域移动步法，分为中场反手一步、两步接杀球步法和中场头顶腾空击球步法。

图　3-5-23

图　3-5-24

（3）后场步法（见图 3-5-25）：由中心位置向后场区域移动击球的步法称为后场（后退）步法。根据来球区域的不同分为后场正手、头顶和反手转身"后退"步法。根据击球位置不同有主动击球步法和被动击球步法之分。

后场步法

图　3-5-25

3.5.3　羽毛球运动基本战术

3.5.4 羽毛球运动竞赛规则简介

3.5.5 羽毛球选项课考核评价标准

1. 课程考核方式与成绩评定

（1）考核类别：技术考试。

（2）考核形式：随堂考试。

2. 各学期成绩计算方法

详见附录 A。

3. 羽毛球课程各测试项目及评分标准

（1）体育专项考试项目。

专项技术考核内容：正手发高远球和高远球对拉。

专项技术评分标准：

正手发高远球考试第一学期、第二学期成绩占到总成绩的 5%，第三学期、第四学期成绩占到总成绩的 10%。

高远球对拉考试第一学期、第二学期成绩占到总成绩的 15%，第三学期、第四学期成绩占到总成绩的 20%。

注：高远球对拉考试中分为技评和达标两部分，其中技评第一学期、第二学期成绩 5 分，第三学期、第四学期成绩 10 分；达标第一学期、第二学期成绩 10 分，第三学期、第四学期成绩 10 分。

（2）四项体能测试项目和标准。

男生：50m 跑、1000m 跑、立定跳远、引体向上。

女生：50m 跑、800m 跑、立定跳远、1min 仰卧起坐。

评分标准：严格执行教育部印发的《国家学生体质健康标准（2014 年修订）》。

体能测试项目成绩：四单项平均得分。第一学期、第二学期、第三学期和第四学期，每项 5 分。

（3）学生平时成绩和标准

上课出勤率：请假、迟到、早退，一次扣 1 分，旷课一次扣 2 分；教师根据学生平时上课的表现评定学生的学习态度。

（4）课外体育锻炼根据学校下发的文件来执行。

3.6 网　　球

3.6.1 网球运动概述

网球运动是两人或四人在一块长 23.77m，宽 8.23m（单打）或 10.97m（双打），中间隔一网的场地上，用球拍来回击打一个有弹性的橡皮小球的一项球类运动。

3.6.2 网球运动基本技术

网球运动的每一次击球，一般都应当由准备开始，判断对方来球，通过脚步的积极移动，到位后的合理击球以及击球后的回位组成。

1. 正手击球技术

正手击球技术是网球运动中最基本和最重要的击球技术之一。它既是初学者的入门技术，又是多数运动员用于得分取胜的主要手段之一。在正式比赛中，底线有 70%～80% 使用正手击球技术。

握拍：网球拍的握柄有 8 个面和 8 个棱，球员可以通过两个关键的位置来定位不同的握拍（见图 3-6-1）。一个是食指掌指关节，另一个是掌根关节。在进行正手击球时，通常采用东方式握拍（食指关节位于 3 号面）、半西方式握拍（食指关节位于 4 号面）以及西方式握拍（食指关节位于 4、5 位置的棱上，甚至是 5 号面）。握拍方式通常情况下由击球高度来决定。也就是说，如果球员希望在高点击球，那么就更适合使用半西方式或西方式握拍，而不是传统的东方式握拍。

正手击球技术由 4 个环节组成，即准备姿势、转肩引拍、挥拍击球和随挥。

(a)　　　　　　　　　(b)　　　　　　　　　(c)

图　3-6-1

（1）准备姿势（见图 3-6-2）。

两脚自然站立，与肩同宽，双膝微屈，上体略前倾，背部挺直，重心落在前脚掌上，右手持拍于腹前，左手扶拍颈，两肘自然下垂略外张，拍头稍高于柄。球员准备姿势的身高，应该比正常身高低 30cm，且在整个移动过程中，都要保持这个高度。球员必须在对手触球前进行分腿垫步，分腿垫步双脚大约离地 2.5～5cm。重心落在前脚掌上，准备向来球方向移动。

图 3-6-2

(2) 转肩引拍(见图 3-6-3)。

一旦判断对方来球是正手方向,左手马上推拍,同时双肩向右侧转动,左脚上步,使左肩和胯侧对球网。随着转体,右手应快速平稳地向后拉拍,拍头高于手腕,引拍结束时,使球拍指向后方。拍柄底部指向来球,沿水平的直线拉拍,要迅速协调。同时眼睛盯球,做好击球准备。

图 3-6-3

(3) 挥拍击球(见图 3-6-4)。

根据来球情况,适度弯曲膝关节,接着蹬腿转髋,对准来球方向,迅速向前挥拍。髋和躯干的运动加快,增加右肩的挥拍速度。身体重心从后脚移向前脚,迎上击球,挥拍轨迹由下而上,此时,应绷紧手腕握紧球拍,防止拍子在手中晃动,而打出不稳定和力量不足的球。击球点在身体右前方时钟的2点位置,击球时,拍面垂直于地面。

(4) 随挥(见图 3-6-5)。

击球后,球拍应随球的方向做较长的前挥跟随动作,球拍的前挥,应尽可能向前方伸展,直到手臂和拍头无法再向前运动为止。此时,小臂内旋掌心向外,同时左手上举扶住拍柄,身体旋转面对球网。随挥不仅能使击球动作显得流畅、协调和舒展,而且本身也是

图 3-6-4

击球动作的一个重要组成部分。

图 3-6-5

2. 双手反拍击球技术

双手反拍击球技术，是指面对对方来球时，双手握拍反拍击球的技术动作，双手反拍击球的隐蔽性强、稳定性高、易于掌握，是很多选手采用的击球方式。

反手击球

握拍：在进行双手反拍击球时，通常采用上手东方式正手握拍，左手东方式正手握拍（食指关节位于 7 号面），下手大陆式握拍，即右手大陆式握拍（食指关节位于 2 号面）（见图 3-6-6）。两手应该靠拢，中间的空隙应不超过一个手指宽。此握拍更有利于球员打出平击球，但并不利于对球施加上旋。除非手腕有强劲的力量。另外还可以采用双手东方式握拍，即右手东方式正手握拍（食指关节位于 3 号面），左手东方式反手握拍（食指关节位于 1 号面）。此握拍方式，既有利于击球发力，同时可以带有上旋。大多数底线进攻性打法的球员，会选择此握拍方法。

双手反拍击球技术由 4 个环节组成，即准备姿势、转肩引拍、挥拍击球和随挥。

图 3-6-6

(1) 准备姿势。

准备姿势与正手击球相同(见图 3-6-1)。由于正反手击球的握拍方式不同,所以在反手击球前需要首先进行握拍的转换。一旦判断来球属于反手,右手马上转成反手握拍,左手顺着拍柄下滑至双手相接,成双手反手握拍。建议在两次击球之间用非持拍手握在拍颈,这样可以减轻持拍手的负担,同时方便完成切换球拍的动作。

(2) 转肩引拍(见图 3-6-7)。

图 3-6-7

始于屈膝屈髋,以左脚为中心转动,右脚向左前方跨步转身。重心落在左脚上,引拍应尽量向后拉,转动上体使右肩前探,侧身对网,击球前拍头稍低于来球,手腕固定,手臂放松,手向后伸。

(3) 挥拍击球(见图 3-6-8)。

蹬腿转髋,伸展手臂,绷紧手腕,击球点约同腰高,比单手反拍的击球点略靠后。约在右膝前时钟 10 点位置,球拍由下而上向前挥击,重心前移,眼中始终盯住球。一般击球后,仍保持低头姿势。击球时左臂大臂旋内,左腕弯曲。

(4) 随挥(见图 3-6-9)。

随着上体转动,将拍子挥至高于右肩,拍头至后背结束,身体面向球网,随挥要充分。

3. 截击技术

当球还未落地并在空中飞行时(高压球除外)被凌空打掉,称为截击,也叫作拦网。截

(a)   (b)

图 3-6-8

(a)   (b)

图 3-6-9

击能缩短球的飞行距离和时间,扩大击球角度,加快回球速度,在网球比赛中是得分的重要手段之一。学习截击技术,不仅能够提高球感,还能提高学习者的兴趣。

(1) 正手截击技术。

在进行正手截击时,通常采用大陆式握拍或大陆式和东方式之间的握拍,即掌根关节在第一个面上,食指掌指关节在第二个面上。正手截击技术由4个环节组成,即准备姿势、转肩引拍、前挥击球和随挥动作。

正手截击

准备姿势:双脚左右开立,膝关节弯曲,降低身体重心,保持背部肌肉的紧张(见图3-6-10)。对手击球前的一刹那,球员必须做分腿垫步,重心在前脚掌上,肌肉保持适度紧张,目的是重新调整身体重心并建立平衡,有助于判断来球的方向,并能够向各个方向移动以及做出相应的反应,还能使腿部肌肉储存弹性,落地时产生爆发力,从而增强快速移动的潜能。

转肩引拍:判断来球方向,立即转肩向右约45°,使球拍做一个简短的后摆引拍,引拍不得超过右肩,拍头向上高于手腕,眼睛盯住来球(见图3-6-11)。

前挥击球:左脚向来球方向跨出,手腕绷紧在身体前面,以非常短促地碰和推击球,球拍向下向前移动,双肩向前转,肘部伸展,同时拍面稍打开。在向前碰球、推球的过程中略带一些切削(见图3-6-12),这样能将球击向对方场地。

图 3-6-10

图 3-6-11

图 3-6-12

随挥动作：球拍向下移动，身体各部分逐渐减速，这个动作幅度极小，球拍触球后，沿击球方向送出30cm左右，并及时恢复准备姿势（见图3-6-13）。

(2) 反手截击技术。

反手截击看起来比较简单，其实并不容易掌握。好的反手截击技术能够给对手带来非常大的压力。

反手截击和正手截击的握拍一样，通常是大陆式握拍。职业球员在时间允许的情况

反手截击

(a) (b)

图 3-6-13

下,正反手截击的握拍略有不同,正手截击更偏向正手握拍,反手截击偏向反手握拍。反手截击技术由 4 个环节组成,即准备姿势、转肩引拍、前挥击球和随挥动作。

准备姿势:反手截击的准备姿势与正手截击相同。注意:对手击球前的一刹那,球员必须做分腿垫步(见图 3-6-14)。

(a) (b)

图 3-6-14

转肩引拍:判断来球方向,立即转肩向左约 90°,并用左手扶住拍颈处,使球拍做一个简短的后摆引拍,引拍不得超过左肩,拍头向上高于手腕,眼睛盯住来球(见图 3-6-15)。

(a) (b)

图 3-6-15

前挥击球:右脚上步的同时,球拍向前对准球,做简短的撞击动作,要求手腕绷紧,手臂伸直,同时左手自然伸向后方,两臂分开做扩胸运动,以保持身体平衡(见图3-6-16)。

图 3-6-16

随挥动作：球拍向前向下移动,身体各部分逐渐减速,随挥动作幅度极小,球拍出球后,沿击球的方向送出30cm左右,并及时恢复准备姿势(见图3-6-17)。

(a) (b)

图 3-6-17

4. 发球技术

发球是网球技术里面比较复杂的一项技术,要尽量掌握各种发球技术,以便在比赛中取得主动。一般来说发球可以分为平击、上旋、侧旋3种基本方式。侧旋发球的弹跳低、球速快,强烈的侧旋容易将对手拉出场外,而且侧旋的命中率比较高,一般在网球发球中,二发应用侧旋比较多。

发球

发球动作一般都采用大陆式握拍,侧旋发球技术由5个环节组成,即准备、抛球、引拍、击球、随挥。

(1) 准备。侧身站立,调整后脚位置,尽可能让后脚往中间点靠近,身体指向球网,身体放松,盯住对手站位(见图3-6-18)。

(2) 抛球。抛球持球方式以掌心持球为最佳,手指轻放于球的周围,利用掌心将球推升,侧旋抛球位置应该在身体右侧,大概1点钟方向,抛球高度应高于击球点(见图3-6-19)。

(3) 引拍。两臂分开,左手抛球,充分转身,持拍手从下向上抬起,直到右臂与身体夹角为90°,同时双膝弯曲,将髋部顶出去(见图3-6-20)。

图　3-6-18

图　3-6-19　　　　　　　　　　　　图　3-6-20

（4）击球。击球时拍面关闭，侧身抛球，利用蹬地转体使身体向上跳起，击球时手臂充分伸直到最高点，球拍击球位置，要经过球的侧面击出，并用拍面向前摩擦球（见图3-6-21）。

图　3-6-21

（5）随挥。击球后球拍继续向左向下，挥至左肩身前交叉，结束时身体转向发球落点，身体重心顺势向前转移至场内（见图3-6-22）。

(a)   (b)

图 3-6-22

3.6.3 网球运动基本战术

3.6.4 网球运动竞赛规则简介

3.6.5 网球选项课考核评价标准

1. 课程考核方式与成绩评定

（1）考核类别：技术考试。

（2）考核方式：期末小组统一考试。

2. 各学期成绩计算方法

详见附录 A。

3. 测试项目及评分标准

（1）网球课程测试项目及评分标准。

第一学期、第二学期：网球正反手技术 20 分。

第三学期、第四学期：网球双打 10 分，网球正反手技术 20 分。

（2）四项体能测试项目和标准。

男生：50m 跑、1000m 跑、立定跳远、引体向上。

女生：50m 跑、800m 跑、立定跳远、1min 仰卧起坐。

评分标准：严格执行教育部印发的《国家学生体质健康标准（2014 年修订）》。

体能测试项目成绩：四单项平均得分。第一学期、第二学期、第三学期、第四学期，每项 5 分。

（3）学生平时成绩和标准。

上课出勤率：请假、迟到、早退，一次扣 1 分，旷课一次扣 2 分；教师根据学生平时上课的表现评定学生的学习态度。

（4）课外体育锻炼根据学校下发的文件来执行。

3.7 嗒 嗒 球

3.7.1 嗒嗒球运动概述

嗒嗒球是一项获得国家发明专利的体育新球类，它的发明者是我国浙江省浦江县的一对父子：项正惠和他的儿子项旭侃。嗒嗒球运动是由嗒嗒球、嗒嗒球拍、嗒嗒球网架、嗒嗒球运动场地 4 部分组成。

（1）嗒嗒球：球头为弹性半圆球形体，与嗒嗒球拍接触点、接触方位变化增多，所以嗒嗒球更具战术变化，打法更加多样化。因球头为实心弹性体，在击打过程中，球头总是自然朝下朝前，寿命更长，不易损坏。

（2）嗒嗒球拍：嗒嗒球拍长度为 33cm，宽度为 15.2cm，手柄长为 14cm。

（3）嗒嗒球网架：嗒嗒球的球网长 3.2m，网宽 0.4m，网孔大小为 0.02～0.03m，网高可上下调节，网架为折叠式设计，坚固耐用、装卸携带十分方便。

（4）嗒嗒球运动场地：比赛标准场地为长 8m、宽 3.2m，网高 1.5m，场地线可用 0.04m 宽的胶带或油漆框定（见图 3-7-1）。

3.7.2 嗒嗒球运动基本技术

嗒嗒球是将乒乓球和羽毛球有机融合在一起的一项新兴运动项目，所以它的基本技术主要是将乒乓球的推挡、抽拉、搓球、扣球、旋转球打法和羽毛球的吊球、挑球等击球技术及步法结合起来的，以球击落在对方场区为胜。

1. 握拍技术（正手、反手握拍方法）

嗒嗒球的球拍近似于乒乓球拍，椭圆形，两面贴胶皮，都可以击球，但是嗒嗒球球拍的拍面比乒乓球拍的拍面要大，拍柄也比乒乓球的拍柄要长；嗒嗒球球拍的这些构造特点使其握拍方式同羽毛球运动的正手握拍方式非常相似，同时也类似于乒乓球的横拍握法。以右手持拍为例，正手握拍即右手虎口对准拍柄一侧，拇指和食指捏紧拍柄两侧宽面，微向上，中指、无名指和小指握紧拍柄，贴在拍柄两侧的宽面上。球拍柄端靠近手掌的小鱼际肌，拍柄与掌心间留有空隙准备发力击球。击球时，靠食指和拇指扣住球拍柄，中指、无名指和小指紧握拍柄，以拇指和手掌末端的小鱼际肌为支点，其余几指为力点，由放松到抓紧，用近似杠杆原理的方法，屈指发力击球。反手握拍，即在正手握拍的基础上拇指顺时针捻动拍柄呈一定的角度，即可实现反手握拍击球。主要握拍方式有普通式正手握拍正

图 3-7-1

面(见图3-7-2)、正手握拍背面(见图3-7-3);正手握拍(上握法)正面(见图3-7-4)、正手握拍(上握法)背面(见图3-7-5);反手握拍正面(见图3-7-6)、反手握拍背面(见图3-7-7)、反手握拍(上握法)正面(见图3-7-8)、反手握拍(上握法)背面(见图3-7-9)。

图 3-7-2　　　　　　　　　　图 3-7-3

图 3-7-4　　　　　　　　　　图 3-7-5

图 3-7-6

图 3-7-7

图 3-7-8

图 3-7-9

注：正反手的"上握式"（短握）握拍法主要在双打以及网前球的技术动作中运用较多，运用时应根据来球进行灵活变换。

2. 发球技术（均以右手持拍为例）

嗒嗒球的发球方式主要有正手和反手两种形式，正手发球有正手低抛发高远球、正手低抛发平高球、正手低抛发近网短球、正手高抛正手发侧旋球、正手高抛平击发球；反手发球有反手低抛发平高球、反手低抛发网前球。

单打比赛发球不分左右半区（发球运动员和接发球运动员只需站在接发球区即可），双打比赛运动员应分别站在接发球区内的左右半区，球应从右半区内的接发球区发出，球必须发到对方的右半区（嗒嗒球单、双打发球、接发球有效区域详细划分见图3-7-10）。

（1）正手低抛发高远球（见图3-7-11）。

站位要求：发球运动员站在发球区，面对球网，两脚自然开立，左脚在前，右脚在后，呈丁字步，身体微侧对发球方向，左手持球置于胸前，持拍手右手手臂微曲，由胸前向后侧引拍，拍面略微后仰，球抛起离手后，由下向前向上挥拍，在身体侧前方击球，击球过程身体重心由右脚向左脚移动。

正手低抛发高远球

（2）正手低抛发平高球（见图3-7-12）。

正手低抛发平高球弧线比正手低抛发高远球要低，速度要快。两种发球方式站位基本相同，不同之处在于正手低抛发平高球要求拍面立起来，仰角稍小。

正手低抛发平高球

图 3-7-10

正手低抛发近网短球

(3) 正手低抛发近网短球(见图 3-7-13)。

正手低抛发近网短球,其动作技术特点与正手低抛发高远球基本相同,不同之处在于击球瞬间用力的大小,发力较轻使球刚好过网落在发球限制区线及附近有效区域。

图 3-7-11　　　　　图 3-7-12　　　　　图 3-7-13

正手高抛发侧旋球

(4) 正手高抛发侧旋球(见图 3-7-14)。

高抛发球即把球抛起来以后在头顶位置击球,属于上手发球。这一发球的技术特点是击球点较高、弧线较低、速度比较快,发出的球略带侧旋。技术要点:站位时左脚偏前,右脚偏后,左手持球,向头顶正前上方竖直向上抛球,持拍手右手向上引拍,同时转肩,身体重心压在支撑的右腿上,拍子引到最高点处,在头顶侧前方击球,拍子顺势随挥,收拍在胸前。注意:要发出侧旋球,必须注意拍面与球托间要有摩擦。

正手高抛平击发球

(5) 正手高抛平击发球(见图 3-7-15)。

高抛平击发球同高抛侧旋发球动作基本相同,不同之处在于平击发球时用拍面平击球托,击球点相同,也在身体的头顶侧前方。

（6）反手发球技术（见图3-7-16）。

图　3-7-14　　　　　　　　图　3-7-15　　　　　　　　图　3-7-16

嗒嗒球的反手发球技术受到场地、器材的限制，主要有低抛发平高球和低抛发网前球两种技术。

反手低抛发平高球：反手低抛发平高球技术同正手低抛发平高球技术相同，其技术特点为弧线低、速度快、线路长。技术要领：站在发球区右脚略微偏前，左脚偏后，发球时身体重心始终在右脚上，引拍距离比正手要小，拍面靠近身体的左侧前方。左手抛球，右手持拍向前方挥拍，拍面后仰角度达到45°左右，发力主要靠手腕、手背肌肉。

反手低抛发网前球：反手低抛发网前球技术特点基本同正手低抛发网前球，不同之处在于站位，反手低抛发网前球要求右脚在前、左脚在后，击球点在身体腹部前方，拍面略微后仰，发球时略微带切削动作，向前送拍，击球时要求力量不能太大，刚好过网，使球能掉落在靠近发球限制线及附近的有效落地区域。

3. 接发球技术

接发球是嗒嗒球技术中的关键技术。由于发球权掌握在对方手中，对方可以随意将球发至本方场地的任何位置，用力、速度、落点等也可随机变换。接发球者必须在极短的时间内判断清楚来球的旋转、落点，并做出相应的步法移动和回接动作等。

（1）接发球的站位和姿势。

单打接发球站位：单打站位不分左右半区。一般左脚在前，右脚在后，稍微屈膝，收腹含胸，身体重心放在前脚上，后脚脚跟稍提起。身体半侧向球网，球拍举在身前，两眼注视对方。

双打接发球站位：双打接发球两位运动员的站位准备姿势同单打接发球准备姿势。

（2）接发各种来球的还击方式。

接对方发来的高远球时，可用杀球、吊球还击。对方发来速度较快球时，可用推球、平高球还击，以快制快，由于接球方还击的击球点比发球方高，下压得狠些可以争取主动。其次也可以用高远球还击。对方发来网前球时，高远球、放网前球、推球还击；如对方发球质量不好,也可用扑球还击。对方发正手高抛侧旋球时,可用挑球、高远球还击。对方发正手高抛平击球时,可用挑球、抽拉球等方式还击。

4. 进攻技术

1)扣杀球技术

把高球在尽量高的击球点上,用大力挥击下压到对方场区,称为扣杀球,也称为扣球或杀球。扣杀球分为正手扣杀球、头顶扣杀球和反手扣杀球。

(1)正手扣杀球技术(见图 3-7-17)。

正手扣杀球技术

在身体右侧上方的高球,做正手握拍法,用正拍面扣杀球,称为正手扣杀球。正手扣杀球可以原地或起跳后进行。它们的准备姿势和动作过程与击高远球相似,其技术方法上的区别如下。

① 发力要求不同。扣杀球要充分运用腰腹力量和肩关节的力量。发力前身体较为后仰,特别是起跳扣杀球后仰幅度大,发力时才能充分发挥身体各部分的力量。发力击球时,手臂以最大的速度挥摆,最后通过手腕的快速闪动产生强大的向前下方的爆发力。

② 击球点不同。杀球点选择在右肩前上方稍前一些的位置(比击高远球略前一些),有利于发力击球。

③ 拍面角度不同。扣杀球时的拍面角度要比击高远球时小,拍面应前倾。

(2)头顶扣杀球技术(图 3-7-18)。

头顶扣杀球技术

图 3-7-17

图 3-7-18

在左后场区上空的球,击球点选择在头顶上方,做正手握拍法正拍面扣杀球,称为头顶扣杀球。头顶扣杀球的方法与头顶击高远球的方法相似,区别在于击球的力量比击高远球大,发力方向是向前下方;击球点稍前,拍面角度小,拍面保持前倾。

① 正手杀直线球(侧身起跳)。准备姿势和动作要领与正手击高球大体相同。脚步到位后,屈膝下降重心,准备起跳。侧身起跳时,往右上方提肩带动上臂、前臂和球拍上举,以便向上伸展身体。起跳后,身体后仰挺胸成反弓形。接着右上臂往右后上摆起,前臂自然后摆,手腕后伸,前臂带动球拍由上往后下挥动,这时握拍要松。随后凌空转体收腹带动右上臂往右上摆起,肘部领先,前臂全速往前上挥动,带动球拍高速

前挥。当击球点在肩的前上方时,前臂内旋,腕前屈微收,闪腕发力杀球。这时手指要突然抓紧拍柄,把手腕的爆发力集中到击球点上。球拍和击球方向水平面的夹角小于90°,球拍正面击球托的后部,使球直线下行。杀球后,前臂随惯性往体前收。在回位过程中将球拍回收至胸前。

② 正手杀对角线球(侧身起跳)。准备姿势和动作要领与正手杀直线球相同。不同点是起跳后身体向左前方转动用力,协助手臂向对角方向击球。头顶杀直线和对角线球,动作要领和准备姿势与头顶击高球相同。不同点是挥拍击球时,要集中全力往直线方向或对角方向下压,球拍面和击球方向水平面的夹角小于90°。

③ 腾空突击杀直线球。侧身,右脚后退一步,准备起跳。起跳后,身体向右后方腾起,上身右后仰或成反弓形,右臂向上抬,肩尽量后拉。击球时,前臂全速往上摆起,手腕从后伸经前臂内旋至屈收,同时握紧球拍压腕产生爆发力,高速向前下击球。突击扣杀后,右脚在右侧着地屈膝缓冲,重心在右脚前;右脚在左侧前着地,利用左脚蹬地向中心位置回动,手臂随惯性自然往体前回收。

(3) 反手扣杀球技术(反手杀直线球)。

来球在身体左侧上方的高球,用反拍面扣杀,即为反手扣杀球(见图3-7-19)。反手进攻技术主要是反手扣杀球,其站位与正手扣杀球不同,右脚在前,左脚在后,持拍手前臂发力,击球点在身体侧前方,击球瞬间持拍手腕和前臂向下压,加快击球速度。反手杀直线球,准备姿势和动作要领与反手击高球相同。不同点是击球前的挥拍用力要大,击球瞬间球拍与杀球方向的水平面夹角小于90°。

反手扣杀球技术

图 3-7-19

2) 网前快击技术

该技术类似于羽毛球的平击球或快推技术,快击球,站位靠近网前,移动上右腿后快击球,要求抢高点,步伐要快,拍子在肩膀高度垂直向后方引拍,动作幅度小、力量需控制,主要利用前臂和手腕力量快速击球,完成动作。反手网前快击动作与正手快击球动作基本相同,不同之处在于引拍方向不同,反手网前快击引拍是向左后方引拍,步伐上都是上右腿,进行快速击球。

(1) 推球。在网前较高的击球点上,同推击的方法往对方底线击出弧度较平、速度较快的球,称为推球。推球分为正手推球和反手推球两种。

正手推球动作方法:站在右网前,球拍向右侧前上举。在肘关节微屈回收时,前臂稍外旋,手腕稍向后侧,球拍也随之往右后摆,拍面正对来球。这时小指和无名指稍松开,使拍柄稍离开鱼际肌,拇指和食指向外捻动拍柄,拍面更为后仰。

反手推球动作方法:站在左网前,以反手握拍前臂往前上方伸举。在前臂稍向左胸前收引,肘关节微屈,手腕外展时,变成反手推球的握拍法,球拍反握,反拍面引球。

(2) 挡球技术。将对方重杀或点杀过来的球,用适当的力度挡回对方场区(网前或斜线中后场等)。挡球有正手挡球和反手挡球两种。

正手挡球:两脚平行站立,屈膝,两眼注视杀过来的球。身体右侧的来球用正手挡球,身体重心移向右脚(如果球离身体较远,可先右脚向右跨出一步,重心移向右脚),右臂向右侧伸出,放松握拍,拍面略后仰对准来球,将球挡回对方网前区。

反手挡球:两脚平行站立,屈膝,两眼注视杀过来的球。身体左侧的来球用反手挡球,身体重心移向右脚(如果球离身体较远,可先左脚向左跨出一步,右脚跟上,重心移向右脚),右臂向右侧伸出,放松握拍,拍面略后仰对准来球,将球挡回对方网前区。

(3)扑球技术。嗒嗒球的扑球技术主要有正手扑球技术和反手扑球技术。

正手扑球技术特点:持拍于胸前,边迈右腿边挥前臂,注意动作幅度不能过大,但速度要快。步法主要是起动步加蹬跨上网步伐。

反手扑球技术特点:同正手扑球,步伐上右脚向上移,动作幅度要小,拍面在身体侧方向,用前臂带动手腕进行击球,右脚蹬上步,落地的同时击球,需抢高点,步伐要快。

3)底线控制球技术

控制是进攻的基础,控制好才有更多进攻机会。嗒嗒球底线控制技术有正手高远球技术、头顶高远球技术、反手高远球技术、正手击平高球技术、正手挑网前技术、反手挑球技术。

正手高远球技术

(1)正手高远球技术(见图 3-7-20)。正手高远球的技术动作要领同正手高抛发球和正手扣杀球非常相似。站位要求,引拍时重心由左脚移动到右脚,球拍由后下向前上引到体侧,转肩同时在头顶上方击球,注意拍面朝来球方向,瞬间发力,击球的关键在于击球瞬间充分发力,把球击打到对方后场,同时注意手腕的后仰击球,使球产生下旋,使球既高且不易出界,击球完成后注意顺势随挥,收拍至胸前。

(2)头顶高远球技术。动作要领与正手高远球基本相同,只是击球点偏左肩上方。准备击球时,身体偏左倾斜。击球时,上臂带动前臂使球拍绕过头顶,从左上方向前加速挥动,注意发挥手腕的爆发力击球。

反手高远球技术

(3)反手高远球技术(见图 3-7-21)。当来球处于反手位高球时,即可采用反手高远球技术回击,将球回击至对方底线,控制对方的进攻。反手高远球技术与正手高远球技术的区别主要在于步伐的不同,以及击球的面为反拍面(反手握拍)。

图 3-7-20

图 3-7-21

(4)正手击平高球技术。其技术要领和技术结构与高远球基本相似,但应注意低弧度、快速度。动作技术可参阅正手高远球技术。

（5）正手挑网前技术（见图3-7-22）。当对方以搓网前球或正手劈吊网前球，被迫上网，没有抢到高点时所采取的一种击球方式。挑球可以实现近网球挑至对方后场，削弱对方的持续进攻。技术动作要领：网前步伐要到位，球拍由下向前上，拍面朝上仰起，向前上挥拍，将球以高弧线的飞行轨迹的形式击至对方后场。

正手挑网前技术

（6）反手挑球技术（见图3-7-23）。反手挑球技术动作战术运用的目的同正手挑球，技术的关键同样在于步伐。离网较近时用右脚直接跨步上网，距离较远时采用垫布接跨步上步的形式，以后撤步或交叉步还原回位。

反手挑球技术

4）嗒嗒球近网控制技术：

（1）正手吊球（劈吊）技术（见图3-7-24）。这是一种底线相持技术，它是在高远球、平高球的基础上，主要通过切削球把球打至对方的近网，迫使对方远距离移动，造成失误的技术。其技术要领基本同正手高远球，左脚在前，右脚在后，引拍至头顶上方，向前下方挥拍在触球的一瞬间，击球托侧面，控制击球力量，使球轻轻地掉落至对方网前。

正手吊球技术

（2）反手吊球技术（见图3-7-25）。与反手平击球技术、反手高远球技术动作相似。技术要点：右腿向左侧迈，积极抢高点，边抢高点边挥拍击球，在头顶处击球时，通过切削技术把球切到（吊到）对方近网处。

反手吊球技术

图 3-7-22　　　图 3-7-23　　　图 3-7-24　　　图 3-7-25

（3）头顶吊球。击球准备和前期动作同头顶高远球，不同之处是击球点要比头顶高远球稍靠前些。头顶吊斜线时，中指、无名指、小指屈指外拉拍柄，拇指、食指捻动发力，以斜拍面击球托左侧部位。头顶吊直线，球拍击球托的正中部位。

（4）放网前球技术。放网前球技术包含正手放网和反手放网技术。技术要领和网前快击、扑球一样。正、反手放网技术动作与正手动作基本相同，不同在于反手握拍反拍面击球。

（5）网前搓球（见图3-7-26）。网前搓球和网前放球有相似之处，首先都需要通过上步（跨步）实现抢高点，搓球是带有一定的摩擦（通过拍面与球托底部或球托侧面进行摩擦），使球产生旋转，干扰对方判断的击球技术，而放网只是轻轻地把球放过网。所以两者的区别在于拍面接触球托瞬间是否有摩擦发力，其余技术均相同。

网前搓球

图 3-7-26

正手搓球的动作方法：两脚自然开立，左脚稍前，重心稍向右脚偏移,手臂向右手后上方引拍,球拍呈半横状,拍面稍后仰。当球向右侧来时,向右侧跨一大步,前臂和手腕向前下方挥动,身体同时前移,重心向左脚偏移,在来的下降期摩擦球的中下部。击球后,手臂顺势前送一段距离。

反手搓球的动作方法:两脚自然开立,右脚稍前,重心放在两脚之间,持拍手臂向左后上方引拍,球拍呈半横状,拍面后仰。击球时,前臂和手腕伴有外旋向前下方迎球,身体同时迎前,在球的下降期击球的中下部,击球后前臂顺势前送一段距离。

5)反控制球技术

抽拉球技术

(1)抽拉球技术(见图3-7-27)。将低于头部的球用抽拉的方法还击,称为抽拉球。抽球是反控制的主要技术之一,分为正手抽拉球和反手抽拉球两种。

正手抽拉球。动作方法为左脚在前站立,球拍呈半横状略下垂,拍形稍后仰。触球前,前臂加速用力向左上提拉,同时配合手腕动作向上摩擦球,击球中下部。遇较强旋转球时,腰部应配合向上用力。击球后要顺势将球拍挥至额前,重心转移至左脚。

反手抽拉球。动作小、球速快,是攻球的重点技术之一。动作方法为右脚稍前,持拍手臂自然弯曲,将球拍移至腹前偏左的位置,击球时前臂和手腕向右前上方挥动,同时配合外旋转腕动作,使拍形前倾,击球中下部,击球后随挥将球拍挥至右肩前。

削球技术

(2)削球技术(见图3-7-28)。削球技术分为近削和远削两种,它的特点是具有稳定性和积极性。

图 3-7-27　　　　　　　　图 3-7-28

近削。特点是动作小、球速快、前进力较强。动作方法:正手近削时,左脚稍前,身体离网 1m 左右,上体稍向右转。击球时手臂弯曲,拍引至与肩同高,拍形稍后仰,触球时前臂用力向左前下方挥动,手腕配合下压,在球下落时,击球的中下部。反手近削时,右脚稍前,手臂弯曲向左上引拍,击球时前臂向右前下方挥动,手腕配合用力下压,在球下落时击球的中下部。

正手远削。特点是动作大、球速慢、弧线长。动作方法:正手远削时,左脚稍前,身体离网 1m 以外,上体稍右转,重心在右脚上。击球前手臂自然弯曲,将球拍向右上引至同肩高。击球时手臂向左前下方挥动,在球下降期击球中下部,拍形稍后仰。触球时前臂加速削击,同时手腕向下转动用力,击球后球拍顺势前送,重心移至左脚。

反手远削。动作方法为右脚稍前,身体左转,手臂弯曲,球拍向左上方引至与肩同高,拍柄向下,重心放在左脚上,击球时手臂向右前下方挥动,前臂和手腕加速用力削击来球,在球下降期击球中下部,拍形后仰;击球后上体向右转动,球拍顺势挥至身体右侧,重心移至右脚。

3.7.3 嗒嗒球选项课考核评价标准

1. 课程考核方式与成绩评定

(1) 考核类别:技术考试。

(2) 考核形式:随堂考试。

2. 各学期成绩计算方法

详见附录A。

3. 嗒嗒球课程各测试项目及评分标准

(1) 体育专项考试项目。

专项技术考核内容:发球(高抛发球、低抛发球)和嗒嗒球个人单打比赛。

专项技术评分标准:

发球(高抛发球、低抛发球)考试第一学期、第二学期成绩占到总成绩的5%,第三学期、第四学期成绩占到总成绩的10%。

嗒嗒球个人单打比赛考试第一学期、第二学期成绩占到总成绩的15%,第三学期、第四学期成绩占到总成绩的20%。

嗒嗒球个人单打考试中分为技评和达标两部分,其中技评第一学期、第二学期成绩5分,第三学期、第四学期成绩10分;达标第一学期、第二学期成绩10分,第三学期、第四学期成绩10分。

(2) 四项体能测试项目和标准。

男生:50m跑、1000m跑、立定跳远、引体向上。

女生:50m跑、800m跑、立定跳远、1min仰卧起坐。

评分标准:严格执行教育部印发的《国家学生体质健康标准(2014年修订)》。

体能测试项目成绩:四单项平均得分。第一学期、第二学期、第三学期和第四学期,每项5分。

(3) 学生平时成绩和标准

上课出勤率:请假、迟到、早退,一次扣1分,旷课一次扣2分;教师根据学生平时上课的表现评定学生的学习态度。

(4) 课外体育锻炼根据学校下发的文件来执行。

第4章 形体健美运动——塑造形体 展现优雅

4.1 有氧搏击操与健身舞

4.1.1 有氧搏击操与健身舞概述

1. 有氧搏击操概念

有氧搏击操的英文名为 kickboxing,最早由欧洲的搏击选手和职业健身操运动员推出,它是结合拳击、跆拳道、散手、太极、空手道甚至一些舞蹈的基本动作,遵循健美操的编排方法,在强有力的音乐节拍下,练习者随着音乐出拳、踢腿,如此完成的一种身体锻炼方式。

自从该运动进入各大健身房后,深受年轻女性的青睐。它动作简单但是有一种力度美、健康美,初学者很容易跟上,每一次出拳、踢腿,都会让人感到轻松无压力,让人在不知不觉中减掉多余的脂肪。做一小时的有氧搏击操可以消耗600卡热量,是跳健美操的两倍,并且可以加强腰腹部的肌肉力量,持续练习3个月后能让练习者拥有良好的耐力。有氧搏击操可以增强肌肉力量、弹性与身体的柔韧性,采用长时间、中低强度的运动,属于有氧耗脂运动,其主要能量来源于体内的糖和脂肪等能源物质。运动中大量的腰转动与腹部收缩,使练习者的腹部变得平坦强健,不让多余的赘肉堆积在腰腹部。

2. 健身舞概述

街舞现身于20世纪70年代的美国,当时黑人社区的青年混在街头自娱自乐、比舞助兴,大多以即兴为主,结合动感的音乐逐渐形成了霹雳舞、电流、锁舞、鬼步舞等不同风格、不同流派的舞蹈。在"酷""炫"的视觉冲击下,人们看到的是背旋、头旋、空翻等让人耳目一新的高难度技巧动作。但正是街舞这些高难度的技巧动作让大多数喜爱它的人成了看客,难以真正走进寻常百姓家。

带着浓郁现代文明,文化气息的健身舞的出现是街舞运动的不断发展和完善,其新的内涵、新的形式、积极健康向上的精神面貌,深受人们喜爱和欢迎,更重要的是大众能够直接参与,以达到健身娱乐的目的。1999年,李知明老师率先将健身舞课程正式搬入国内的健身房,并在中央电视台体育频道《青春时光》栏目将健身舞推向全国。作为街舞的变化形式,健身舞运动走进健身房、走进课堂,其内容和练习方式在体育健身原则的指导下发生了相应的改变。

4.1.2 有氧搏击操与健身舞基本技术

1. 有氧搏击操基本站姿

(1) 正面姿势。双脚平行,开立同肩宽,稍屈膝,收腹立腰,肩水平、下垂放松,双目平视。双臂屈于胸前,小臂垂直于地面、双拳置于下颌部,身体重心在两腿之间,呈防御姿势。

(2) 侧面姿势。双脚成前后分立,稍屈膝,后腿外侧45°,双膝内扣,身体侧向前方,双目平视,重心置于两腿之间,手臂姿势同正面站姿,呈格斗姿势(见图4-1-1)。

图 4-1-1

(3) 练习步骤。先进行站姿练习,学会控制身体重心,然后学习移动重心,熟练之后再辅以各种步伐,及时转移重心,提高身体灵活性及稳定性。

2. 有氧搏击操基本技术

(1) 直拳。站立,面向目标,肩臂部成一直线,发力顺序为腿→腰→肩→拳。另一手臂垂肘,微上举,置于下颌侧面,成自护姿势。直拳分前手直拳和后手直拳两种。

(2) 摆拳。站立,面向目标,左脚蹬地,重心移向右脚,向左拧腰转体,同时右臂由下向上将肘部抬起,肘关节角度大于90°小于180°,右臂由外沿小弧形向左摆至身体中心线。摆拳分为前手摆拳和后手摆拳两种。

(3) 刺拳。出拳与直拳相似,是直拳派生出的一种快拳,动作轻快,出拳时手臂不完全伸直,顺弹性收拳,上体和髋部移动极小,分为前手刺拳和后手刺拳两种。

(4) 勾拳。勾拳是在屈臂状态下的一种拳法。站立,面向目标,出拳时充分利用转腰、扭胯、摆臂的合力,出拳时膝要内扣,脚掌撑地发力,臂夹角90°,另一手保持防护姿势。抬平上臂为平勾拳;腿部发力自下而上为上勾拳。要求出拳尽可能长。

(5) 抬肘。肘关节由下向上,从身体前上方抬起,拳心向下,肘尖受力。

(6) 上格挡。手臂由下向上的防御,手臂离前额约一拳距离。

(7) 下格挡。手臂由上向下的防御,臂与身体约呈一线,手距大腿约20cm。

(8) 正蹬。一腿先屈膝上提,另一腿微屈膝支撑。屈膝上提腿以脚跟领先由屈到伸,快速发力,直线蹬击。动作时,上体略后仰,稍含胸,双手保持防护姿势。

(9) 侧踹。一腿先屈膝上抬,小腿略外摆,膝盖向内收,支撑腿稍屈膝,提膝腿由屈到伸向侧踹击,力达脚跟或全脚掌,目视前方。侧踹可分为下段、中段、上段。

(10)后蹬。身体稍转,一腿屈膝回收,小腿平行于地面,转头回视。向正后方强力挺膝伸展蹬出,身体前俯,眼视正后方,双臂自然弯曲,维持身体平衡。

(11)腾空前踢(二踢脚)。左腿屈膝蹬地跳起,右腿在空中由屈到伸,绷脚面,向上弹踢,力达脚尖,眼视前方,两脚依次着地。

(12)直膝顶。左腿支撑,右腿迅速屈膝向上抬,力达膝尖,同时收腹,身体稍后仰,目视前方。前、后膝均可运用。

(13)组合跳跃。各种结合出拳的开合跳、前后跳、V字跳。

3. 有氧搏击操组合基本动作

搏击操1

(1)弓步推掌。经并步抱拳成弓步推掌,掌与双肩成一直线,眼看前方(见图4-1-2)。

(2)并步亮掌。由弓步推掌成并步亮掌,眼看左侧(见图4-1-3)。

搏击操2

图 4-1-2

图 4-1-3

(3)弓步双推掌。由并步亮掌,双手经体前,双脚前跨成弓步双推掌,眼看左侧(见图4-1-4)。

(4)弓步冲拳。跨左腿成左弓步,同时左手握拳置腰间,右手出拳,拳眼朝上,目视前方(见图4-1-5)。

图 4-1-4

图 4-1-5

(5)马步冲拳。马步,右手握拳收至腰间,左手冲拳,拳眼朝上,目视前方(见图4-1-6)。

(6)提膝亮掌。左腿提起,右腿直立,右手头顶亮掌,左手立掌于左肩前方,目视前方(见图4-1-7)。

图　4-1-6

图　4-1-7

（7）马步双冲拳。马步，双臂成弧形出拳，拳心相对。

（8）并步推掌。并步，左手握拳置于腰间，右手向前推掌，目视前方。

（9）击掌出拳抬膝。右手平勾拳击左手掌心（见图 4-1-8）；接右手直拳（见图 4-1-9）；接上抬右膝（见图 4-1-10）。

图　4-1-8

图　4-1-9

（10）左右跳跃接右侧蹬腿。连续左右各跳跃两次，接右手劈掌同时右侧蹬腿，目视右侧（见图 4-1-11）。

图　4-1-10

图　4-1-11

（11）马步翻掌接插步转身。马步同时右手翻掌，掌心向上，左手掌心向下，接左腿向后做插步，同时转身 360°。

（12）右跨步冲拳接右弓步上勾拳接左弓步下插掌。右脚跨步，右手直拳，接右弓步同时右手上勾拳,换左手上勾拳,同时左手收于腰间,转向180°成左弓步,同时左手收于腰间右手下插掌。

(13) 左右直拳提膝接左侧蹬腿。左右直拳提膝,接左跨步成左侧蹬腿,右手劈掌,同时目视左侧。

4. 有氧搏击操注意事项

(1) 腹部、下颚收紧,两手握拳于脸前(防御姿势)保持呼吸,不屏气。

(2) 热身时间要足够,否则身体得不到足够的伸展。上课时腿部应每15~20min做一次伸展。

(3) 避免和专业运动员一样进行长时间的训练,应交替进行大运动量和低运动量的练习。

(4) 侧踢时不向前扭跨,否则会导致压力集中膝部,绷脚尖会扭伤膝盖,应向脚尖方扭跨以减轻膝盖的侧压力。

(5) 膝盖不要僵直,以减轻缓冲。在转身时要抬起膝盖,否则会扭伤十字韧带。

(6) 击拳时要由肩部带动出拳,在完成击拳和踢腿动作前一直看着目标。

(7) 避免在拥挤的房间内进行后踢的动作。

(8) 避免肘、膝部用力过猛,避免进行闪躲或猛击动作时由于动作过大而脱臼,避免扭转动作。

(9) 若发生以下情况(腿部疲劳、人体局部出现痛状不适、眩晕、心率过快等),可停止练习。

健身舞

5. 健身舞基本技术

在健身舞的练习动作中,除Breaking动作以外,流行街舞的一切动作均可作为健身舞的动作素材。健身舞节奏变化规律性强,动作幅度大,通常在整拍上完成动作,关节运动整齐,运动路线规律。健身舞是小肌肉群的运动,它很好地弥补了其他健身项目的局限,使锻炼更全面,同时由于它动作多出现在音乐的弱拍上,使动作的韵律更富于变化,强度更易于减肥健身,提高协调能力。健身舞节奏变化规律性强,动作幅度大,通常在整拍上完成动作,关节运动整齐,运动路线规律。健身舞是小肌肉群的运动,它很好地弥补了其他健身项目的局限,使锻炼更全面。同时,健身舞动作多出现在音乐的弱拍上,使动作的韵律更富于变化,强度更易于减肥健身,提高协调能力。另外,在课堂教学中,融入当下流行舞蹈元素,与时俱进,以满足学生的学习兴趣。通过适当的队形变化,使其形成自己风格的成品舞。

(1) 健身舞专项准备活动。

身体各关节及相应肌肉训练是健身街舞最基础的训练之一,每个关节都有不同的运动和表达方式,通过对头颈、肩、胸、胯、膝、踝等活动,使练习者控制相应部位动作的方位及收紧和放松,以便能更好地进行下一步学习。

预备姿势:双脚开立,两臂自然放置于身体两侧,挺胸收腹立腰,呼吸自然,放松身体。

① 头颈部运动。

转动：身体同预备姿势，头部沿垂直轴向左（右）转动 90°，保持肩平。

前后左右屈：身体同预备姿势，头部沿额状轴做前、后屈，沿垂直轴做左右侧屈。

水平移动：头部沿额状轴做向前（后）动作，沿垂直轴做向左（右）的平移动作。

绕：分别做头部前、后、左、右屈连贯的绕环和前、后、左、右水平移动连贯的绕环。

② 肩部运动。

提沉肩：肩胛骨沿肩轴做向上、向下的垂直运动。

内收外展肩：肩胛骨沿人体额状轴做内收、外展的动作。

肩绕环：以肩关节轴做 360°的顺时针或逆时针绕环，可双肩也可单肩依次进行。

③ 胸部运动。

前后左右移：沿身体额状轴做胸的内收、外展动作；沿身体垂直轴做左右水平移动，做水平移动时保持肩部水平。

④ 胯部运动。

前后左右顶胯：胯分别沿人体额状轴做前后，沿垂直轴做左右钟摆式顶胯动作，上体尽量保持不动。

⑤ 腰部运动。

前后屈：人体从腰的部位沿人体额状轴做前后的屈伸动作。

侧屈：人体从腰的部位沿人体矢状轴做左右的侧屈动作。

转动：人体下肢不动，上体沿垂直轴分别做左右转动。

⑥ 下肢运动。

弓步压腿：两腿前后开立，前腿弯成 90°，后腿伸直，前脚掌撑地，脚后跟着地，膝关节上挺，做上下幅震动。

侧压腿：两腿左右开立，成一腿蹲撑，一腿侧伸，脚跟触地，身体向直腿侧伸展，手尽量触脚。

⑦ 身体运动。

左侧 wave 练习：头向左侧屈，经左上弧形还原的同时，肩向左下，经左上还原的同时，带动左肋和左腰向左上出，左肋和左腰还原的同时把左胯向左带出。

⑧ 脚部运动。

The V 练习：以右移为例，以右脚的脚尖和左脚的脚跟为支点，右脚的脚跟和左脚的脚尖同时向右移动，落脚时使两脚由外八字变成内八字的位置，随即以右脚的脚跟和左脚的脚尖为支点，右脚的脚尖和左脚的脚跟同时向右移动，以此类推，身体就可以向右移动。

蝴蝶步练习：在直线方向上做双脚的内外八字动作，前脚掌着地，身体重心下降时做交叉的内八字，提重心时做外展的八字，先原地练习，后行进间双脚交换的频率由慢至快。

（2）健身舞组合基本动作。

原地交叉步：身体由双脚开立，两臂侧平举（见图 4-1-12），成单腿后交叉，两臂身体前后置（见图 4-1-13），先左脚后右脚方位练习。

图 4-1-12　　　　　　　　　　　　图 4-1-13

移动交叉步：身体经双脚开立，两臂上下摆动动作（见图4-1-14），向左或向右移动，成单腿后交叉姿势。

身体波浪：身体由头、肩、腰、胯、腿做S形动作（见图4-1-15），可左方向，亦可右方向练习。

踢腿转身：身体直立向前踢腿（见图4-1-16），向侧踢腿（见图4-1-17），右90°转身，成弓步动作（见图4-1-18），此动作多用于动作之间的衔接。

交叉踢腿接转身360°：双手体前交叉，腿后交叉（见图4-1-19）；侧踢腿（见图4-1-20），接右后360°转身。

图 4-1-14　　　　　　　　　　　　图 4-1-15

图 4-1-16　　　　　　　　　　　　图 4-1-17

图 4-1-18

图 4-1-19

侧后并步摆臂：身体向侧后并步，身体律动，同时摇动前臂（见图 4-1-21），可做左右两个方向的动作。

图 4-1-20

图 4-1-21

交叉步双臂划圈：左跨步，右腿后交叉，双臂经体前划圈绕至左前，反方向双臂绕至右前。

换跳步：保持上体位置，双脚依次换跳。

手臂前置后置提踵转身：双臂经波浪至体前，跨步、后交叉步双手置于头后，双臂下振，同时依次提踵，跨步双臂至于身体左侧，右腿在左腿后交叉，同时双臂加速体前右摆，完成向右后 360°转身。

跳跨步双臂成 90°：跳跨步，稍屈膝，双臂成右臂前伸直掌心朝上，左手前臂与右臂成 90°，左手置于右臂下，掌心向下。

4.1.3 有氧搏击操与健身舞选项课考核评价标准

1. 课程考核方式与成绩评定

（1）考核类别：技术考试。

（2）考核方式：期末小组统一考试。

2. 各学期成绩计算方法

详见附录 A。

3. 测试项目及评分标准

（1）有氧搏击与健身舞专项考核内容。

身体律动基础练习 12～15 个动作；

健身舞组合动作；

有氧搏击操组合。

要求：所有考核内容都有音乐伴奏，由小组组合考核和个人考核相结合。

（2）四项体能测试项目和标准。

男生：50m 跑、1000m 跑、立定跳远、引体向上。

女生：50m 跑、800m 跑、立定跳远、1min 仰卧起坐。

评分标准：严格执行教育部印发的《国家学生体质健康标准（2014 年修订）》。

体能测试项目成绩：四单项平均得分。第一学期、第二学期、第三学期、第四学期，每项 5 分。

（3）学生平时成绩和标准。

上课出勤率：请假、迟到、早退，一次扣 1 分，旷课一次扣 2 分；教师根据学生平时上课的表现评定学生的学习态度。

（4）课外体育锻炼根据学校下发的文件来执行。

4.2 健美操

4.2.1 健美操概述

健美操起源于 1968 年。1983 年，美国举办了首届全美健美操锦标赛。1984 年，首届远东地区健美操大赛在日本举行。1984 年起，健美操运动在世界各地全面兴起。

健美操是一项融体操、舞蹈、音乐于一体，以健身、健美为目的的体育运动项目。健美操是学校必修的一门课程，它具有健身、健心多重性，动作具有多变性和协调性，运动负荷大而有针对性，并且它是一种在音乐的配合下，在欢乐、愉快、激情的气氛中进行健身，同时实现知识、技能技术的增长，培养学生的协调性、表现力、创造力，以达到健身、健心和增长知识的整体效益。

4.2.2 健美操基本动作

健美操基本动作是由基本步法和上肢动作两部分组成的。

1. 基本步法

根据动作完成的形式不同，可将基本步法分为三大类：两脚交替类、迈步点地类和抬腿类。这里只介绍本套操中涉及的基本步伐。

（1）两脚交替类：两脚始终做依次交替落地的动作。

① 踏步。

动作描述：两腿原地依次抬起，依次落地，同时两臂屈肘握拳，自然前后摆动。

健美操步法-
两脚交替类

技术要点：下落时，踝、膝、髋关节依次有弹性地缓冲（见图 4-2-1～图 4-2-4），5～8 拍同 1～4 拍。

图　4-2-1

图　4-2-2

图　4-2-3

图　4-2-4

② 走步。

动作描述：迈步向前走时，脚跟先落地，过渡到全脚掌；向后走时则相反（见图 4-2-5 和图 4-2-6）。

图　4-2-5

图　4-2-6

技术要点：落地时，踝、膝关节有弹性地缓冲。

③ 一字步。

动作描述：一脚向前一步，另一脚并于前脚，然后再依次还原（见图 4-2-7 和图 4-2-8）。

技术要点：向前迈步时，先脚跟着地，过渡到全脚掌；前后均要有并腿过程；每一拍动作膝关节始终有弹性地缓冲。

图 4-2-7

图 4-2-8

图4-2-7和图4-2-8所示为1、2拍，3、4拍同1、2拍，5～8拍同1～4拍。

④ V字步。

动作描述：一脚向侧前方迈一步，另一脚随之向另一方迈一步，成两脚开立，屈膝，然后再依次退回原位(见图4-2-9～图4-2-12)。

技术要点：两腿膝、踝关节始终保持弹动状态，分开后分腿半蹲，重心在两腿之间。

图 4-2-9

图 4-2-10

图 4-2-11

图 4-2-12

图 4-2-9~图 4-2-12 所示是 1~4 拍,5~8 拍同 1~4 拍。

⑤ 漫步。

动作描述:一脚向前迈出,屈膝,重心随之前移,另一脚稍抬起,然后原地落下,或向后撤一步,重心后移,另一脚稍抬起,然后原地落下。

技术要点:两脚始终保持交替落地,身体重心随动作前后移动,但始终在两脚之间。

⑥ 跑步。

动作描述:两腿经过腾空,依次落地缓冲,两臂屈肘摆臂(见图 4-2-13 和图 4-2-14)。

技术要点:落地屈膝缓冲,脚跟尽量落地。

图 4-2-13　　　　　　　　　　图 4-2-14

(2) 迈步点地类:一条腿先迈出一步,重心移到这条腿上,另一条腿用脚跟、脚尖点地或吸腿、屈腿、踢腿等,然后向另一个方向迈步。

① 并步。

动作描述:一脚迈出,另一脚随之并拢屈膝点地;再向反方向迈步(见图 4-2-15 和图 4-2-16)。

图 4-2-15　　　　　　　　　　图 4-2-16

技术要点:两膝始终保持弹动,动作幅度和力度可随风格而定。

② 侧交叉步。

动作描述:一脚向侧迈一步,另一脚在其后交叉,随之再向侧迈一步,另一脚并拢,屈膝点地(见图 4-2-17~图 4-2-20)。

技术要点:第一步脚跟先落地,身体重心随着脚步移动,保持膝、踝关节的弹动。

图 4-2-17

图 4-2-18

图 4-2-19

图 4-2-20

图 4-2-17～图 4-2-20 所示为 1～4 拍，5～8 拍同 1～4 拍。

③ 迈步点地。

动作描述：一脚向侧迈一步，两脚经屈膝移动重心，另一脚在前侧或后侧用脚尖或脚跟点地（见图 4-2-21 和图 4-2-22）。

技术要点：两膝同时有弹性地屈伸，重心移动轨迹呈弧形；上体不要扭转。

图 4-2-21

图 4-2-22

④ 迈步后屈腿。

动作描述：一脚迈出一步，另一腿后屈，然后向相反方向迈步（见图 4-2-23～图 4-2-26）。

技术要点：经过屈膝半蹲，支撑腿稍屈膝，后屈腿的脚跟靠近腿部。

图 4-2-23

图 4-2-24

图 4-2-25

图 4-2-26

图 4-2-24～图 4-2-26 所示是 1～4 拍,5～8 拍同 1～4 拍。

(3) 抬腿类:一腿站立,另一腿抬起的动作,因动作简单,且为体育运动中最常见动作之一,因此不再配图。

① 分腿跳。

动作描述:分腿站立屈膝半蹲,向上跳起,分腿落地屈膝缓冲。

技术要点:屈膝半蹲时,大、小腿夹角不小于 90°。

② 开合跳。

动作描述:由并腿跳起,分腿落地,再由分腿跳起,并腿落地。

技术要点:分腿屈膝蹲时,两脚自然外开,膝关节沿脚尖方向屈,夹角不小于 90°,脚跟落地。

③ 并腿跳。

动作描述:两腿并拢跳起。

技术要点:落地缓冲有控制。

2. 上肢动作

做动作时加入不同的手臂动作就会使动作变得丰富多彩,或改变动作的强度和难度。如手臂在肩以上的动作强度就大于手臂在肩以下的动作强度;手臂动作变化多的一组动作就难于手臂动作变化少的动作组合。另外,健美操的手臂动作除了自然摆动和一些舞蹈动作外,主要是模仿上肢力量练习的一些动作。这样做既美观,又使练习更加有效。

健美操步法-
抬腿类

(1) 常用手形。

掌形：五指伸直并拢(见图4-2-27)。

拳形：握拳，拇指在外，压在食指弯曲部位(见图4-2-28)。

五指张开形：五指用力伸直张开(见图4-2-29)。

图 4-2-27　　　　　　　　图 4-2-28　　　　　　　　图 4-2-29

(2) 上肢动作。

举：臂伸直向某方向抬起。

屈臂：前臂与上臂角度不断减小。

伸臂：前臂与上臂角度不断增大。

屈臂摆动：屈肘在体侧自然地摆动，可依次和同时进行。

上提：直臂或屈臂由下至上提抬起，如屈臂前提、直臂侧提。

下拉：臂由上举或侧上举拉至身体两侧。

胸前推：立掌，臂由肩部向前推。

冲拳：屈臂握拳，由腰间猛力向前冲拳。

肩上推：立掌，屈臂由肩部向上推。

4.2.3　健美操选项课考核评价标准

1. 各学期成绩计算方法

详见附录A。

2. 健美操课程各测试项目及评分标准

(1) 体育专项考试项目和标准。

规定套路与徒手自编套路：根据规则及规程要求由各队自己创编的成套动作。自编套路的时间为 $2'10''\pm10''$ (从第一个可听见的声音开始，到最后一个声音结束，不包括提示音)。每队参赛人数为3~8人、性别不限。考试场地可为地板或地毯，清楚地标出 10m×10m 的比赛区域。标志带为5cm宽的醒目色带，标志带是场地的一部分。评分因素主要包括艺术分和完成分。

动作的力度：成套动作的力度、爆发力、肌肉耐久力。

动作的准确性：部位准确，技术规范，动作方向清楚，完美控制。开始与结束动作清晰明了。运动员的节奏感与动作的韵律性协调一致，完美体现动作的弹动与控制。

动作的熟练性：动作技术娴熟，轻松流畅。

动作的幅度：动作幅度要大，但要避免"过伸"动作和大幅度的反关节运动。

(2) 四项体能测试项目和标准。

男生：50m 跑、1000m 跑、立定跳远、引体向上。

女生：50m 跑、800m 跑、立定跳远、1min 仰卧起坐。

评分标准：严格执行教育部印发的《国家学生体质健康标准(2014年修订)》。

体能测试项目成绩：四单项平均得分。第一学期、第二学期、第三学期和第四学期，每项5分。

(3) 学生平时成绩和标准。

上课出勤率：请假、迟到、早退，一次扣1分，旷课一次扣2分；教师根据学生平时上课的表现评定学生的学习态度。

(4) 课外体育锻炼根据学校下发的文件来执行。

4.3 体育舞蹈

4.3.1 体育舞蹈概述

1. 体育舞蹈的概念

从体育舞蹈的起源和狭义的体育舞蹈概念来看，仅包括竞技舞厅舞的范畴。当体育舞蹈作为一项运动项目的集合来讲，随着社会发展的变化和舞蹈竞技的需求，它已经包含了越来越多的身体舞蹈项目。目前，在国际体育舞蹈组织的赛事中，竞赛的舞种主要包括体育舞蹈、摇滚舞、阿根廷探戈舞、萨尔萨舞、街舞、排舞等内容。这些项目教学训练的内容体系和参赛的具体形式都各自不同。而本书主要针对的是体育舞蹈的教学进行介绍。

体育舞蹈是一种由男女双人配合，在界定的音乐和节奏范围内，正确展示和运用身体技术与技巧，包括身体姿势的控制能力，动作力量的表现能力，地板空间的应用能力等能突显舞蹈质感的动作，并结合艺术表现力来完成的具有规范性和程序性的运动项目。

对体育舞蹈进行剖析，不难发现其具备以下特性：体育舞蹈的根本属性是竞技性，它的本质是舞蹈，体育舞蹈是运用具有舞蹈语言功能的舞蹈组合在表现不同民族、不同地域、不同风格的舞蹈竞技。具备舞蹈语言功能的舞蹈组合在体育舞蹈中体现为能传情达意的拉丁舞舞蹈组合；具有某种抽象美感的标准舞舞蹈组合；表现某种技巧的舞蹈组合。因而欣赏体育舞蹈既要符合舞蹈艺术规律，又要遵循竞技体育的竞赛原则，要从运动技术技巧和艺术表现两方面进行鉴赏。

在体育舞蹈的发展史上，体育舞蹈一直保持其观赏性、娱乐性和竞技性共同发展，才得以让体育舞蹈像常青树一样保持活力。

体育舞蹈是由属于文艺范畴的舞蹈演变而来的体育项目，它兼有艺术和体育的双重特点，是以竞赛为目的，具有自娱性和表演观赏性的竞技舞蹈。

2. 体育舞蹈的起源

舞蹈的起源还与体育的起源有着密不可分的关联。早在原始社会,原始舞蹈的出现一方面表达了人类的情感,另一方面也使人类无意识地锻炼了身体,增强了身体素质。"手之舞之,足之蹈之",其实,舞蹈就是一种人体的运动,没有人体动作和运动,舞蹈则不存在。舞蹈本应归属于体育,有其健身的价值,但舞蹈的主要目的是供人欣赏和娱乐,当舞蹈演变成体育竞技项目时,其"体育属性"才逐渐明朗起来。

简言之,舞蹈是一种动态性的人体非语言文化,它来源于生活,却又高于生活。在早期的民间舞蹈中经常出现男女青年成对跳舞的形式,这往往是他们求爱活动的一部分。体育舞蹈的意识形态和雏形,就是诞生于那个时期的部分民间舞蹈。所以,体育舞蹈起源于原始舞蹈,萌芽于民间舞蹈。初期的体育舞蹈与民族民间舞蹈联系密切,是伴随舞蹈的发展而逐渐发展起来的新兴的运动项目。

3. 体育舞蹈的发展

最新体育舞蹈史学研究成果表明,体育舞蹈起源于原始舞蹈,成形于民间舞蹈,并经历宫廷舞——舞厅舞——国际标准交际舞几个发展过程。民间舞蹈的种类较多,从史学资料得知,早期的宫廷与民间社会同时传承着民间舞蹈的内容。当一部分民间舞蹈被引入宫廷,成为贵族喜爱的宫廷舞时;民间舞蹈的另一部分却没有经历宫廷,只是通过民间社会自身的不断演化最终被带入社会舞场,成为一种舞厅舞。例如,拉丁舞系列就没有经历宫廷舞,而是直接由民间舞蹈不断完善后发展而来。因而,在宫廷盛行体育舞蹈内容的同时,社会舞场也并行发展着体育舞蹈的内容,宫廷与社会两个平台同步推动着现代体育舞蹈的发展。

4.3.2 体育舞蹈之拉丁舞基本技术

1. 拉丁舞基本站姿

(1) 基本站姿。

两脚合并站立,脚尖略打开,双膝伸直内侧夹紧,骨盆关闭,臀部内收;两脚踩住地板,同时脊椎拉长,头顶向上。这时要反复强调对身体部位的力量使用。如脚和小腿向下,大腿向上撑住骨盆,肋骨内收,肩部向下,颈部和头部向上。

(2) 两脚合并垂直站立。

脚跟并紧,脚尖略打开,将身体重心放在单脚,这只脚被称为主力脚,而另一只动力脚用脚尖内侧点住地板。这时骨盆打开八分之一,动力脚的膝部向内收至中间线。

(3) 主力脚、动力脚重心位置的站姿。

主要站姿如下。

① 左、右动力脚在前点地,脚尖外侧着地(见图4-3-1和图4-3-2)。

② 左、右动力脚在旁点地,脚尖中间着地(见图4-3-3和图4-3-4)。

③ 左、右动力脚在后点地,脚尖内侧着地(见图4-3-5和图4-3-6)。

练习方法如下。

由自然站立状态向预备舞姿（拉丁舞基本站立姿态）转换，反复多次练习。

图 4-3-1　　　　　　　　　　图 4-3-2

图 4-3-3　　　　　　　　　　图 4-3-4

图 4-3-5　　　　　　　　　　图 4-3-6

注意事项如下。

长期练习这些动作，可以培养学生正确的舞蹈习惯、漂亮的舞蹈姿态和线条。在跳每个基本步伐时都应该认真检查学生的脚位。两腿尽量拉长，并保持一直、一斜两条线，同时主力脚始终保持稍稍向外打开。

2. 拉丁舞身体位置

(1) 闭式位置（见图 4-3-7 和图 4-3-8）。

男女相距约15cm,且女方略靠男士的右侧。重心可以落在任一脚,女方重心脚通常与男方相反。男方的右手放在女方背后至女方左肩脚之下半部。其手肘的高度约与女方的胸部相齐。女方的左臂则顺此曲线轻轻地靠在男方右臂的上方,而左手也轻轻置于男方的右肩之上。

图　4-3-7

图　4-3-8

男方左臂与右臂高度相互平齐,左前臂上举。左手腕平直,手心约在鼻子的高度;并以左手握女方右手,其相握的位置,约在两人身体相距的中心点。

（2）分式位置（见图4-3-9和图4-3-10）。

图　4-3-9

图　4-3-10

分式位置的握手方法为,男女分开约一个手臂的距离,重心落在任一脚,女方的重心落点与男方相反。双脚正确的位置因进行不同的舞步而有所不同。

当男女的手相握时,相握的手臂趋前互握,但略为回收弯曲,双手位置略低于胸骨。另一双不握的手向外侧伸出并略微下收弯曲,与肩膀呈一柔和曲线。

（3）扇形位置（见图4-3-11和图4-3-12）。

女方在男方的左侧相隔一个手臂的距离,女方的身体与男方的身体呈直角形排列,而女方左脚向后踏出一整步,重心落在左脚上。男方右脚向侧并稍微向前跨出,重心落在右脚。女方的右脚向前投射一条假想的虚线,约在男方身体前方的15cm处。

处于扇形位置时,男方的左手掌心向上,女方的掌心向下。男方的左手在女方之下并以大拇指扣住女方的手背。女方向前伸出的右手稍微下收弯曲到比肩膀略低一些的高度。女方的左手和男方的右手则向外伸出并略微下收弯曲,与肩膀成一柔和曲线。

图　4-3-11

图　4-3-12

（4）分式并退位置（见图 4-3-13）。

男方左手握女方的右手；男方向右、女方向左各转 1/4 圈后，男方右脚、女方左脚向后各踏一步；男方的左手、女方的右手向前推出且略向下收，两手的位置稍低于其胸骨；男方的右手和女方左手则向外侧伸出，与肩同高。

男方右手握女方左手的分式并退位置，必须男方向左、女方向右各转 1/4 圈后，男方左脚和女方右脚向后各踏一步。而男女的手臂位置与男方左手握住女方的分式并退位置相反。

图　4-3-13

（5）侧行位置（见图 4-3-14 和图 4-3-15）。

图　4-3-14

图　4-3-15

男女双方各向外转 1/8 圈（男向左、女向右）后，男方左手和女方右手向下压到略低于肩膀的位置，最多只能男方向左转 1/4 圈，女方向右转 1/4 圈。

若双方的臂部相靠或离得很近（如侧行桑巴走步），此时男方的右手和女方的左手会有所改变，男方的右手会滑到女方的右肩胛的下方，而女方的左手臂会轻放在男方的背脊处，约在其肩胛的高度。

（6）开式反向侧行位置（见图 4-3-16）。

开式反向侧行位置也叫作 Open CPP。女方立于男方左侧，男方的身体左侧与女方的身体右侧相对，两人的另一侧身体向外稍打开，双方的位置关系成 V 形。男方的右侧方向是舞伴双方下一动作的前进方向。

舞伴双方之间的距离视具体动作要求而定。

手部配合动作可握持、可分离。

（7）右侧肩并肩位（见图 4-3-17）。

舞伴双方面向同一方向，女方站立于男方右侧。

手部动作根据具体舞步动作要求进行配合。

图 4-3-16　　　　　　　　　　　图 4-3-17

（8）左侧肩并肩位。

舞伴双方面向同一方向，女方站立于男方左侧。

手部动作根据具体舞步动作要求进行配合。

（9）影子位（见图 4-3-18 和图 4-3-19）。

图 4-3-18　　　　　　　　　　　图 4-3-19

影子位多见右侧影子位。

舞伴双方面向同一方向，女方站立于男方右侧稍前位置。男方右手放于女方右肩胛骨稍下方位置，男方左手托住女方左手、左手腕或左小臂。

双手不接触的影子位也是可以的。

（10）串联位（见图 4-3-20 和图 4-3-21）。

舞伴双方面向同一方向，女方站立于男方正前方，两人身体位置形成重叠关系。

3. 基本技术动作

（1）伦巴舞的基本技术。

伦巴舞(rumba)是拉丁舞的项目之一。节奏为4/4拍,每分钟27～29小节。每小节四拍。舞步具有舒展优美,婀娜多姿,柔媚抒情的风格。其产生与西班牙和非洲的舞蹈有密切关系,后在古巴得到发展。

图 4-3-20　　　　　　　　　　　图 4-3-21

原地律动(见图4-3-22);移动步(见图4-3-23);方形步(见图4-3-24);前进与后退步(见图4-3-25);纽约步(见图4-3-26);定点转(见图4-3-27);手对手(见图4-3-28)。

图 4-3-22　　　图 4-3-23　　　图 4-3-24　　　图 4-3-25

图 4-3-26　　　图 4-3-27　　　图 4-3-28

（2）恰恰舞的基本技术。

恰恰舞(cha-cha-cha)是拉丁舞的项目之一。节奏为 4/4 拍,每分钟 30~32 小节。每小节四拍。舞步热情奔放,舞步花哨利落,步频较快,诙谐风趣,源于非洲,后传入拉丁美洲,在古巴得到发展。

原地律动(见图 4-3-29);移动步(见图 4-3-30);方形步(见图 4-3-31);前进与后退(见图 4-3-32);纽约步(见图 4-3-33);定点转(见图 4-3-34);手对手(见图 4-3-35)。

标注:伦巴节奏 one two three four;
　　　恰恰节奏 one two three & &,& 为半拍。

图 4-3-29　　　　图 4-3-30　　　　图 4-3-31　　　　图 4-3-32

图 4-3-33　　　　　图 4-3-34　　　　　图 4-3-35

4.3.3　体育舞蹈选项课考核评价标准

1. 各学期成绩计算方法

详见附录 A。

2. 体育舞蹈课程各测试项目及评分标准

(1) 体育舞蹈专项考试项目和标准如表 4-3-1 所示。

(2) 四项体能测试项目和标准。

男生:50m 跑、1000m 跑、立定跳远、引体向上。

女生:50m 跑、800m 跑、立定跳远、1min 仰卧起坐。

评分标准:严格执行教育部印发的《国家学生体质健康标准(2014 年修订)》。

体能测试项目成绩:四单项平均得分。第一学期,每项 10 分,第二学期、第三学期和第四学期,每项 5 分。

表 4-3-1 体育舞蹈专项考试项目和标准表

分 值	标 准
90~100	技术动作规范,动作正确优美,幅度大,力度强,协调性好,节奏感强,并有一定的艺术表现力
80~89	技术动作规范,幅度大,力度、协调性、音乐节奏感强,但熟练性较差,艺术表现力一般
70~79	技术动作规范,但不流畅,幅度、力度、音乐节奏感欠佳,艺术表现力较差
60~69	能独立完成动作,但不熟练,质量不好,协调性、节奏感较差,无艺术表现力
59 分以下	不能完成整套动作,动作严重走样

(3) 学生平时成绩和标准。

上课出勤率:请假、迟到、早退,一次扣 1 分,旷课一次扣 2 分;教师根据学生平时上课的表现评定学生的学习态度。

(4) 课外体育锻炼根据学校下发的文件来执行。

4.4 形 体 训 练

4.4.1 形体训练概述

形体训练是一项比较优美、高雅的健身项目,主要通过舒展、优美的舞蹈基础练习(以芭蕾为基础),结合古典舞、身韵、民族民间舞蹈进行综合训练,可塑造人们优美的体态,培养高雅的气质,纠正生活中不正确的姿态。可以说它是所有运动项目的基础。形体训练起源于芭蕾、舞蹈、体操的基本功训练。它具有高度艺术性、健身娱乐性、广泛适用性、锻炼时效性等特点。

形体训练既是一种运动又是一种音乐欣赏,它将人对音乐的理解用肢体的形式展现出来。在身体力行的实践中融入自己对音乐的理解与鉴赏,通过对承载着各民族、各时代的人类文化的音乐的理解与鉴赏,不自觉地学习各民族、各时代的风土人情与人文地理。学生健康的体态美与内心充实的情感世界在形体舞蹈中获得统一,这是"在玩中学"的最好注解,是单纯的音乐课和单纯的体育课无法达到的。

总之,形体训练能够充分调动积极性,培养端庄、高贵的气质,提高艺术修养,为学生在今后激烈的社会竞争中立足打下基础。

4.4.2 形体训练基本技术

1. 正步位站立

双脚脚跟与脚尖并拢,两腿伸直并拢,两腿肌肉收紧并上提;收腹,提气,挺胸,收臀;立腰背,两肩要平,放松,并向下沉压,臂自然下垂并适当向下伸;头要正,下颌微收,头向上顶,两眼平视前方,保持挺拔姿势(见图 4-4-1)。

2. 小八字位站立

在正步位站立的基础上,脚尖向外打开 45°,脚趾、脚跟、脚掌平铺于地面并稳定重心,双腿内侧夹紧,提胯、立腰、收腹,肩胛骨自然向外展开,脖子直立,头顶向上,双手自然下垂于身体两侧(见图 4-4-2)。

图 4-4-1

图 4-4-2

3. 站立姿势的练习方法

(1)靠墙站立练习。按照基本站立姿势的要求,脚跟、小腿肚、臀部、肩背、后脑勺靠着墙进行站立练习,使身体挺拔(见图 4-4-3)。

(2)提踵站立练习。两腿伸直并拢,两脚跟向上提起,两脚的前脚掌着地,腿部肌肉收缩上提,两手自然放于体侧,保持基本站立姿势(见图 4-4-4)。

4. 手的基本形态与位置

(1)手的基本形态。大拇指与中指相对(初学时可以大拇指到中指指根的位置防止大指向外),食指微翘,无名指、小指与中指靠拢,手指不要过于绷直,保持放松状态(见图 4-4-5)。

(2)手的基本位置。

一位手的做法:双手放于大腿前侧,小指不要紧贴腿,手臂自然弯曲呈圆形,手心向上,指尖相对,距离约 10cm,保持身体的基本形态(见图 4-4-6)。

手的基本位置

二位手的做法:在一位手的基础上,食指主动抬起,手心对着胃的正前方,保持手形及手臂的形态(见图 4-4-7)。

三位手的做法:在二位手的基础上,食指主动抬起到额头斜上方的位置,手心对着额头,同时保持手形及手臂的形态(见图 4-4-8)。

四位手的做法:在三位手的基础上,左手保持不动,右手从面前切至二位手的位置,保持手形及手臂的形态(见图 4-4-9)。

图 4-4-3

图 4-4-4

图 4-4-5

图 4-4-6

图 4-4-7

图 4-4-8

图 4-4-9

五位手的做法：在四位手的基础上，左手继续保持不动，右手在二位的位置上向旁打开，注意向旁打开后大臂不要高于肩膀，同时保持手形及手臂的形态（见图 4-4-10）。

六位手的做法：在五位手的基础上，右手保持不动，左手从面前切至二位手的位置，保持手形及手臂的形态（见图 4-4-11）。

七位手的做法：在六位手的基础上，右手继续保持不动，左手在二位的位置上向旁打开，同样注意向旁打开后大臂不要高于肩膀，同时保持手形及手臂的形态（见图 4-4-12）。

图 4-4-10　　　　　　图 4-4-11　　　　　　图 4-4-12

5. 脚的基本形态与位置

（1）一位脚。

脚的基本形态和位置

做法：在正步的基础上以脚后跟为轴心，从髋关节开始，两脚脚尖向外打开呈"一"字形状，注意两只脚不要向里倒脚，保持脚尖、脚掌与脚后跟平铺于地面（见图 4-4-13）。

（2）二位脚。

做法：在一位脚的基础上，一只脚保持不动，另一只脚向旁打开至一横脚的距离（见图 4-4-14）。

图 4-4-13　　　　　　图 4-4-14

（3）三位脚。

做法：一脚脚跟贴于另一脚的脚踝前（见图 4-4-15）。

（4）四位脚。

做法：在三位脚的基础上，前脚向前迈出一竖脚的距离，同时保持脚尖的外开（见图 4-4-16）。

图 4-4-15　　　　　　　　　图 4-4-16

（5）五位脚。

做法：一只脚保持在一位脚的位置上，另一只脚的脚后跟放在这只脚的脚尖位置，保持双脚紧贴（见图 4-4-17）。

6. 地面练习

（1）勾、绷脚练习。

训练特点：简单的勾、绷脚训练，可有效地活动脚趾、脚掌与脚腕。

训练目的：通过勾、绷脚训练，区分勾脚与绷脚的区别，为日后脚下的训练奠定基础。

勾、绷脚的坐姿准备：绷脚背，由脚背带动，脚掌向前推，脚趾保持不动，膝盖绷直，两腿内侧肌夹紧（见图 4-4-18）。

图 4-4-17

腕：勾脚脚趾尖继续向上带动勾起，脚后跟向远处蹬出去，保持膝盖的紧绷状态（见图 4-4-19）。

脚腕的环动：即两脚从关节开始到脚趾尖同时最大幅度地向外旋转（见图 4-4-20）。

（2）压腿练习。

预备姿势：双腿并拢，绷脚；上身保持直立，手臂三位。

1～4拍：上身向前压腿，手臂前伸，胸尽量贴腿（见图 4-4-21）。5～8拍：上身抬起，直立（见图 4-4-22）。

1～4拍：双腿两侧分开，右臂上举向左侧，向左侧腰（见图 4-4-23）。5～8拍：上身抬起，直立（见图 4-4-24）。

1～4拍：左小腿收回，右腿伸直，右臂上举，向后下腰（见图 4-4-25）。5～8拍：上身抬起，直立（见图 4-4-26）。

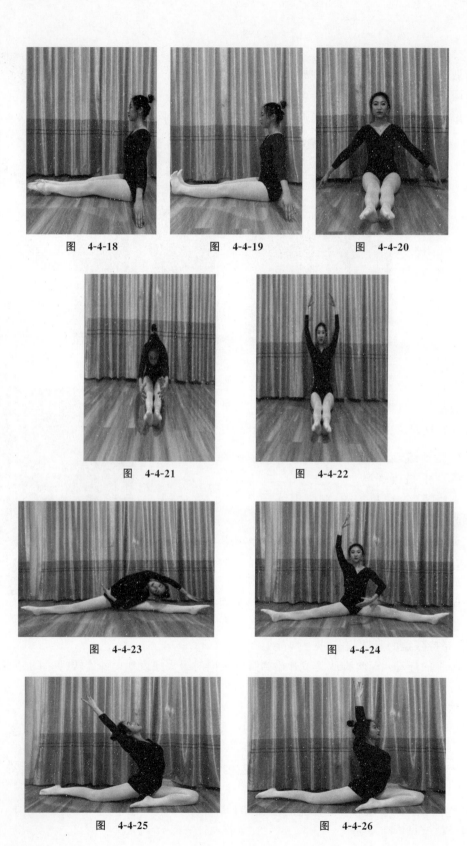

图 4-4-18　　　　　图 4-4-19　　　　　图 4-4-20

图 4-4-21　　　　　图 4-4-22

图 4-4-23　　　　　图 4-4-24

图 4-4-25　　　　　图 4-4-26

(3) 踢腿练习。

预备姿势：仰卧，双腿并拢，绷脚伸直，双臂贴于身体两侧，手掌自然放松(见图4-4-27)。

1～4拍：右腿伸直，左腿用力向上踢起(见图4-4-28)。5～8拍：左腿轻轻落下，回到预备姿势(见图4-4-27)。

在相同要求下踢右腿。接着左臂平伸，掌心朝下，头枕在左臂上，右臂置于胸前，掌心朝下扶地板。

图 4-4-27

图 4-4-28

1～4拍：右腿伸直，绷脚，朝耳朵方向踢起(见图4-4-29)。5～8拍：右腿轻轻落下，回原位(见图4-4-30)。在相同要求下踢左腿。

图 4-4-29

图 4-4-30

接着1～4拍：跪立，向后踢左腿，踢腿时要抬头，尽量向高踢(见图4-4-31)。5～8拍：左腿轻轻落下，回原位(见图4-4-32)。在相同要求下踢右腿后结束。

图 4-4-31

图 4-4-32

4.4.3 形体训练选项课考核评价标准

1. 各学期成绩计算方法

详见附录 A。

2. 形体训练课程考核标准

(1) 形体训练课程评分标准。

形体训练课程评分标准如表 4-4-1 所示。

表 4-4-1 形体训练课程评分标准

分 值	标 准
90~100	技术动作规范,动作正确、优美,幅度大,力度强,协调性好,节奏感强,并有一定的艺术表现力
80~89	技术动作规范,幅度大,力度、协调性、节奏感强,但熟练性较差,艺术表现力一般
70~79	技术动作规范,但不流畅,幅度、力度、节奏感欠佳,艺术表现力较差
60~69	能独立完成动作,但不熟练,质量不好,协调性、节奏感较差,无艺术表现力
59 分以下	不能完成整套动作,动作严重走样

(2) 四项体能测试项目和标准。

男生:50m 跑、1000m 跑、立定跳远、引体向上。

女生:50m 跑、800m 跑、立定跳远、1min 仰卧起坐。

评分标准:严格执行教育部印发的《国家学生体质健康标准(2014 年修订)》。

体能测试项目成绩:四单项平均得分。第一学期、第二学期、第三学期和第四学期,每项 5 分。

(3) 学生平时成绩和标准。

上课出勤率:请假、迟到、早退,一次扣 1 分,旷课一次扣 2 分;教师根据学生平时上课的表现评定学生的学习态度。

(4) 课外体育锻炼根据学校下发的文件来执行。

第5章 武术运动——兼修文武 弘扬国粹

5.1 武术基本功

武术作为中国传统体育的主要项目,在其长期的发展过程中形成了一套独特的体系,其中基本功是主要的练习手段。基本功的内容比较丰富,本节只介绍一些简单的基本功。通过基本功的练习,促使身体各部位的全面锻炼,较快地提高学生的身体素质。

5.1.1 基本手型

拳:四指并拢由指尖向下卷握,大拇指放于食指与中指的第二指节处。
掌:四指并拢并伸直,大拇指弯曲紧扣于虎口处。
勾:腕关节弯曲,五指的第一指节自然相捏。

基本手型

5.1.2 基本手法

武术的手法较多,本节列举冲拳、架拳、推掌、亮掌4个动作。

基本手法

1. 冲拳

冲拳分为平拳和立拳两种。平拳的拳心向下,立拳的拳眼向上。

两脚左右开立,与肩同宽,脚尖向前,两拳抱于腰间,拳心向上,肘尖向后,挺胸收腹,立腰,目视前方。右拳从腰间向前冲出,拧腰顺肩,在肘关节过腰时,右前臂内旋。力达拳面,臂伸直与肩平。同时左肘向后牵拉。在冲拳练习时可左右交替进行。

2. 架拳

两脚左右开立,与肩同宽,脚尖向前,两拳抱于腰间,拳心向上,肘尖向后,挺胸收腹,立腰,目视前方。右拳向下、向左、向上经头前向右上方划弧,同时前臂内旋架起,拳眼向左斜下方,目视左方。在架拳练习时可左右交替进行。

3. 推掌

两脚左右开立,与肩同宽,脚尖向前,两拳抱于腰间,拳心向上,肘尖向后,挺胸收腹,立腰,目视前方。右拳变掌,右掌根为着力点迅速向前推出,臂伸直与肩平。推出时要拧腰顺肩,同时左肘向后牵拉。在推掌练习时可左右交替进行。

4. 亮掌

两脚左右开立,与肩同宽,双手抱拳于腰间。右手上举至左肩成立掌,然后在体前沿逆时针方向摆至头右上方时迅速抖腕翻掌,臂微屈,掌心斜向上方,掌指向左。头向左盼,目视左方。亮掌是掌臂自下摆至上,抖腕翻掌成亮架势的掌法。

5.1.3 基本步型

1. 弓步

两脚前后开立,前腿屈膝,大腿成水平或接近水平,后腿蹬直,脚尖内扣,上体正对前方。眼平视前方。前腿要如弓箭之弓一样绷上劲,后腿如箭一般挺直。左脚前弓为左弓步,右脚前弓为右弓步。

2. 马步

两脚平行开立,脚掌贴地,脚尖稍内扣,屈膝下蹲至两大腿水平。两脚间距为本人3个脚掌长度。

3. 仆步

两脚左右开立,一腿全蹲,大小腿贴紧,全脚掌着地,膝与脚尖外展约45°;另一腿伸直,脚尖内扣;挺胸塌腰,身体正直或前倾。左脚仆直为左仆步,右腿仆直为右仆步。

4. 虚步

两脚前后开立,后脚外展45°,屈膝坐蹲,其大小腿夹角略大于90°;前脚面绷直稍内扣,虚点地面,膝微屈,重心落在后腿上;挺胸塌腰,眼向前平视。左脚在前为左虚步,右脚在前为右虚步。

5. 歇步

两腿前后站立,屈膝全蹲,前脚全掌着地,脚尖外展;后脚前掌着地,大小腿重叠。臀部坐于后小腿接近脚跟处。左脚在前为左歇步,右脚在前为右歇步。

6. 丁步

两腿屈膝半蹲,一脚全掌踏地,另一脚悬提,脚面悬直向下,脚尖虚点于另一脚的内侧。左脚尖点地为左丁步,右脚尖点地为右丁步。

5.1.4 基本步法

武术的步法较多,这里仅介绍击步、上步、跟步和撤步4种。

1. 击步

并步叉腰,左脚向左侧直腿点地。左转体,身体前倾,右脚提离地面,左脚随即蹬地向前上跳起,右脚迅速以脚内侧在空中碰击左脚跟。碰击后右脚先落地,左脚再前落或侧点步。右势动作相同,方向相反。

2. 上步

一脚向前一步或半步后成一定步型。

3. 跟步

一脚向前上一步,另一脚随后跟上半步或一步,落在前脚后面。

4. 撤步

一脚向后退半步或一步,另一脚随之向后撤半步或一步,停落在后脚前。

5.1.5 基本腿法

武术的腿法较多,这里仅介绍正踢腿、侧踢腿、外摆腿和里合腿 4 种。

基本腿法

1. 正踢腿

预备姿势:并步站立,两臂侧平举,两手为掌,指尖向上,目视前方。

动作要领:并步站立,两臂侧平举。左脚上步直立,右腿挺膝,脚尖勾起向前额处猛踢;双目向前平视。

动作要点:挺胸、收腹、立腰。踢腿时,迅速收髋、收腹,脚尖勾起绷落,过腰后动作加快,要有寸劲。

2. 侧踢腿

预备姿势:同正踢腿。

动作要领:右脚上步,脚尖外展;左脚跟稍提起,身体略右转,两臂后举。随后,左腿勾脚向左耳际踢起,右臂上举亮掌,左臂立于右肩前;双目向前平视。

动作要点:开髋、侧身、猛收腹。

3. 外摆腿

预备姿势:同正踢腿。

动作要领:右脚上步;左脚尖勾紧,向右侧上方踢起,经面前向左侧上方摆动,直腿落在右脚旁;双目向前平视,可用掌在面前依次迎击脚面。

动作要点:展髋,腿成扇形外摆,幅度要大。

4. 里合腿

预备姿势:同正踢腿。

动作要领:同外摆腿,但由外向内合。

5.1.6 柔韧性练习

武术的柔韧性练习较多,这里仅介绍压肩、正压腿、侧压腿和后压腿 4 种。

1. 压肩

练习者面对肋木两脚开立。双手抓握肋木,手臂伸直,上体前俯并做下振动作;背对肋木,双臂内旋后伸,手心向上抓握肋木,然后屈膝向下,向前拉压。

2. 正压腿

并步站立。左脚跟搁在肋木上,脚尖勾紧,上体向前下做振压动作。

3. 侧压腿

左脚跟放在肋木上,脚尖勾紧,右臂上举,左掌附于右胸前,上体向左侧压振。

4. 后压腿

左脚背放在肋木上,脚面绷直。上体后屈并做振压动作。

5.1.7 平衡练习

武术的平衡练习较多,这里仅介绍提膝平衡和燕式平衡两种。

1. 提膝平衡

一腿直立支撑,另一腿屈膝向前上提,膝高过腰,小腿内扣斜垂,脚面绷直。

2. 燕式平衡

上身前俯约90°,一腿直立支撑重心。另一腿向后上伸举,脚面绷直,高过臀部。抬头挺胸,双臂侧平举或成燕翅形。

5.2 太 极 拳

5.2.1 太极拳运动概述

"太",大也,有最大、最高之意;"极",至也,是开始或顶点。"太极"是指宇宙最原始的秩序状态,出现于阴阳未分的混沌时期之后,而后形成宇宙的本源,是本土道家文化中的一个重要概念,最早出现于《庄子》:"大道,在太极之上而不为高;在六极之下而不为深;先天地而不为久;长于上古而不为老"。后见于《易传》:"易有太极,是生两仪。两仪生四象,四象生八卦。"太极阴阳学说是古人对宇宙世界的辩证认识观。

由上可知,"太极"一词历史悠远,但用"太极"来命名一项拳术——"太极拳",其具体产生时间至今仍是一个谜,据考证约起源于明末清初,由河南温县乡兵守备武术家陈王廷所创,距今有三四百年的历史。早期的太极拳吸取了众多拳法的精华,特别是明代抗倭将领戚继光所整理的《拳经三十二式》,动作幅度大,难度大,采用螺旋、缠绕手法并有很多"发劲、跳跃、震脚"等动作,具有一定的实战性。随着火器的出现,冷兵器逐渐退出历史舞台,传统太极拳的发展也逐步演变为一种具有中国智慧的养生拳种。随着时间的推移,传统太极拳产生了众多风格独特的流派体系,目前较为流行的主要有陈式、杨式、孙式、吴式、武式,其中杨式太极拳以其动作舒展大方、速度连绵均匀、姿势中正安舒等独特风格成为目前流行最广泛的太极拳流派之一。太极拳的运动形式有"掤、捋、挤、按、采、挒、肘、靠、进、退、顾、盼、定",又被称作"太极十三势",早期还将太极拳称为"长拳""绵拳""软手"等。

现代太极拳是国家为了规范和普及太极拳运动,组织有关专家在传统太极拳动作的基础上编写出太极拳简化套路和各式太极拳竞赛套路。简化套路基本上是在传统杨式太极拳动作的基础上整理编写并组织推广,最早的太极拳简化套路《简化太极拳》于1955年由国家体委组织当时的太极拳前辈创编推出,因为全套由24个动作组成,又被称为《二十四式太极拳》。简化后的太极拳套路精选出具有代表性的太极拳动作,既满足了普通人健身的需求,又避免了长时间烦琐的学习难度,使参与太极拳运动的人数增加,受益面更加广泛。在此简化太极拳套路推广成果的基础上,为了满足不同水平的大众对太极拳运动的不同要求,为了适应现代社会的短平快的生活节奏,国家体育总局武术运动管理中心于2000年前后又组织专家编写出更精炼的段位制太极拳,一段位(八式太极拳)、二段位(十六式太极拳),它们和三段位(二十四式太极拳)被统称为段位制太极拳中的初段位。

太极拳运动是中华传统武术大家庭中极具代表的项目之一,是中国传统文化中身体文化形式的杰出代表,它流传广泛,妇孺皆知,有着深厚的群众基础。太极拳各动作环环相扣,处处体现圆弧,从起势到收势势势相承,一气呵成,如同一个完整的圆,体现了中国传统的"和"文化;太极拳动作的刚柔相济、升降有序、虚虚实实、开开合合、含展结合、松紧相间、上下相随、一动无有不动的运动特性无不运用着中国传统的"阴阳辩证"法则,是中华民族辩证思维与武术、气功、导引术等技巧的完美结合,高度融合了中国传统哲学、力学、中医、美学和兵学,逐渐成为集健身、修身、防身于一体的现代体育运动项目。

5.2.2 简化太极拳的基本手型、步型和手法、步法、腿法、技法

1. 基本手型、步型

"型"意为"模型",指的是固定的基本姿势。

(1) 手型。

拳:四指并拢卷曲,拇指轻扣于食指第二指节处,手心涵虚,拳面要平。

掌:四指并拢,五指自然伸直,手心涵虚。

勾:五指第一指节捏拢,扣腕,使勾尖和勾顶分明。

(2) 步型。

马步:两脚自然平行,屈膝下蹲,膝关节不要超过脚尖。马步时两脚之间的距离大小依据动作的要求和个人的腿部力量进行调整,但基本要求不变。

弓步:左(右)脚向前跨一大步,脚尖向前,屈膝,膝关节不要超过脚尖;右(左)脚自然伸直,脚尖外展斜向前;两侧肩、胯向前,身体正向前;左右脚横向距离一胯左右,纵向距离依据腿部力量的大小调节(不能过大和过小);重心在前脚。

虚步:左(右)脚向前跨一小步,脚尖内侧点地向前,微屈膝;右(左)脚屈膝下蹲,脚尖外展斜向前;两侧肩、胯向前,身体正向前;左右脚横向距离10cm,纵向距离依据腿部力量的大小调节(不能过大和过小);重心在后脚。

丁步:两腿屈膝下蹲;左(右)脚踏实,支撑重心,右(左)脚脚尖虚点地贴于左(右)脚内侧足弓处。

侧弓步:左(右)脚向身体左(右)侧跨一大步,左脚尖外展向前,屈膝侧弓,膝关节不要超过脚尖;右(左)脚自然伸直,右脚尖内扣斜向前;两侧肩、胯向前,身体正向前;左右脚横向距离依据腿部力量的大小调节(不能过大和过小);重心在左(右)脚上。

仆步:两腿左右打开,一腿屈膝全蹲靠紧,脚尖外展;另一腿平铺伸直,脚尖内扣。

独立步:一腿自然伸直,膝微屈,五指抓地,支撑体重,另一腿提膝,大腿高于水平位,小腿自然下垂,脚尖斜向下。

平行步:两脚自然平行,脚尖正向前,两膝微屈。

2. 基本手法、步法、腿法、技法

"法"意为方法或方式,是动作的移动转换规律。

(1) 手法。

搬拳:右拳以肘关节为轴,屈肘由左肋间向右体前翻拳,拳眼向外,拳心斜向上。

贯拳：两拳经两侧由下向上内旋画弧至与两耳同高，拳眼斜向下。

推掌：掌心斜向下经耳侧，旋臂立掌平推出，力达掌根。

搂掌：掌从大腿内侧画弧至膝外侧，掌心向下，掌指朝前。

拦掌：掌从腹前向斜上画弧，立掌，掌指斜向上，掌心向异侧。

分掌：两掌胸前手腕交叉，两臂内旋经面前画弧左右分开，指尖向上高于耳平，掌心向外。

云掌：两掌依次经腹前、胸前、肩外侧立面画圆。

穿掌：侧掌指尖引领，沿手臂内侧和体前（掌心向内），转掌沿大腿内侧（掌心向外），力达指尖。

架掌：手臂内旋，掌从体前、体侧由下向上翻至头上方，掌心向上，手臂成弧线。

抱掌：两掌胸腹前合抱，掌心斜向对，大小如一篮球，手臂成弧线。

掤：大臂和前臂成弧形，由下向上举于胸前，掌心向内，力达前臂。

捋：两臂成弧形向斜前上，后经腹前向后斜上画弧，两掌心斜相对。

挤：一手臂呈弧形于胸前，另一手掌指斜向上轻扶于其腕内侧，然后两臂同时向前撑圆。

按：两掌心向下，平行收回，自胸前下按至腹前，掌指向前，然后掌指向斜上弧形推出，力达掌跟。

（2）步法。

上步：一腿支撑体重，另一腿经支撑腿内侧向前迈出，脚跟着地，移动重心逐渐过渡到全脚掌着地。

跟步：重心在前腿上，后脚向前跟进一步或半步，脚前掌轻轻着地。

退步：一腿支撑体重，另一腿经支撑腿内侧向后退一步，脚前掌先落地，平稳移动重心后逐渐变为全脚掌着地。

侧行步：一腿支撑，另一脚脚跟抬起向体侧横跨一步，脚前掌先落地，随着重心的移动慢慢变成全脚掌着地，两脚保持平行，开步比肩略宽，收步比肩略窄。

摆脚：一腿支撑体重，另一脚脚尖外摆斜向前，脚跟落地，随着重心的移动变为全脚掌着地。

扣脚：以脚跟为轴，脚尖向内旋转。

碾脚：以脚前掌为轴，脚跟外展。

（3）腿法。

蹬腿：一腿支撑，膝盖自然伸直（微曲），另一腿提膝上举，然后小腿慢慢伸直，勾脚尖，高不低于腰，力达脚跟。

分腿：一腿支撑，膝盖自然伸直（微曲），另一腿提膝上举，然后小腿慢慢伸直，绷住脚面，高不低于腰，力达脚尖。

（4）技法。

技法贯穿在太极拳运动的始终，当技法熟练之后，太极拳的动作表达自然而然上升到更高的阶段。

虚灵顶劲：太极拳运动讲究头要自然正直，头顶百会穴要有向上微微顶起的意念，这样做就能在练拳时精神贯注。

气沉丹田：这里的丹田一般指下丹田，位于任脉上的关元穴，在人体脐下三寸，是藏精之所在。练习太极拳时，要求用意识引导"细、匀、深、长、缓"的腹式呼吸，经气息直接运输到丹田，使得练拳时"宽胸实腹"，动作更加沉稳。呼吸和动作配合的一般原则是开吸合呼、升吸降呼、屈吸伸呼。

含胸拔背：含胸拔背是为了配合腹式呼吸，让气息顺畅地到达下丹田，含胸时胸廓要有向内虚涵之意，有含胸就会背拔，使背部肌肉自然下沉。

松腰敛臀：松腰可帮助气沉丹田，同时因为松腰，可以使得下盘活动更加灵活自如。敛臀要求臀部轻轻向内向上微收，配合松腰，帮助放松臀部和腰部的肌肉。

圆裆松胯：要求两胯撑圆，两膝微内敛，产生裆劲的同时保证下肢气血畅通，它又和"虚灵顶劲"相互呼应，保持身体的正直，上下气息贯通。圆裆松胯还可以保持下肢运动的灵活。

沉肩坠肘：放松脊背，肩膀下沉，肘关节勿外展，手臂遒劲，但不僵硬，使劲力贯穿到上肢。

舒指坐腕：手掌成自然手掌，掌心微含，力贯指尖；坐腕是动作定形时，手腕向手背方向用力。舒指坐腕是将"根在脚，发于腿，主宰于腰"的劲力，体现在手指上。

尾闾中正：太极拳运动讲究"中正安舒"，也就是要求"尾闾"与"脊柱"在一条直线上，处于中正状态，这样可以使下盘更为稳固，整套动作不偏不倚。

内宜鼓荡，外示安逸：内在的精神和情感活动要丰富多彩，精神贯注，但外展的表现要动作平稳，中正安舒。

运动如抽丝，迈步如猫行：太极拳动作遵循的原则是"轻、匀、缓、稳"，也就是说迈步像猫抓老鼠似的轻巧、灵活，手上动作像抽丝剥茧一般均匀而有章法。

5.2.3　八式太极拳（一段位）套路动作

八式太极拳

1. 预备

两脚并立（见图 5-2-1）。

图　5-2-1

2. 起势

开步平举（见图 5-2-2），屈膝下按（见图 5-2-3）。

图　5-2-2

图　5-2-3

3. 右左卷肱式

马步翻托掌(见图5-2-4),马步收掌(见图5-2-5),马步推掌(见图5-2-6)。左式同右式,只是方向相反。

图　5-2-4

图　5-2-5

图　5-2-6

4. 左右搂膝拗步

丁步托掌(见图5-2-7),上步落掌(见图5-2-8)。弓步搂推(见图5-2-9),后座翻掌(见图5-2-10)。右式同左式,只是方向相反。

5. 左右野马分鬃

丁步抱球(见图5-2-11),上步滚球(见图5-2-12),弓步分鬃(见图5-2-13),后座翻掌(见图5-2-14)。右式同左式,只是方向相反。

图 5-2-7　　　　　　　　图 5-2-8

图 5-2-9　　　　　　　　图 5-2-10

图 5-2-11　　　　　　　　图 5-2-12

图 5-2-13　　　　　　　　图 5-2-14

6. 左右云手

扣碾脚(开步)云手,收脚云手,开步云手(见图 5-2-15 和图 5-2-16),再云手一圈。右式同左式,只是方向相反。

图 5-2-15

图 5-2-16

7. 右左金鸡独立

两手下按(见图 5-2-17),提膝挑掌(见图 5-2-18)。左式同右式,只是方向相反。

图 5-2-17

图 5-2-18

8. 右左蹬脚

两手相合(见图 5-2-19),提膝抱掌(见图 5-2-20),蹬腿分掌(见图 5-2-21)。左式同右式,只是方向相反。

图 5-2-19

图 5-2-20

图 5-2-21

9. 右左揽雀尾

丁步抱球（见图 5-2-22），弓步掤（见图 5-2-23），步捋（弓步捋）（见图 5-2-24），后坐捋（见图 5-2-25），弓步挤（见图 5-2-26），按（弓步穿掌）（见图 5-2-27），后坐收掌（见图 5-2-28），翘脚下按（见图 5-2-29），弓步按推（见图 5-2-30）。左式同右式，只是方向相反。

图　5-2-22　　　　　　　　　　图　5-2-23

图　5-2-24　　　　　　　　　　图　5-2-25

图　5-2-26　　　　　　　　　　图　5-2-27

图　5-2-28　　　　　　　　　　图　5-2-29

图 5-2-30

10. 十字手

扣脚摆左手(见图 5-2-31),扣脚收手(见图 5-2-32),收脚抱掌(见图 5-2-33)。

图 5-2-31

图 5-2-32

11. 收势

直立翻掌(见图 5-2-34),并步还原同图 5-2-1。

图 5-2-33

图 5-2-34

5.2.4 十六式太极拳(二段位)套路动作

1. 预备

两脚并立。

2. 起势

开步平举,屈膝下按。

十六式太极拳

3. 左右野马分鬃
丁步抱球、上步滚球、弓步分鬃、后坐翻掌、丁步抱球、上步滚球、弓步分鬃。

4. 白鹤亮翅
跟步抱球、后坐挥掌、虚步亮掌。

5. 右左搂膝拗步
丁步托掌、上步落掌、弓步搂推、后坐翻掌,左搂膝拗步同右搂膝拗步,只是方向相反。

6. 进步搬拦捶
丁步披身捶、进步搬、进步拦、弓步捶。

7. 如封似闭
穿掌翻掌、收掌按掌、弓步按推。

8. 单鞭
转身收掌、丁步勾手、转身步推掌。

9. 手挥琵琶
跟步挥掌、后坐挑掌、虚步合肘。

10. 倒卷肱
虚步翻托掌、落脚尖收手、移重心推掌。左式同右式,只是动作相反。

11. 左右穿梭
转身抱球、上步滚球、弓步推架。左式同右式,只是动作相反。

12. 海底针
跟步提手、虚步插掌。

13. 闪通背
弓架推掌。

14. 云手
扣碾脚(开步)云手、收脚云手、开步云手、扣脚云手。

15. 右左揽雀尾
弓步掤,捋(弓步捋、后坐捋),弓步挤,按(弓步穿掌、后坐收掌、翘脚下按、弓步按推)。左式同右式,只是方向相反。

16. 十字手
扣脚摆手、扣脚收手、收脚抱掌。

17. 收势
直立翻掌、并步还原。

5.2.5 太极拳选项课考核评价标准

比赛场地规格:个人项目的场地长 14m,宽 8m,场地四周内沿有 5cm 宽的白色边线,周围至少有 2m 宽的安全区。集体项目比赛场地长 16m,宽 14m,场地四周内沿有 5cm 宽的白色边线,周围至少有 1m 宽的安全区。

1. 课程考核方式与成绩评定

(1) 考核类别：技术考试。

(2) 考核形式：期末小组统一考试。

2. 各学期成绩计算方法

详见附录 A。

3. 测试项目及评分标准

(1) 体育专项评判方法与标准。

段位制太极拳属于无难度的规定项目,一般从两方面进行评判,一是动作质量,主要是手型、步型的动作规格是否符合要求;二是演练水平,主要看手法、步法、腿法、技法等动作是否表达清晰,劲力是否充足顺达,手眼身法步配合是否协调。公共体育太极拳的考试标准基本按照这两方面进行技术评分,动作完成过程中的错误进行扣分,重复错误不重复扣分。

(2) 四项体能测试项目和标准。

男生：50m 跑、1000m 跑、立定跳远、引体向上。

女生：50m 跑、800m 跑、立定跳远、1min 仰卧起坐。

评分标准：严格执行教育部印发的《国家学生体质健康标准(2014 年修订)》。

体能测试项目成绩：四单项平均得分。第一学期、第二学期、第三学期和第四学期,每项 5 分。

(3) 学生平时成绩和标准。

上课出勤率：请假、迟到、早退,一次扣 1 分,旷课一次扣 2 分;教师根据学生平时上课的表现评定学生的学习态度。

(4) 课外体育锻炼根据学校下发的文件来执行。

5.3 健身气功

5.3.1 健身气功概述

中华民族历史悠久,文化积淀深厚,其表现形式也是丰富多彩的,在健身养生方面,无疑展现在民族传统体育运动项目——气功上。气功主要通过"三调"(调身、调息、调心)理论,自我主动地调节身心和谐有序、使之达到协调统一,进而潜移默化地使人体与大自然的规律相吻合,达到"天人合一"境界。

为了促进祖国传统健身功法健康科学地发展,丰富人们的日常生活并满足健康需求多样化的选择,推动全民健身运动蓬勃开展,"健身气功"孕育而生。2001 年 6 月,国家体育总局健身气功管理中心成立;2003 年 2 月,国家体育总局将"健身气功"确立为第 97 个体育运动项目。国家体育总局先后共推出 9 种适合大众健身的健身气功,它们分别是 2003 年推出的 4 种老功法——健身气功·易筋经、健身气功·五禽戏、健身气功·六字诀、健身气功·八段锦;2009 年推出的 5 种新功法——健身气功·十二段锦、健身气功·大舞、健身气功·导引养生功十二法、健身气功·马王堆导引术、健身气功·太极养生杖。

健身气功·八段锦是中国古代导引术中的一个重要组成部分,由 8 节动作组成,被比喻成"锦"(精美的织品),故名八段锦。因简便易学,深受人们的喜爱。它也是最早、最普及的、校园推广的健身气功项目。它是一套针对一定的脏腑调理、疾病治疗而设计的功法,每个动作对应着人体的特定脏器,对脏器具有良好的修复作用,同时每个动作又是相互关联的,具有综合性、全身性,经常进行单个或全套动作练习能起到健身保健作用。

八段锦功法特点:①柔和缓慢,圆活连贯;②松紧结合,动静相乘;③神与形合,气寓其中。

八段锦练习要领:①松静自然;②准确灵活;③练养相兼;④循序渐进。

在初学阶段,练习者首先要克服由于练功而给身体带来的不适,如肌肉关节酸痛、动作僵硬、紧张、手脚配合不协调、顾此失彼等。只有经过一段时间和数量的练习,才会做到姿势逐渐工整,方法逐步准确,动作的连贯性与控制能力得到提高,对动作要领的体会不断加深,对动作细节更加注意,等等。其次,要求练习者采取自然呼吸方法。待动作熟练后,逐步对呼吸提出要求,练习者可平时注意经常练习使用腹式呼吸方法,在掌握腹式呼吸方法后,再注意呼吸与动作进行配合,不可急于求成。最后,逐渐达到动作、呼吸、意念的有机结合。

良好的练功效果是在科学练功方法的指导下,随着时间和练习数量的积累而逐步达到的。因此,练习者不要"三天打鱼,两天晒网",应持之以恒,循序渐进,合理安排运动量。

健身气功·八段锦,是中华民族传统的健身养生功法之一,其内涵丰富,传统文化特征明显,在教学中不仅有"形"——技术动作的要求,还有"气"——动作和呼吸配合的需要,以及更深层的"神"——在意念指导下完成动作的必要,进行技术动作教学的同时需将涉及的传统中医基础理论和中华传统文化融入其中。

5.3.2 八段锦基本技术

1. 预备式

(1)理论讲解。

基本步型——马步。两脚平行略宽于肩,双腿微屈半蹲状态,圆裆松胯。

基本手型——掌。自然手掌,手指自然伸直展平,力贯指尖。

预备式主要是用于调整呼吸,气沉丹田,为练功做好准备。丹田——人体穴位之一,分上、中、下三丹田:上丹田为督脉印堂之处,又称"泥丸宫";中丹田为胸中膻中穴处,为宗气之所聚;下丹田为任脉关元穴,脐下三寸之处,为藏精之所。不特别指出时,丹田一般

八段锦

指下丹田。

（2）动作分解。

① 左脚开步：百会上顶，舌抵上腭，下颌微收，调整身体姿势在最佳状态，呼吸自然，心静神宁（见图 5-3-1）。

② 两手内旋：左脚开步约与肩同宽，脚尖正朝前，使肩井对涌泉（见图 5-3-2）。

③ 屈蹲外旋合抱：两臂向前合抱，与脐同高，掌心向内，两掌指间距约 10cm（见图 5-3-3）。

图　5-3-1

图　5-3-2

图　5-3-3

2. 第一式　两手托天理三焦

（1）理论讲解。

三焦是中医学名称，为六腑之一，主要功能为疏通水道与主持气化，具体指人体在胸腹之间的腔隙，胸膈以上为上焦，脐以上为中焦，脐以下为下焦。三焦好比五脏六腑所住的"房子"，就上焦而言，包括心、肺，中焦指脾、胃，下焦指肾、膀胱、大肠、小肠、肝、胆等脏腑。通过长期重复的练习，"两手托天理三焦"可以使体内三焦通畅、气血调和。

（2）动作分解。

① 两臂下落（见图 5-3-4）。

② 十指交叉向上（见图 5-3-5）。

图 5-3-4

图 5-3-5

③ 翻掌抬头(见图 5-3-6)。
④ 头回正上撑双臂,下落屈膝(见图 5-3-7)。
以上动作重复 3 次。

图 5-3-6

图 5-3-7

双掌上托时不可耸肩端肘;抬头要充分,而不是仅仅翻眼向上看;头回正时,两手还要有继续向上托掌之意,此时要求屏住呼吸停 3s 左右;松掌下落时脊柱要有节节放松的感觉;通过四肢带动躯干上拉下松运动,可以通畅三焦,对内脏器官起到气血重新调节分配的作用。

3. 第二式 左右开弓似射雕

(1)理论讲解。

基本步型之侧弓步:一腿屈膝前弓,膝部与脚尖大体上下相对;另一腿侧向开撑,自然伸直;开胯圆裆。

基本手型之爪:五指并拢,第一、第二指节弯曲(见图 5-3-8)。

基本手型之八字掌:三指并拢,第一、第二指节弯曲;食指、大拇指撑开成"八"字形。八字掌和爪的转换可以刺激手上的肺经和大肠经(见图 5-3-9)。

肺经:十二经脉之一,手三阴经之一,与手阳明大肠经相表里;经脉分布于胸前、上肢内侧前、拇指桡侧。

图 5-3-8　　　　　　　　　图 5-3-9

大肠经：十二经脉之一，手三阳经之一，与手太阴肺经相表里，经脉分布于食指、上肢外侧前、肩前、颈、颊、鼻旁。上接手太阴肺经于食指，下接足阳明胃经于鼻旁。

肺经走拇指的里面，大肠经走食指的外面，肺与大肠相表里，肺主气，司呼吸，朝百脉，故八字掌侧推，用力外展拇指和食指，有抻拉肺经和大肠经的作用，有助于畅通手太阴肺经和手阳明大肠经，起到益气养肺，润肠化结的作用。

（2）动作分解。

① 开左腿，两手交叉（见 5-3-10）。

② 马步左手八字掌右手爪（左手在外）（见图 5-3-11）。

图 5-3-10　　　　　　　　　图 5-3-11

③ 右侧弓步分掌（见图 5-3-12）。

④ 收脚收手下落（见图 5-3-13）。

右式同左式，只是动作相反。

开右脚右手在外；侧拉弓时爪的五指要并拢屈紧，肩臂放平，展肩扩胸；随八字掌外撑，屈腕，竖指，转头鼻尖对指尖；根据自己腿部力量状况调整马步的高低，不可勉强，随着下肢力量的发展，可逐渐将马步放低。

图 5-3-12

图 5-3-13

4. 第三式 调理脾胃须单举

（1）理论讲解。

中医中的脾胃，是指脾经和胃经。

胃主受纳与腐熟水谷，《黄帝内经·素问·玉机真藏论》中说："五脏者，皆禀气于胃；胃者，五脏之本也。"胃虽有受纳与腐熟水谷的功能，但必须和脾的运化功能配合，才能使水谷化为精微，以化生气血津液，供养全身。

脾主运化，以升清为主，是指脾具有把水谷（饮食物）化为精微，并将精微物质转输至全身的生理功能，并通过心肺化生气血的作用，营养全身。脾在志为思、在液为涎、在窍为口，脾主身之肌肉。

脾胃五行属土，属于中焦，脾与胃互为表里关系。胃主受纳主降，脾主运化主升，共同承担着化生气血的重任，所以说脾胃同为"气血生化之源"，被称为"后天之本"。脾气升，则水谷之精微得以输布；胃气降，则水谷及其糟粕才得以下行。

（2）动作分解。

① 马步合抱（见图 5-3-14）。

② 上撑下按（见图 5-3-15）。

图 5-3-14

图 5-3-15

下落路径同上撑路径；右式同左式，只是动作相反；右上撑下按结束时，右手从前按掌下落。

一撑一按上下弧线对拉(静力牵张),可以牵动腹腔内的脾胃,对中焦肝胆也起到按摩作用;整体动作要求舒胸展体,拔长腰背脊,对脊柱内各椎骨间的小关节及小肌肉群进行运动调节,有利于预防和治疗颈肩疾病。

5. 第四式　五劳七伤往后瞧

(1) 理论讲解。

"五劳"指心、肝、脾、肺、肾五脏劳损。《黄帝内经·素问·宣明五气篇》曰:久视伤血,久卧伤气,久坐伤肉,久立伤骨,久行伤筋,是谓五劳所伤。

"七伤"指喜、怒、哀、乐、悲、恐、惊七情伤害。隋朝巢元方《诸病源候论》中有"大饱伤脾,大怒气逆伤肝,强力举重久坐湿地伤肾,形寒饮冷伤肺,形劳意损伤神,风雨寒暑伤形,恐惧不节伤志"。

大椎穴:位于背部,第一胸与第七颈椎棘突之间的凹陷处;本穴为手、足三阳经的阳气及督脉的阳气汇合而成,故为手足三阳及督脉之汇。

膏肓穴:膏肓穴是足太阳膀胱经的常用腧穴之一,位于背部 4 胸椎棘突下,旁开 3 寸;膏,膏脂、油脂也;肓,心脏与膈膜之间也;膏肓名意指膜中的脂类物质,因为隐藏较深,平时难以活动到。做"旋臂后瞧"动作时正好可以刺激到此重要穴位。

(2) 动作分解。

① 屈膝按掌(见图 5-3-16)。

② 旋臂后瞧(见图 5-3-17)。

图　5-3-16

图　5-3-17

右式同左式,只是动作相反。

旋臂时两肩后张、下沉,置于体侧,充分运动肩胛按摩膏肓穴,不要旋转过度到体后;转头时不能转体,头顶百会向上顶,不低头不仰面,目视斜下方。通过上肢伸展外旋扩张牵拉胸腔、腹腔内的脏腑;转头后瞧可刺激颈部大椎穴,通达阳脉,从而防治"五劳七伤"。

6. 第五式　摇头摆尾去心火

(1) 理论讲解。

尾闾:广义的尾闾指五节骶骨和四节尾骨的总称,狭义的尾闾专指尾骨。

心火：心居于上焦，心在五行中属火。《黄帝内经·素问·宣明五气篇》中说："心藏神、肺藏魄、肝藏魂、脾藏意、肾藏志。"亦称"五志"，因思虑过度、五志化火，或过食辛辣、温补之品，或因脏腑功能失调等，都会导致内火自生而引发心火。中医认为肾在五行中属水，只有壮腰强肾才能以水克火，调理心火。

该式动作通过两腿下蹲，旋动尾闾可以刺激脊柱和命门穴，可使居于下焦之肾水上升，能清养心火；摆头可以刺激大椎穴，大椎穴为六阳经的汇总点，可疏经泄热，解表通阳，从而去除心火。在这一摇一摆、一升一降中，可达到平衡阴阳、调理脏腑的作用。

（2）动作分解。

① 右脚开步举掌（见图 5-3-18）。

② 马步按掌（见图 5-3-19）。

③ 起身、右侧旋、前旋、左摇（见图 5-3-20）。

④ 摇头摆尾（见图 5-3-21）。

图　5-3-18

图　5-3-19

图　5-3-20

图　5-3-21

左式同右式，只是动作相反。

⑤ 起身（见图 5-3-22）。

⑥ 屈膝下按(见图 5-3-23)。

马步下蹲要圆裆松胯,上体中正;侧旋、前旋要以腰为轴,速度应柔和缓慢,动作圆活连贯;依据自身状况选择动作幅度的大小,循序渐进,切不可强求。

图　5-3-22

图　5-3-23

7. 第六式　两手攀足固肾腰

(1) 理论讲解。

腰阳关:位于脊柱第四与第五腰椎棘突之间的凹陷处,是人体活动承受最大着力之处,肾气、阳气至此最容易受到阻滞,也最容易产生腰椎间盘突出。

委中:位于腘横纹中点,是"四大总穴"之一,是足太阳膀胱经下行与足少阴肾经上行的交会处,故经常按揉委中对腰部的保健和痛症有效果。

肾脏被称为"先天元气之本",是人体重要脏器之一。肾主藏,可以说是身体的"能量库",人的生、长、壮、老、已的整个过程都与肾的功能有着直接的关系。

(2) 动作分解。

① 直立上举掌(见图 5-3-24)。

② 转掌相对下按、反穿掌摩运(见图 5-3-25)。

图　5-3-24

图　5-3-25

③ 攀足按掌抬头(见图 5-3-26)。

④ 抬臂上举(见图 5-3-27)。

图 5-3-26

图 5-3-27

本式重复做 3 遍。

上体不要主动前俯,两掌反穿摩运至臀部时再前俯;继续下摩运至两脚面时需按掌、抬头,引体向后,两臂前伸,指尖引领,举臂起身;通过上体前屈后引,可刺激整条脊柱及周边的经脉、穴位,还可以牵引按摩肾脏,达到固肾壮腰的作用。练习者可以根据自身状况调整向下摩运的动作幅度,但动作环节不可少。

8. 第七式　攒拳怒目增气力

(1) 理论讲解。

攒拳:又称握固,是将大拇指内扣于无名指(第四指)的根部,其余四指微曲,将大拇指握牢。握固对于人体的"精、气、神"具有固守的作用,久练攒拳,则气力倍增,所以是道家养生修炼常用的手法(见图 5-3-28)。

图 5-3-28

怒目:中医认为肝开窍于目,通过怒目瞪眼,可以刺激肝经系统,使肝血充盈,经脉得以涵养,从而强筋健骨;怒目还可以疏泄肝气,从而调和气血。一则养血,一则疏肝,保证了肝的正常生理功能。

肝在五脏中占有重要的地位,五行属木,主疏泄、藏血、情志,开窍于目,在体为筋,在志为怒,在液为泪。肝主疏泄的功能主要表现在调节精神情志,促进消化吸收,以及维持津液的正常运行 3 方面。

(2) 动作分解。

① 马步握固(见图 5-3-29)。

② 冲拳怒目、旋臂握固、收拳(见图 5-3-30)。

图 5-3-29　　　　　　　　图 5-3-30

右式同左式,只是动作相反。

马步时要有脚趾抓地的感觉,高低可依据个人的腿部力量适当调节;脚趾抓地和握固冲拳可以使全身肌肉、筋脉受到静力牵张刺激,长期锻炼可使全身筋肉结实,气力增加。

9. 第八式　背后七颠百病消

(1) 理论讲解。

百会穴:两耳上缘连线中点处,头顶正中,别名"三阳五会",意为手足三阳经及五脏六腑之气血皆交会于此穴位,它是百脉之会,因此可以通达全身。

七:"七者,天地四时人之始也。"——《汉书·律历志》。古人通过对月亮圆缺的观察,发现由半圆月至满月,由圆月至半圆月,时间分别是 7 天,由半圆月至月消失,由月消失至半圆月,也分别是 7 天,所以"七"代表轮回,并非终止,也预示着练习到健身气功八段锦的最后一个动作,这既是一次练习的结束,又是下一次练习的开始,只有周而复始地不断练习体悟,才能体会到健身气功八段锦的练习妙处及健身功效。

(2) 动作分解。

① 并步提踵百会上领(见图 5-3-31)。

② 颠足咬牙(见图 5-3-32)。

练习时要特别注意一起一落之间的一松一紧配合。起的时候"紧":两腿并拢,脚趾抓地,提肛收腹,两脚跟尽力提起,百会穴上顶,沉肩坠肘,掌握好平衡,目视前方,停顿约两秒。落的时候"松":两脚跟下落,放松肢体,轻震地面,同时沉肩舒臂,松腹舒腰坐胯,目视前方,此时要全身放松,上下牙齿轻轻咬合,以避免身体震动过大而产生不适感。

图　5-3-31　　　　　　　　　　　　图　5-3-32

10. 收势

（1）理论讲解。

左、右：中医以左为阳，以右为阴，男子以养阳为主，女子以养阴为主。

阴、阳：阴阳的概念源自中国古代人民的自然观，是一个简朴而博大的中国古代哲学，它代表一切事物最基本的对立关系。古人观察到自然界中各种对立又相联的大自然现象，如天地、日月、昼夜、寒暑、男女、上下等，便以哲学的思想方式归纳出"阴阳"概念。周易里的孔子所写的《易传》曰"一阴一阳谓之道"。

中医理论认为，人体生病是由于人体的阴阳失衡，治病的根本是帮助病人调节阴阳，使其达到阴阳平衡的过程，如果一个人阴阳平衡了，身体自然会健康。

（2）动作分解。

两臂内旋打开，外旋合手（男左女右）（见图5-3-33），收手下落（见图5-3-34）。

图　5-3-33　　　　　　　　　　　　图　5-3-34

两掌劳宫穴相叠置于下丹田处（男性左手在内，女性右手在内），气息归元，周身放松，气沉丹田，让身体逐渐恢复到练功前安静时的状态。

5.3.3　八段锦选项课考核评价标准

1. 课程考核方式与成绩评定

（1）考核类别：技术考试。

（2）考核形式：期末小组统一考试。

2. 各学期成绩计算方法

详见附录 A。

3. 测试项目及评分标准

（1）体育专项。

健身气功项目讲究动作和呼吸配合，要求肢体运动和意念相合，达到"身心合一"的境界，因此在动作路线准确的情况下，思想一定要和动作统一，因此不仅在动作质量上要求手型、步型、行动路线符合规范要求；而且要求呼吸和动作配合，意识指导动作路线等。公共体育健身气功——八段锦的考试标准基本按照这两方面进行技术评分，动作完成过程中的错误进行扣分，重复错误不重复扣分。

（2）四项体能测试项目和标准。

男生：50m 跑、1000m 跑、立定跳远、引体向上。

女生：50m 跑、800m 跑、立定跳远、1min 仰卧起坐。

评分标准：严格执行教育部印发的《国家学生体质健康标准（2014 年修订）》。

体能测试项目成绩：四单项平均得分。第一学期，第二学期、第三学期和第四学期，每项 5 分。

（3）学生平时成绩和标准。

上课出勤率：请假、迟到、早退，一次扣 1 分，旷课一次扣 2 分；教师根据学生平时上课的表现评定学生的学习态度。

（4）课外体育锻炼根据学校下发的文件来执行。

5.4　女子防身术

5.4.1　女子防身术概述

女子防身术是一项运用踢、打、摔、拿等武术技击方法，以制服对方，保护自己为目的的专门技术。防身术中的奇妙招法，实质上是中华武术的精华"集锦"。它把武术中各种适合实践应用的招法分离出来，经过摘编、加工、提炼、创造、完善，使其成为一种散招，并具备简单、实用、易记、易学的特点。它没有既定的套路，更没有比赛，只是广大女性的一种贴身防卫手段，不注重花哨，只求实用。

1. 自卫的首要前提——利用歹徒的无防范心理

一般来说，歹徒对女性通常是防备松懈的、不以为然的，男子要麻痹男子不容易，女子要麻痹男子却容易得多,这就为女性抗暴提供了一个可乘之机。女性在遭受骚扰或侵犯时,首要的措施就是利用歹徒的无防范心理,采取合适的方法以达到一招制敌。

2. 狠与不"手忍"

武术谚语中有"一狠、二毒、三功夫",狠排在第一位,女子防身术也强调一个"狠"字。女子防身抗暴中,对手是凶暴的歹徒,敌我力量相差悬殊,一击不中或中而无效,多数时候就没有机会了,后果不堪设想,所以"狠"是非常重要的。狠就是要全力地、准确地击中目标。手忍而下手不狠,就会导致一是失去时机,二是不狠。因此,要做到手狠,首先要做到心狠。武术讲究心意为先,手上要下多大力量,首先心中要下多大力量;手上要准确击中,首先心中要准(横向方位);手上要击打到位,首先心中要到位(纵向距离);手上要置敌于死地,首先心中要置敌于死地。然后就是必要的训练,手忍而不敢打人是一种先天性的本能习惯,必要的搏斗训练就能改变这种习惯,从而形成另一种后天的非本能的习惯,既不怕人打,也不惧怕打人。

3. 要害与打要害意识

女子抗暴,讲究"一招制敌"。要做到一招制敌,既要狠,还要攻打对方的要害部位。

(1) 男性最容易遭受攻击的五大要害部位。

裆部:老武术家常说:"搜裆,四两力就够了。"男性裆部一旦遭受攻击,轻者倒地不起、呕吐恶心,稍重者神经性休克,再重者当场毙命。

眼睛:眼睛也是防护薄弱、容易受到损伤的人体部位。攻击眼睛不需要太大的力量,眼睛遭到打击,会感到痛楚,流泪不止,怕光而睁不开。如遭到重创,眼内会大量出血或发生水肿,再重者会眼球爆裂或脱落,视觉功能产生严重障碍甚至丧失。

咽喉:咽喉下有食管、气管、静脉、膈神经与迷走神经分支,是又一处要害部位,所以古人把形势险要处比喻成咽喉。咽喉一旦遭遇攻击,呼吸、血流受阻,神经反射作用出现,轻者说不出话,难受异常,几天后吞口水都痛,重者昏迷窒息。

颈侧:颈部两侧有颈动脉,遭遇有力打击,会导致脑部供血、供氧不足,严重者会昏厥甚至死亡。

腋下:位于腋窝之下的这一部位是人体又一薄弱部位。这一部位下有丰富的神经,又有人体重要内脏器官——肺脏,而人体背骨、胸骨的防护,在这里恰巧形成交接空缺。腋下遭遇打击,轻则疼痛憋闷难忍,重则吐血窒息。

(2) 需要相当力量攻击才能奏效的要害部位。

太阳穴:太阳穴位于前额两侧,外眼角的斜上方。太阳穴受到打击时,往往形成颞骨动脉沟处的骨折,引起颅内血肿,太阳穴下的若干神经受刺激,又会使人平衡感一时丧失,头晕目眩。受到重击后,还可能造成脑震荡,意识丧失,神志失常,眼球掉出,甚至致死。

玉枕穴:脑后部也是一个要害部位,其中心是后脑枕骨隆起部,稍下即玉枕穴。这一部位遭受重击,也会形成颅内血肿,造成脑震荡,甚至死亡。旧时比武,玉枕穴遭遇重击,有一分钟内即至疯狂而死的。

肘、膝等反关节：肘、膝等反关节如被折断，虽不致命，但也等于解除了歹徒的战斗力。肘、膝一般情况下虽不容易折断，但在某些特定情况下（如腿站得太直，手臂伸得太直而且手臂前端被固定住等），正确地发力攻击，折断肘、膝等反关节就可以实现。

这 3 个部位，如果攻击时运用得当，有相当力度，击打准确，效果会很不错。女性自卫防身时可考虑采用。

4. "毒"与不择手段

"一狠、二毒、三功夫"，排在功夫技术前面的还有一个"毒"字。狠字是说发出全力，不忍手。毒是指攻击时不择手段。具体包括如下 4 点。

（1）尽量攻击敌手要害部位，前文已经介绍，这里不再赘述。

（2）使用自身一切可能的部位攻击，如拳、脚、肘、膝是人人都知道的惯常用于攻击的部位。

（3）使用可能采用的一切方法攻击，具体技术可见 5.4.2 节。

（4）使用可能采用的一切武器攻击，如木棍、砖头、石块、板凳、酒瓶、菜刀、开水、火把乃至水果刀、簪针、胸针、头发夹等都可以随手抄起用于自卫。

5. 机会与"打机"

女性自卫成功的秘诀是一招制敌。所以"机会"就显得很重要，对"机会"的掌握要注意以下 4 点。

（1）等待机会。

当女性自身受到威胁时，有机会要抓住机会，没有机会，要耐心地等待机会，没有机会，机会不成熟，女性自卫就没有成功的可能，至少成功的可能性较小。

（2）寻找机会。

机会一方面是歹徒大意造成的，另一方面又是自卫者自己有意捕捉到的。因此，掌握机会，不完全只是被动地等待，还要主动地观察、寻找。第一，要留心观察歹徒，发现机会。第二，要留心观察身边的环境，看看有哪些条件可以自卫所用。第三，要留心观察自己哪些攻击部位攻击歹徒距离最近、角度正好、最隐蔽，发力也最顺等。

（3）制造机会。

制造机会是主动使歹徒就范，力敌不如智取，力胜不如智胜。中国武术是一种智慧的技击术，女子自卫防身要充分领悟、充分运用这种智慧的技击术。

（4）抓住机会。

机会总会有的，但机会又不是很多。机会一旦出现，就要抓住、抓紧，机会稍纵即逝，略一犹豫，机会就错过了。

5.4.2 女子防身术基本技术

1. 马步冲拳

动作要领：预备姿势为马步（见图 5-4-1），当准备冲拳时，两腿用力蹬直，左拳快速从腰间向前冲出，拳心向下，拳面向前，眼睛看向攻击的目标（见图5-4-2）。出拳时的高度因对方的身高而定，练习时要高于自己的肩部，左侧冲拳后收回左拳放在腰间，再出右拳。

攻击部位：用拳面击打对方的鼻子。

图　5-4-1

图　5-4-2

2. 左侧拳击步冲拳

动作要领：在左侧拳击步姿势（见图5-4-3）的基础上，两腿用力蹬地，两脚尖向右侧，同时左拳用力向前冲出，拳面正对对方面部，右拳不动，双眼向前看（见图5-4-4），然后左拳快速收回成左侧拳击步姿势。

攻击部位：用拳面击打对方的鼻子。

图　5-4-3

图　5-4-4

3. 右侧拳击步冲拳

动作要领：和左侧拳击步冲拳动作相反。

攻击部位：用拳面击打对方的鼻子。

4. 侧勾摆拳

动作要领：在左侧拳击步姿势的基础上，两腿用力蹬地，两脚尖向右侧，同时左拳用力向前冲出,拳面正对对方面部,右拳不动,双眼向前看,然后左脚向左侧转动,左脚尖向前,左手臂顺势收回放在腰际,左拳面向前,拳眼向上,接着右脚向前迈出一步,重心前移,左脚跟离地,同时右拳快速由下经侧向前上方侧勾摆拳,拳面在内侧,拳心正对面部,拳高于肘,肘高于肩,眼睛看向拳心(见图5-4-5),收回时右脚后退成左侧拳击步姿势。

攻击部位:先用左拳面击打对方的鼻子,然后顺势用右拳面击打对方的太阳穴(位于头部侧面,眉梢和外眼角中间向后一横指凹陷处)。

5. 鞭拳

动作要领:预备姿势为两脚左右开立,与肩同宽或略宽于肩,两手握拳放在腰间,拳心向上,左手臂准备鞭拳时身体向右侧转动,左手臂在面部前方举起,大小臂约为90°,拳面向上,拳眼正对面部,随着腰部的转动,带动左手臂向左侧鞭打,拳面仍向上,拳眼正对面部(见图5-4-6)。鞭打结束后,左拳收回放在腰间,再出右拳继续练习。

图 5-4-5

图 5-4-6

攻击部位:用左拳背击打对方的左侧颈动脉,或用右拳背击打对方的右侧颈动脉。

6. 横插掌

动作要领:预备姿势为两脚左右开立,与肩同宽或略宽于肩,两掌放在腰间,掌尖斜向下方。然后左手臂用力向前插出,掌心向下,掌尖向前,手臂的高度随对方的身高变化而变,一般练习时手臂高于肩部,眼睛看向击打部位(见图5-4-7)。当左手臂收回放在腰间时再出右手进行循环练习。

攻击部位:用左(右)掌掌尖插击对方的咽喉部。

7. 竖插掌

动作要领:预备姿势为两脚左右开立,与肩同宽或略宽于肩,两掌放在腰间,掌尖斜向下方。然后左手臂用力向前插出,掌心向内侧,掌尖向前,手臂的高度随对方的身高变化而变,一般练习时手臂高于肩部,眼睛看向击打部位(见图5-4-8)。当左手臂收回放在腰间时再出右手进行循环练习。

攻击部位:用左(右)掌掌尖插击对方的眼睛或腹部。

掌法

图 5-4-7

图 5-4-8

8. 砍掌

动作要领：预备姿势为两脚左右开立，与肩同宽或略宽于肩，两掌放在腰间，掌尖斜向下方。身体向左侧转动时左手臂在面部前方举起，掌心正对面部，然后以腰部带动手臂向人体正中线前方砍出，掌心正对面部（见图 5-4-9），手臂的高度随对方的身高变化而变，一般练习时手臂在面部前方即可，眼睛看向击打部位。当左手臂收回放在腰间时再出右手进行循环练习。

攻击部位：用左（右）掌掌外侧砍击对方的颈动脉。

9. 切掌

动作要领：预备姿势为两脚左右开立，与肩同宽或略宽于肩，两掌放在腰间，掌尖斜向下方。身体向右侧转动时左手臂在面部前方举起，掌背正对面部，然后以腰部带动手臂向人体正中线前方切出，掌背正对面部（见图 5-4-10），手臂的高度随对方的身高变化而变，一般练习时手臂在面部前方即可，眼睛看向击打部位。当左手臂收回放在腰间时再出右手进行循环练习。

攻击部位：用左（右）掌掌外侧切击对方的颈动脉。

图 5-4-9

图 5-4-10

10. 前推掌

动作要领：预备姿势为两脚左右开立，与肩同宽或略宽于肩，两掌放在腰间，掌尖斜向下方。左手臂用力向前上方推出,掌跟向前,掌尖向上(见图5-4-11),手臂的高度随对方的身高变化而变,一般练习时手臂稍高于肩部即可,眼睛看向击打部位。当左手臂收回放在腰间时再出右手进行循环练习。

攻击部位:用左(右)掌掌跟推击对方的鼻子。

11. 上推掌

动作要领:预备姿势为两脚左右开立,与肩同宽或略宽于肩,两掌放在腰间,掌尖斜向下方。左手臂用力向上推出,掌跟向上,掌尖向后(见图5-4-12),该动作在被对方按压在地,且手臂没有被束缚的情况下使用。一般练习时手臂向上推出即可,眼睛看向击打部位。当左手臂收回放在腰间时再出右手进行循环练习。

攻击部位:用左(右)掌掌跟推击对方的鼻子。

图 5-4-11

图 5-4-12

12. 前二指手

动作要领:预备姿势为两脚左右开立,与肩同宽或略宽于肩,两拳放在腰间,拳心向上。左二指手用力向前插出,二指向前,二指可伸直用来插击对方的眼睛(见图5-4-13),二指也可弯曲用来攻击对方的眼睛(见图5-4-14)。一般练习时二指用力向前插出即可,眼睛看向击打部位。当左手收回放在腰间时再出右手进行循环练习。

指法

图 5-4-13

图 5-4-14

动作要求:拇指一定要放在无名指和小指的第二指节上;无名指和小指一定要握紧,与手掌间不能出现空隙。

攻击部位：用左(右)二指手插击对方的眼睛。

13. 后二指手

动作要领：预备姿势为两脚左右开立，与肩同宽或略宽于肩，两拳放在腰间，拳心向上。左二指手由肩部用力向后插出，腰部向后弯曲，头后仰，用眼睛的余光看向击打部位（见图5-4-15）。二指可伸直也可弯曲来插击对方的眼睛，该动作在被对方由后锁喉时使用。如后二指手插上了对方的眼睛，便达到了一招制敌的目的，如后二指手没有插上对方的眼睛，那么该动作也可用来转移对方的注意力，为接下来的技击动作做准备。一般练习时后二指用力向后插出即可，当左手收回放在腰间时再出右手进行循环练习。

动作要求：拇指一定要放在无名指和小指的第二指节上；无名指和小指一定要握紧，与手掌间不能出现空隙。

攻击部位：用左(右)后二指手插击对方的眼睛。

14. 前撩手

动作要领：预备姿势为两脚并拢，两拳放在腰间，拳心向上。当左脚向左侧迈出时，左手变指，左手臂由后向前撩出，五指向上，两腿弯曲变成马步，头部也随之由后向前转动，眼睛看向五指（见图5-4-16）。一般练习时左手收回放在腰间时再出右手进行循环练习。

攻击部位：前撩手主要用来攻击对方的裆部。

图 5-4-15

图 5-4-16

15. 后撩手

动作要领：预备姿势为两脚并拢，两拳放在腰间，拳心向上。当左脚向左侧迈出时，左手变指，左手臂由前向后撩出，五指向上，两腿弯曲变成马步，头部也随之由前向后转动，用眼睛的余光看向五指（见图5-4-17）。一般练习时左手收回放在腰间时再出右手进行循环练习。

攻击部位：后撩手主要用来攻击对方的裆部。

16. 前推手

动作要领：预备姿势为两脚左右开立，与肩同宽或略宽于肩，五指放在腰间，指尖向上。左手臂用力向前推出，五指向前（见图5-4-18），手臂的高度随对方的身高变化而变，一般练习时手臂稍高于肩部即可，眼睛看向击打部位。当左手臂收回放在腰间时再出右手进行循环练习。

攻击部位：用左(右)五指攻击对方的面部。

图 5-4-17

图 5-4-18

17. 上推掌

动作要领：预备姿势为两脚左右开立，与肩同宽或略宽于肩，两掌放在腰间，掌尖斜向下方。左手臂用力向上推出，掌心向上（见图 5-4-19）。一般练习时手臂向上推出即可，眼睛看向击打部位。当左手臂收回放在腰间时再出右手进行循环练习。

攻击部位：用左(右)五指攻击对方的面部。

18. 拳击步前撩手

动作要领：在左侧拳击步姿势的基础上，两腿用力蹬地，两脚尖向右侧，同时左拳用力向前冲出，拳面正对对方面部，右拳不动，双眼向前看，然后左脚向左侧转动，左脚尖向前，左手臂顺势收回放在面部前方，左拳面向上，拳眼正对自己面部，右手臂快速有力地由后向前撩出，右手五指向上，撩到人体正中线前方，右腿蹬直变弓步，头部由后向前转动，眼睛看向右手五指（见图 5-4-20），收回时右脚小跳一下成左侧拳击步姿势。

攻击部位：先用左拳面击打对方的鼻子，然后顺势用右手五指撩击对方的裆部。

图 5-4-19

图 5-4-20

19. 前顶肘

动作要领：预备姿势为两脚并拢，两拳放在腰间，拳心向上。当左脚向前迈出成弓步时，左手为拳，右手为掌，用右掌掌跟推击左拳拳面，由右向前将左肘推出，头部也随之由后向前转动，眼睛看向左肘尖（见图5-4-21）。一般练习时左肘收回放在腰间时再出右肘进行循环练习。

攻击部位：前顶肘主要用来攻击对方的胸腹部。

20. 侧顶肘

动作要领：预备姿势为两脚并拢，两拳放在腰间，拳心向上。当左脚向左侧迈出成马步时，左手臂胸前平屈，大小臂与地面齐平，拳背在上，左肘由右向左进行顶肘，同时头部向左侧转动，眼睛看向左肘尖（见图5-4-22）。一般练习时左肘收回放在腰间时再出右肘进行循环练习。

攻击部位：侧顶肘主要用来攻击对方的胸腹部或裆部。

图 5-4-21

图 5-4-22

21. 后顶肘

动作要领：预备姿势为两脚并拢，两拳放在腰间，拳心向上。当左脚向左侧迈出成马步时，左手臂向前举起，拳面向上，拳心向内侧，眼睛看向拳眼，然后左手臂由前经下向后顶肘，同时头部向后转动，用眼睛的余光看向后方（见图5-4-23）。一般练习时左肘收回放在腰间时再出右肘进行循环练习。

攻击部位：后顶肘主要用来攻击对方的腹部或裆部。

22. 后扫肘

动作要领：预备姿势为两脚左右开立，与肩同宽或略宽于肩，两手握拳放在腰间，拳心向上，左手臂举起，拳背在前额头上方，拳高于肘，肘高于肩，眼睛看拳背，然后以腰带动左手臂向后扫出，同时头部向后转动，用眼睛的余光看向后方（见图5-4-24）。一般练习时左肘收回放在腰间时再出右肘进行循环练习。

攻击部位：后扫肘主要用来攻击对方的腹部或裆部。

图 5-4-23　　　　　　　　　　　　　图 5-4-24

23. 提膝顶撞

提膝顶撞

动作要领：以右膝顶撞为例，两脚并拢，两手臂自然下垂放于体侧，左脚向前迈出一步，同时两手臂由前向两侧打开（见图 5-4-25），然后右大腿向上抬起，脚尖绷直，大小腿约为 90°，膝尖高提，借着惯性，以膝尖上部撞击对手裆部，同时两手臂自然摆至体侧（见图 5-4-26）。

动作要求：抬腿提膝要猛，要协调地发出腰腿之力；在提膝的过程中，脚尖要尽量绷直，以免出现膝部没有碰到对手，而脚尖却触及了对方的身体，引起了对方的注意，便丧失了制敌的良好时机；大小腿尽量保持在 90°左右，角度过大，脚尖会早于膝部触及对手，角度过小，大腿不容易抬高，膝部既不容易发力，又难以攻击到对方的裆部；提膝时可用手帮助发力，即提膝的同时，以手抓住对方头发、肩头、胸部衣服，或抱住脖颈、抱住腰猛往下拉。

攻击部位：提膝顶撞主要用来攻击对方的裆部，也可用于攻击对方的胸、腹部。

图 5-4-25　　　　　　　　　　　　　图 5-4-26

24. 前蹬腿

腿法

动作要领：以右脚蹬腿为例，蹬腿时，左腿支撑，右膝上抬，脚尖要勾，力达脚跟（见图 5-4-27），然后用大腿带动小腿，脚跟用力向前蹬出（见图 5-4-28）。

动作要求：蹬腿时身体不可前后俯仰，要快速有力，蹬出后要迅速收回。

攻击部位：前蹬腿可用于攻击对方腹部、裆部、膝盖（反关节）等。

图 5-4-27　　　　　　　　　　　　图 5-4-28

25. 弹踢腿

动作要领：以右腿弹踢为例，左腿支撑，右腿提膝，脚尖绷直，大小腿折叠约为 90°（见图 5-4-29），然后用大腿带动小腿，脚尖用力向正前方踢出（见图 5-4-30）。然后再快速收回。

动作要求：脚背绷直，力达脚背或脚尖。弹踢时要快速有力。

攻击部位：弹踢腿用于攻击对方裆部或小腿骨。

图 5-4-29　　　　　　　　　　　　图 5-4-30

5.4.3　女子防身术选项课考核评价标准

1. 课程考核方式与成绩评定

（1）考核类别：技术考试。

（2）考核方式：期末小组统一考试。

2. 各学期成绩计算方法

详见附录 A。

3. 测试项目及评分标准

（1）女子防身术专项：防身基本动作。

(2) 四项体能测试项目和标准。

男生：50m 跑、1000m 跑、立定跳远、引体向上。

女生：50m 跑、800m 跑、立定跳远、1min 仰卧起坐。

评分标准：严格执行教育部印发的《国家学生体质健康标准(2014 年修订)》。

体能测试项目成绩：四单项平均得分。第一学期、第二学期、第三学期、第四学期，每项 5 分。

(3) 学生平时成绩和标准。

上课出勤率：请假、迟到、早退，一次扣 1 分，旷课一次扣 2 分；教师根据学生平时上课的表现评定学生的学习态度。

(4) 课外体育锻炼根据学校下发的文件来执行。

5.5 空 手 道

5.5.1 空手道概述

空手道是以脚踢、拳打、靠身摔在一定规则限制下及型(套路)为演练的徒手技击运动形式，基于严格的精神约束下追求至真、至善、超越的武道。空手道也称为空手，发源于日本，其前身是古代日本武术"手"，融入中国古老武术后，形成一套运动。通过空手道课程的学习，可使学生养成终身体育的意识，培养学生坚强的意志品质，激发学生热爱生活的兴趣。2006 年 7 月 5 日至今，空手道在中国发展并普及，2007 年 3 月，首支国家空手道队正式成立。2010 年 4 月 23 日，中国大学生体育协会空手道分会在北京体育大学成立，意味着该项目进一步在各大高校进行推广和普及。

1. 空手道的流派

传统空手道主要分为松涛馆流、刚柔流、和道流、糸东流四大流派。按现代空手道开展的方式可以分为大众空手道和竞技空手道，按运动形式分为型和组手。

松涛馆流的创始人即现代空手道始祖船越义珍，该流派是目前世界上最大的空手道流派。它是由船越义珍和其子船越义豪在融合冲绳武术和柔术的基础上发展起来的。其技术特点为大开大合，动作幅度大，刚健有力，动作走直线，步伐稳健，采用弓步大马步，注重脚法运用，是刚猛型空手道的典范。刚柔流空手道的创始人是宫城长顺。其技术特点是以小架三站步、猫足立为主，讲究刚柔并济。和道流的创始人为大冢博纪。该流派受到"神道扬心流"柔术的影响颇深，其技法中体现"别""流""押""引"等柔术的技法特征。和道流最具特色的是格斗技术，是极少数在格斗中能体现流派特征的空手道。糸东流的创始人是摩文贤和。该流派的特点为"守、破、离"。

2. 空手道的技术形式

空手道的技术分为"型"和"组手"。"型"是具有攻防的技法，通过手、腿以及身体各个部位的运动，结合呼吸与发力组成了具有刚烈风格的套路。"型"的种类较多，每个流派都有自己规定的"型"。"组手"是双人进行攻防格斗的竞技形式,与散手项目相似,但是在比赛时不允许击中对手的任何身体部位,必须在触及对手身体前的一瞬间停止,否则将被判犯规。

3. 空手道的作用

(1) 健身健脑作用。空手道特殊的运动形式和运动规律对练习者的体能、智能、技能等综合素质要求较高。空手道运动是有氧代谢和无氧代谢的共同交替进行,能够改善呼吸系统、血液循环系统的生理功能,各种技法灵活使用能改善神经系统的兴奋性以及灵活性,提高感知觉、反应时的能力等。

(2) 防身自卫作用。空手道本身就是攻防格斗类的项目,其本身就具有防身自卫的功能。面对现如今的社会,学生练习具有攻防作用的空手道,当遇到危险时可以给自己争取到逃跑求救的机会。

(3) 修心修身作用。空手道中的立礼和坐礼都体现了该项目注重礼仪。练习者用简单的礼节来展现修心修身的作用。通过空手道的练习,练习者可以陶冶情操,艰苦的练习与单个动作的重复可以使练习者养成艰苦奋斗和顽强拼搏的品性,在和对手的比赛中使练习者养成冷静、果敢、积极进取等品质。

5.5.2 空手道基本技术动作

1. 空手道礼仪

(1) 立礼。两脚并立,两手自然垂于体侧,身体正直,目视前方,两脚的脚后跟并拢并形成60°的夹角。施礼时,上体向前倾斜30°,颈部不随身体弯曲,目光随身体自然移动,之后上体直立恢复原有姿势(见图5-5-1和图5-5-2)。

图 5-5-1

图 5-5-2

(2) 坐礼。立正姿势站立,左脚后退,左腿屈膝呈半跪姿势,右脚后撤,右腿屈膝跪地,两脚背紧贴地面,臀部坐在两脚跟上,双手放于大腿上,两膝关节的间距为25cm,挺胸直背,目视前方;双手(先左后右)在两膝盖前方约为10cm处呈八字形着地,上体直背前倾,臀部不离开脚后跟;以右手、左手的顺序依次收回原位;以右腿、左腿的顺序依次恢复站立姿势。

2. 空手道站姿

(1) 闭足立(见图 5-5-3)。

脚的位置：身体直立，双手自然垂于体侧，两脚自然并拢，目视前方。

脚趾方向：正前方，垂直线两侧。

膝和重心：膝伸直，重心在两腿之间。

(2) 结立(见图 5-5-4)。

脚的位置：身体直立，双手自然垂于体侧，两脚后跟自然并拢，左、右脚趾向左、右各分开 30°，八字形站立，目视前方。

脚趾方向：垂直线两侧的 30°角。

膝和重心：膝自然伸直，重心在两腿之间。

(3) 平行立(见图 5-5-5)。

脚的位置：身体直立，双手自然垂于体侧，两脚后跟分开，左、右脚的间距为 30cm，目视前方。

脚趾方向：与垂直线平行。

膝和重心：膝自然伸直，重心在两腿之间。

(4) 外八字立(见图 5-5-6)。

脚的位置：身体直立，双手自然垂于体侧，以两脚后跟为轴，左、右脚趾向左、右各分开 20°，两脚后跟的间距为 30cm，外八字形站立，目视前方。

脚趾方向：两脚趾分别向外展开 20°。

膝和重心：膝自然伸直，重心在两腿之间。

图 5-5-3　　　　　图 5-5-4　　　　　图 5-5-5　　　　　图 5-5-6

(5) 内八字立(见图 5-5-7)。

脚的位置：身体直立，双手自然垂于体侧，两脚后跟的间距为 60～65cm，目视前方。

脚趾方向：两脚趾内扣，脚拇指与脚后跟的内角约为 70°。

膝和重心：提裆敛臀，膝自然弯曲，重心在两腿之间。

(6) 骑马立(见图 5-5-8)。

脚的位置：身体直立，双手自然垂于体侧，呈骑马姿势，目视前方。

脚趾方向：两脚趾与垂直线平行。

膝和重心：膝自然弯曲，重心在两腿之间。

（7）四股立（见图5-5-9）。

脚的位置：身体直立，双手自然垂于体侧，两脚后跟的间距约为65cm，目视前方。

脚趾方向：两脚尖外展约为50°。

膝和重心：膝自然弯曲，外分外展，沉腰敛臀，重心在两腿之间。

（8）基本立（见图5-5-10）。

脚的位置：身体直立，双手自然垂于体侧，前后脚跟的距离为50cm，两脚后跟的间距约为10cm，目视前方。

脚趾方向：脚跟向外展20°，前脚尖内扣20°，基本上两脚呈平行。

膝和重心：膝自然微屈，重心略在前脚。

图 5-5-7　　　　　图 5-5-8　　　　　图 5-5-9　　　　　图 5-5-10

（9）前屈立（见图5-5-11）。

脚的位置：身体直立，双手自然垂于体侧，前后脚跟的距离为80～85cm，小腿与地面垂直，后腿伸直，目视前方。

脚趾方向：前脚拇指稍微内扣，使足刀与水平线成90°。后脚脚趾向外展约20°。

膝和重心：前脚的膝关节自然微屈，重心略在前脚。

（10）猫足立（见图5-5-12）。

脚的位置：身体直立，双手自然垂于体侧，后脚的脚跟与前脚的脚跟、脚拇指在一条直线上，从后脚脚跟到前脚脚趾约为50cm，目视前方。

脚趾方向：后脚脚尖向外展30°，前脚脚趾自然面向正前方，脚跟离地，用前脚掌支撑。

膝和重心：后脚膝关节自然微屈，前脚掌自然着地，重心在后腿。

3. 冲拳

平行立站立，两手握拳，右手臂向前伸直，右拳的拳心朝下，左拳放于腰间，左拳的拳心向上，左拳内旋向前冲出且拳心朝下，右拳外旋收于腰间且拳心朝上（见图5-5-13和图5-5-14）。

图 5-5-11　　　　　图 5-5-12　　　　　图 5-5-13　　　　　图 5-5-14

4. 空手道格挡技术

（1）下格挡。平行立站立，两手握拳，左手屈臂左拳护耳，左拳心对着自己，右拳腹前伸直，右拳心朝下，左拳顺右手的前臂下截，右拳收至腰间（见图5-5-15）。

（2）上格挡。平行立站立，上体微微右转，左臂上架格挡，拳掌胸前十字交叉，右拳在外，上体微微左转，右臂上架格挡（见图5-5-16和图5-5-17）。

图 5-5-15　　　　　　图 5-5-16　　　　　　图 5-5-17

（3）外格挡。平行立站立，左手屈臂横置于胸腹前，右手握拳伸直于左手肘下，右拳由内向外旋转格挡，左手收至腰间（见图5-5-18和图5-5-19）。

图 5-5-18　　　　　　图 5-5-19

（4）内格挡。平行立站立，右手握拳屈臂上举，右手的拳心朝前，左拳向前伸直，右拳向内格挡防守，原地弓步右冲拳，左手收至腰间（见图5-5-20～图5-5-22）。

图 5-5-20　　　　　　　　图 5-5-21　　　　　　　　图 5-5-22

5. 组手的基本站姿

（1）准备式。两脚开立，约与肩宽，两脚平行，两脚尖朝前，双手握拳，两手的拳眼相对，双臂自然下垂微屈并置于体前，上体正直，目视正前方。

（2）实战姿势。以左站架为例，两脚前后站立，约与肩宽，左脚前脚掌支撑，左脚的脚尖斜向左前方45°，后脚偏向右侧，后脚的脚后跟抬起，并蹬地发力，重心落于两脚之间，同时，两手握拳经身体体侧抬起，左臂弯曲约135°并握拳于下颚高度，右臂弯曲约45°并握拳于腰带上部，身体侧对前方，下颚回收，目视前方。

6. 组手的步法

（1）前滑步。实战姿势站立，后脚蹬地，前脚向前上半步，落地时前脚脚掌先着地，紧接着后脚再向前跟半步。

（2）后滑步。实战姿势站立，前脚蹬地，后脚先后退半步落地时脚掌先着地，随之前脚向后跟半步，落地后保持实战姿势不变。

7. 组手拳法

（1）中段后手拳冲拳（见图5-5-23）。

以左站架为例，左脚向左侧方的前面迈出，屈膝并且重心下沉，左脚稍微内扣，右脚蹬地发力，形成弓步，期间利用腰髋的转动发力来带动右手拳紧紧贴着身体直线出击对方中段；利用腰的转动和左脚向内回的蹬力带动右手拳快速收回腰间并有防守动作。

（2）上段前手拳冲拳（见图5-5-24和图5-5-25）。

以左站架为例，右脚发力蹬地的同时左脚往前迈步，期间腰部扭转带动左臂迅速伸出，拳心向下转动，重心前移，左前以拳面直线击打对方上段，力达拳峰，目视对方；收左拳的同时左脚落地，右手防守，保持警惕心。

（3）上段后手拳冲拳（见图5-5-26）。

以左站架为例，右脚蹬地发力，重心前移，利用腰转动身体配合右臂前伸，右拳内旋，右臂即将伸直的同时直线击打对方上段；左拳回收，步伐积极向上紧跟，右手回收时左手作出积极防守的动作。

（4）拳法组合。

前手上段后手中段；前手上段后手上段；后手中段前手上段。

图 5-5-23　　　　　图 5-5-24　　　　　图 5-5-25　　　　　图 5-5-26

8. 空手道腿法

(1) 中段弧形腿(见图 5-5-27～图 5-5-29)。

弧形腿

以左站架为例,右腿为支撑腿,左腿直线提膝至腰带位置,右脚旋转向外,大小腿折合,其中脚背绷紧,上体、髋部和折叠腿成一条直线,左大腿带动小腿迅速击打对方中段,击打后迅速回收小腿,还原到预备式。

(2) 前刺腿(见图 5-5-30)。

前刺腿

以左站架为例,左脚支撑,以左脚的前脚掌为轴,脚后跟旋转向外的同时右脚向中线迅速提膝关节,脚背绷直,足趾上翘,双手握拳保护胸部,髋关节继续前送,左脚发力的同时右脚踢打目标,右腿迅速回收,折叠大小腿,还原到预备式。

图 5-5-27　　　　　图 5-5-28　　　　　图 5-5-29　　　　　图 5-5-30

(3) 拳腿组合。

前手拳后弧形腿;前弧形腿后手拳;前弧形腿两拳连击。

5.5.3　空手道选项课考核评价标准

1. 各学期成绩计算方法

详见附录 A。

2. 空手道课程各测试项目及评分标准

(1) 体育专项考试项目和标准。

方法:3～5 人为一组完成所学空手道动作。

要求：良好的姿态，良好的运动精神，良好的意志品质、注意力集中。力量、潜在的打击劲道，展现力量、速度，以及优雅、节奏和平衡感。

评分标准如表 5-5-1 所示。

表 5-5-1 评分标准表

分　　值	技 评 标 准
90～100	动作规范熟练，良好的时机、律动、速度、平衡及劲道，正确的目标定位及注意力集中力；正确的步法及合适的腿部张力，适当的腹部张力，表现出注意力集中、力量、潜在的打击劲道；展现力量、速度，以及优雅、节奏和平衡感；重心无起伏，发声响亮
80～89	动作较为规范正确，精神较饱满，注意力较集中，力量、速度配合较好，重心无起伏，发声较响
70～79	动作正确，精神饱满，注意力集中，力量、速度配合，重心起伏小，发声响
60～69	动作基本正确，自选动作能完成，有个别动作停顿，冲拳的力度较好，重心起伏较大，节奏较清晰，发声较小
59 及以下	不能完成自选动作，注意力不集中或有大的错误

（2）四项体能测试项目和标准。

男生：50m 跑、1000m 跑、立定跳远、引体向上。

女生：50m 跑、800m 跑、立定跳远、1min 仰卧起坐。

评分标准：严格执行教育部印发的《国家学生体质健康标准（2014 年修订）》。

体能测试项目成绩：四单项平均得分。第一学期、第二学期、第三学期和第四学期，每项 5 分。

（3）学生平时成绩和标准。

上课出勤率：请假、迟到、早退，一次扣 1 分，旷课一次扣 2 分；教师根据学生平时上课的表现评定学生的学习态度。

（4）课外体育锻炼根据学校下发的文件来执行。

5.6 跆 拳 道

5.6.1 跆拳道概述

跆拳道运动是一项起源于朝鲜半岛的古老而又新颖的竞技体育运动，是朝鲜人民在生产和生活基础上发展起来的一项运用手、脚技术和身体能力进行自身修炼和搏击格斗的传统体育项目。说它古老，是因为它在有记载的朝鲜历史上已有三千多年；说它新颖，是因为跆拳道自 20 世纪 50 年代中期在朝鲜半岛重新崛起到现在，努力向世界传播，已经风靡全球，成为一项新颖的竞技体育项目。跆拳道运动的内容十分丰富，但主要内容包括品势修炼（动作组合）、搏击格斗和功力检验三大部分。跆拳道的"跆"字，意为像台风一样猛烈地、强烈地跳踢的"脚"；"拳"字意为拳头，是用来进攻的武器；"道"是指人生的正确道路,在这里寓意使用手脚的方法和原理。跆拳道运动要求练习者不仅学习跆拳道的技术,更注重对跆拳道礼仪、道德修养的学习和遵从,每一次练习都要求"以礼始,以礼终",培养人的礼仪、忍耐、谦虚和坚忍不拔的精神。跆拳道练习者身穿专用的白色跆拳道道服,腰系代表不同段位的腰带进行训练或比赛。跆拳道水平的高低是由练习者的级别和段位体现的,水平越高,其段位也就越高。跆拳道的段位分为初级的十级至一级和高级的一段至九段。跆拳道的比赛是分男、女两个组别按体重分级进行的。

1. 跆拳道运动的礼节和作用礼节

跆拳道中的"礼仪"是跆拳道基本精神的具体体现。跆拳道练习虽然是以双方格斗的形式进行,但是不管它怎样激烈,由于双方都是以提高技艺和磨炼意志品质为目的,所以在双方各自内心深处都必须持有向对方表示敬意和学习的心理。因此,在练习和比赛前、后都要向对方敬礼,即跆拳道始终倡导的"以礼始,以礼终"的尚武精神。跆拳道的练习者在练习时,要衣着端正,头发整洁,对教练、同伴时刻都要表现出恭敬、服从、谦虚、互助互学的心态。谦逊和正确的语言,忍让和友好的态度,虚心和好学的作风是跆拳道练习者应遵循的重要礼仪。

2. 跆拳道的特点

(1) 以腿为主,以手为辅,主要关节武器化。跆拳道技术方法中占主导地位的是腿法,腿法技术在整体运用中约占4/5,因为腿的长度和力量是人体中最长、最大的,其次才是手。腿的技法有很多形式,可高可低、可近可远、可左可右、可直可屈、可转可旋,威力极大,是比赛时得分和实用制敌的有效方法。其次是手法,手臂的灵活性很好,可以自如地控制完成防守和进攻动作,同时可以变化为拳、掌、肘、肩的多种用法,进行实战。在竞赛规则之外的跆拳道实战中,人体的一些主要关节部位亦可用来作进攻的武器或防守的盾牌,这是跆拳道技术的本质,如人体的手、肘、脚等关节部位,是跆拳道实战中最常用、最有效的打击武器。

(2) 方法简捷,刚直相向。不论是在比赛时还是在格斗中,跆拳道的进攻方法都是十分简捷而有效的。对抗时双方都是直接接触,以简练的方法直接击打对方,速度快,变化多。

(3) 内外兼修,方法独特,以功力验水平。跆拳道理论认为,经过专门训练,人的关节部位能产生不可思议的威力,特别是拳、肘、膝和脚4个部位,尤以脚和手为甚。长期练习跆拳道,可以使人达到内外合一的程度,即内功和外力达到统一的巅峰。无法确定人体关节部位武器化的威力和潜力到底有多大,只有通过对木板、砖和瓦等物体的击打来验定练习者的功力水平。功力测验是跆拳道训练水平、晋级考试、表演和比赛的一个重要内容,以此显示出跆拳道独特的功法和特点。

3. 跆拳道的作用

(1) 修身养性,培养优秀的意志品质。跆拳道练习推崇"以礼始,以礼终"的尚武精神,练习中要以"礼义廉耻,忍耐克己,百折不屈"为宗旨,因此,可以培养顽强果断、吃苦耐劳的精神,磨炼坚忍不拔、积极向上的意志,养成礼让谦逊、宽厚待人的美德,造就热爱祖国、勇于献身的思想。

（2）强体防身，练就健全的体魄。跆拳道运动紧张激烈，对抗性强，可使人强壮身骨，提高每个关节的灵活性及肌肉的伸展性和收缩能力，提高人内脏器官的机能和人体神经系统的灵活性，增强人体的击打和抗击打能力。通过攻防练习，可以学习实用技击术和提高防身自卫能力，为保护自身安全和维护正义奠定基础。

（3）观赏竞技，享受击打艺术的美感。跆拳道比赛或实战时，双方队员不仅要斗智斗勇，而且还要通过高超的技艺展示跆拳道技术动作的优势。尤其是跆拳道变化多端、尽现人体机能特点的腿法技术，在对抗中高来低往，不仅给人以美的享受，还能激发人的斗志，鼓舞人奋发向上的精神，陶冶人的道德情操，使人在欣赏跆拳道竞技比赛的同时，潜移默化地受到良好的意志品质教育。

4. 跆拳道运动的段位标准及区别

跆拳道与柔道、围棋等项目一样，是利用段位来表示练习者的跆拳道学识造诣、技术水平和功力高下的。跆拳道根据练习者的水平分为十级和九段，初学者从十级开始逐渐升至一级，然后再入段，段位越高表明水平越高，最高段位为九段。从十级到一级是初学者的等级标准；其中十级至七级是初学者，系白色腰带，六级至四级系蓝色腰带，三级至一级系红色腰带。进段后都以黑腰带表示，一段至三段被认为是黑带新手的段位，四段到六段属于高水平的段位，七段到九段是授予那些有很高学识造诣的杰出人物或对跆拳道运动有杰出贡献的人的段位。黑带的段位是通过黑带上的特殊标记区分的。

5. 跆拳道运动的发展

跆拳道最早是由韩国人推向世界的一项体育运动，经过多年的发展，现在已经形成了完全独立的国际体育组织和正规的国际比赛。随着跆拳道在国际体育界的蓬勃开展和奥运会正式项目的确立，我国体育界意识到开展跆拳道运动的重要性和必要性。1992年10月，中国跆拳道协会筹备小组正式成立，我国正式开展跆拳道运动。1994年5月，在河北正定举行了首届全国跆拳道教练员、裁判员学习班；9月，首届全国跆拳道比赛在昆明举行，15个单位约150余名运动员参加了比赛。这次比赛标志着跆拳道在我国正式开始。1995年5月，首届全国跆拳道锦标赛在北京体育大学举行，从此开启了两年一届的全国跆拳道锦标赛。1995年7月，中国跆拳道协会成立。中国跆拳道运动从此有了自己的专门组织，同年被世界跆拳道联盟接纳为正式会员。此后，中国跆拳道不断选派运动员参加各种比赛，并取得了一定的成绩，在与外交流的同时，中国的跆拳道运动不断进步，显示了中国跆拳道运动后来居上的气势。

5.6.2 跆拳道基本技术动作

1. 基本步法

上步：以实战姿势站好，以前脚掌为轴，后脚迅速用力蹬地贴近地面向前迈步，使身体成为另一侧的实战姿势。

后撤步：以实战姿势站好，前脚经后脚内侧向后撤一步，转成另一侧的实战姿势。

前滑步：以实战姿势站好，后脚用力蹬地，前脚向前滑步，后脚随即跟上。

后滑步：前脚的脚掌用力蹬地，后脚先向后滑行一步，前脚迅速后退紧跟。

2. 前踢

以左势实战姿势开始；右脚用力蹬地，髋关节稍左旋转，右腿屈膝上提，脚面绷直，双手握拳置于体侧，右腿迅速以膝关节为轴伸膝、送髋、顶髋，快速向前踢出右脚，踢击目标后右腿迅速放松弹回，落回顺势站为右势实战姿势。

3. 推踢

以左势实战姿势开始，右脚用力蹬地，重心前移，右脚以髋关节为轴提膝，直线向前踢出，用右脚脚掌向前推踢，力达脚掌，推力向正前方，推踢结束后迅速屈膝，调整重心。

4. 横踢

以右实战姿势开始，左脚蹬地，重心右移，左腿屈膝上提，大小腿折叠，脚面绷直，右脚以脚掌为轴外旋约180°，左腿膝关节向前抬至水平状态后，膝向右侧，快速向前踢出左脚。击打目标后迅速收回左腿，调整重心，还原成实战姿势。

5. 下劈

以左实战姿势开始，右脚用力蹬地，重心前移至左腿，右腿屈膝上提至胸部，右腿以膝关节为轴向上伸直并紧贴胸部举于体前，右脚过头，右腿快速下压，用脚掌或脚后跟下劈，还原成实战姿势。

6. 格挡技术

上段格挡：从准备势开始，右臂弯曲置于腹部，留一拳距离，左臂弯曲置于右臂下，从右臂于身体空隙处上格置头顶上方，右手收回腰带部位。右手同此。上段格挡用于防御一切对头部的攻击。

中段格挡：从准备势开始，左手握拳与肩膀齐平，拳眼向正前方，右手握拳向前伸直。左手向前旋转格挡，右手收回腰带部位。右手同此。中段格挡用于防御一切对胸部的攻击。

下段格挡：从准备势开始，左手弯曲，左拳放在右肩上，右手伸直。左手向下伸直出拳，右手收回腰带部位。右手同此。下段格挡用于防御对身体侧面的攻击。

5.6.3 跆拳道选项课考核评价标准

1. 各学期成绩计算方法

详见附录A。

2. 选项课考核评价标准

（1）体育专项考试项目和标准。

跆拳道专项考试成绩评定方法：跆拳道课程期末考试成绩由3项技术和素质考核成绩的总和组成。考试技术内容为学期教学的技术动作，评价标准包括技术动作规范、速度力量、实战意识及气势、礼仪礼节等内容,现场考核,须公开、公平、公正。

(2) 四项体能测试项目和标准。

男生:50m 跑、1000m 跑、立定跳远、引体向上。

女生:50m 跑、800m 跑、立定跳远、1min 仰卧起坐。

评分标准:严格执行教育部印发的《国家学生体质健康标准(2014 年修订)》。

体能测试项目成绩:四单项平均得分。第一学期、第二学期、第三学期和第四学期,每项 5 分。

(3) 学生平时成绩和标准。

上课出勤率:请假、迟到、早退,一次扣 1 分,旷课一次扣 2 分;教师根据学生平时上课的表现评定学生的学习态度。

(4) 课外体育锻炼根据学校下发的文件来执行。

5.7 太极功夫扇

5.7.1 太极功夫扇概述

"太极功夫扇"简称为"功夫扇",属于太极拳中器械的一种,是一种风格独特的武术健身项目。其创编目的主要是锻炼身体,愉悦身心,达到身心的平衡状态。

太极功夫扇

太极功夫扇在太极拳传统套路的基础上,以武术动作为基础,适当吸收京剧、舞蹈的成分构成,让古老的武术运动和现代歌曲巧妙配合,在太极与扇的挥舞动作结合之下,使扇子的挥舞和太极的运动技巧灵活结合,吸取中华传统武术精华,刚柔并济、形神兼备,舒筋理气,内外兼修,载歌载舞,情趣盎然,可攻可守,充满了飘逸潇洒的美感与武术的阳刚威仪,内容丰富新颖,载歌载"武",而且易学易练,是同时具有观赏性及艺术性的健身运动。人们经常练习以陶冶情操,提高艺术审美力,娱乐身心,强身健体。练习者在感受艺术美的同时,体会从未有过的武术健身乐趣,以振奋民族精神,弘扬民族文化,也是人们强身健体的首选项目之一。自推出以来,一直广受大众的喜爱。

功夫扇子一般是用竹子(塑料)和绸布做成的。扇子的两侧叫扇柄(扇骨),上边叫扇顶(扇苗),下边叫扇根。把扇子打开以后,平面叫扇面,扇面中间有 10 根扇骨,是由小的竹片(塑料)做成的,扇子的上边弧线叫扇沿,扇光滑的一面叫正面,有小扇骨突出的一面叫反面。

练习功夫扇对手、眼、身、法、步都有一定的要求,如心平气和、人顺扇走、扇顺意行、动作做到位,就能起到锻炼身体的作用。在学习时具体要做到以下几方面。

(1) 身体要柔和,姿态要优美,不要僵硬变形,手和脚在伸缩时要留有一定的弯度,不要伸直。

(2) 要注意扇子的花样。功夫扇的花样主要有开扇、合扇、刺扇和转扇。开合时要顺着扇子的走向,迅速甩开或握合;刺扇时要合扇用力前刺或下刺;转扇时要把扇子在手心里自由转动,挽扇花的速度要快,才不会掉在地上。

(3) 手眼要随扇走,扇子打到哪,手眼就跟着到哪。步子以弓步、仆步、歇步、交叉步为主,行走间要轻盈自如。扇子的开合要利索,大开大合。

5.7.2 太极功夫扇基本技术动作

第一段

预备式:身体自然直立两脚并拢,右手执扇,扇柄向下,目视前方(见图 5-7-1)。

1. 起势(开步抱扇)

左脚开步抱扇,两手环抱胸前,扇骨竖直,扇顶向上(见图 5-7-2)。

图 5-7-1　　　　　图 5-7-2

2. 斜飞势(侧弓步举扇)

① 分手划弧提脚抱手(见图 5-7-3);

② 右脚向右开步,两手交叉(见图 5-7-4);

③ 重心右移成右侧弓步,右手向上举扇,左手向下按掌(见图 5-7-5)。

3. 白鹤亮翅(虚步亮扇)

① 向左转腰摆扇(见图 5-7-6);

② 向右穿手转腰(见图 5-7-7);

③ 虚步亮扇(见图 5-7-8)。

图 5-7-3　　　　图 5-7-4　　　　图 5-7-5

图 5-7-6　　　　　　图 5-7-7　　　　　　图 5-7-8

4. 黄蜂入洞（进步刺扇）

① 抖腕合扇（见图 5-7-9）；
② 摆扇收扇提脚（见图 5-7-10）；
③ 转身上步（见图 5-7-11）；
④ 弓步向前平刺（见图 5-7-12）。

图 5-7-9　　　图 5-7-10　　　图 5-7-11　　　图 5-7-12

5. 哪吒探海（转身下刺扇）

① 坐腿收扇（见图 5-7-13）；
② 扣脚转身（见图 5-7-14）；
③ 弓步下刺扇（见图 5-7-15）。

6. 金鸡独立（独立撩扇）

① 收脚绕扇（见图 5-7-16）；
② 上步分手绕扇（见图 5-7-17）；
③ 独立撩扇（见图 5-7-18）。

图 5-7-13　　　　　图 5-7-14　　　　　图 5-7-15

图 5-7-16　　　　　图 5-7-17　　　　　图 5-7-18

7. 力劈华山（翻身劈扇）

① 落脚合扇,盖步转身按扇(见图 5-7-19);
② 转身绕扇,弓步前劈扇(见图 5-7-20)。

8. 灵猫捕蝶（转身轮压扇）

① 转身摆掌(见图 5-7-21);
② 上步翻腰抡扇(见图 5-7-22);
③ 退步,弓步压扇(见图 5-7-23);
④ 翻手反压扇(见图 5-7-24)。

9. 坐马观花（马步亮扇）

① 虚步合扇(见图 5-7-25);
② 退步抡扇(见图 5-7-26);
③ 反身穿刺(见图 5-7-27);
④ 马步亮扇(见图 5-7-28)。

图 5-7-19

图 5-7-20

图 5-7-21

图 5-7-22

图 5-7-23

图 5-7-24

图 5-7-25

图 5-7-26

图 5-7-27

图 5-7-28

第二段

10. 野马分鬃（弓步削扇）

① 转腰合手合扇（见图 5-7-29）；

② 弓步削扇方向转向正西（见图 5-7-30）。

11. 雏燕凌空（并步亮扇）

① 扣脚穿掌（见图 5-7-31）；

② 并步亮扇（见图 5-7-32）。

图 5-7-29　　　　图 5-7-30　　　　图 5-7-31　　　　图 5-7-32

12. 黄蜂入洞（进步刺扇）

① 合扇转身上步（见图 5-7-33）；

② 弓步直刺（见图 5-7-34）。

13. 猛虎扑食（震脚推扇）

① 收扇震脚（见图 5-7-35）；

② 弓步推扇（见图 5-7-36）。

图 5-7-33　　　　图 5-7-34　　　　图 5-7-35　　　　图 5-7-36

14. 螳螂捕蝉（戳脚撩扇）

① 转腰绕扇（见图 5-7-37）；

② 分手绕扇（见图 5-7-38）；

③ 踔脚撩扇（见图 5-7-39）。

15. 勒马回头（盖步按扇）

① 转腰撇脚合扇转身（见图 5-7-40）；

② 盖步按扇（见图 5-7-41）。

16. 鹞子翻身（翻身藏扇）

① 翻身绕扇（见图 5-7-42）；

② 摆花绕扇，退步藏扇（见图 5-7-43）。

图 5-7-37　　　　图 5-7-38　　　　图 5-7-39

图 5-7-40　　图 5-7-41　　图 5-7-42　　图 5-7-43

17. 坐马观花（马步亮扇）

① 抡背举扇（见图 5-7-44）；

② 反身穿刺（见图 5-7-45）；

③ 马步亮扇（见图 5-7-46）。

图 5-7-44　　　　图 5-7-45　　　　图 5-7-46

第三段

18. 举鼎推山（马步推扇）

① 转腰收扇收脚（见图 5-7-47）；

② 马步推扇（见图5-7-48）。

19. 神龙回首（转身刺扇）

① 转身收扇（见图5-7-49）；

② 弓步平刺（见图5-7-50）。

图 5-7-47　　　图 5-7-48　　　图 5-7-49　　　图 5-7-50

20. 挥鞭策马（叉步反撩）

① 撤脚绕扇，左手摆到身前（见图5-7-51）；

② 上步转身向前撩扇（见图5-7-52）；

③ 擦步反撩扇（见图5-7-53）。

图 5-7-51　　　图 5-7-52　　　图 5-7-53

21. 立刀扬鞭（点步挑扇）

① 转身挑扇，上举（见图5-7-54）；

② 点步推掌（见图5-7-55）。

22. 怀中抱月（歇步抱扇）

转身歇步抱扇（见图5-7-56）。

23. 迎风撩衣（并步贯扇）

合扇分手开步，并步贯扇（见图5-7-57）。

图 5-7-54　　　　图 5-7-55　　　　图 5-7-56　　　　图 5-7-57

24. 翻花舞袖（云手劈扇）

① 摆扇穿手（见图 5-7-58）；

② 右云扇摆掌，侧弓步劈扇（见图 5-7-59）。

25. 霸王扬旗（歇步亮扇）

分手摆扇，歇步侧立开扇（见图 5-7-60）。

26. 抱扇过门（开步抱扇）

① 开扇托抱（见图 5-7-61）；

② 合扇举抱（见图 5-7-62）。

图　5-7-58　　　　　图　5-7-59　　　　　图　5-7-60

第四段

27. 野马分鬃（弓步削扇）

① 转腰合手合扇（见图 5-7-63）；

② 弓步削扇（见图 5-7-64）。

图 5-7-61　　　　　　图 5-7-62

28. 雏燕凌空（并步亮扇）

① 扣脚穿掌（见图5-7-65）；

② 并步亮扇（见图5-7-66）。

图 5-7-63　　　图 5-7-64　　　图 5-7-65　　　图 5-7-66

29. 黄蜂入洞（进步刺扇）

① 收扇上步（见图5-7-67）；

② 弓步直刺（见图5-7-68）。

30. 猛虎扑食（震脚推扇）

① 震脚收扇（见图5-7-69）；

② 弓步推扇（见图5-7-70）。

图 5-7-67　　　图 5-7-68　　　图 5-7-69　　　图 5-7-70

31. 螳螂捕蝉（戳脚撩扇）

① 转腰绕扇（见图 5-7-71）；
② 分手绕扇（见图 5-7-72）；
③ 踔脚撩扇（见图 5-7-73）。

图 5-7-71　　　　图 5-7-72　　　　图 5-7-73

32. 勒马回头（盖步按扇）

① 合扇转身（见图 5-7-74）；
② 盖步按扇（见图 5-7-75）。

33. 鹞子翻身（翻身藏扇）

① 翻身绕扇（见图 5-7-76）；
② 腕划绕扇，退步藏扇（见图 5-7-77）。

图 5-7-74　　　图 5-7-75　　　图 5-7-76　　　图 5-7-77

34. 坐马观花（马步亮扇）

① 轮臂举扇（见图 5-7-78）；
② 反身穿刺（见图 5-7-79）；
③ 马步亮扇（见图 5-7-80）。

第五段

35. 顺弯肘（马步顶肘）

① 马步合扇（见图 5-7-81）；

图 5-7-78　　　　　图 5-7-79　　　　　图 5-7-80

② 马步顶肘(见图 5-7-82)。

36. 裹鞭炮(马步翻砸)

① 转腰合臂,轮臂叠拳(见图 5-7-83);

② 马步翻斗拳(见图 5-7-84)。

37. 前招势(虚步拨扇)

转身摆掌,虚步拨扇(见图 5-7-85)。

38. 双震脚(震脚拍扇)

① 曲蹲分手(见图 5-7-86);

② 蹬跳拖扇,镇脚拍扇(见图 5-7-87)。

图 5-7-81　　　图 5-7-82　　　图 5-7-83　　　图 5-7-84

图 5-7-85　　　　图 5-7-86　　　　图 5-7-87

39. 龙虎相交（蹬脚推扇）

① 提膝收扇（见图 5-7-88）；

② 蹬脚推扇（见图 5-7-89）。

图　5-7-88

图　5-7-89

40. 玉女穿梭（望月亮扇）

① 落脚合臂（见图 5-7-90）；

② 叉步展臂（见图 5-7-91）；

③ 后举腿亮扇（见图 5-7-92）。

图　5-7-90

图　5-7-91

图　5-7-92

41. 天女散花（云扇合抱）

① 开步抱扇（见图 5-7-93）；

② 开步云扇（见图 5-7-94）；

③ 叉步抱扇（见图 5-7-95）。

42. 霸王扬旗（歇步亮扇）

① 右开步合扇展臂（见图 5-7-96）；

② 歇步侧立开扇（见图 5-7-97）。

图 5-7-93　　　　　图 5-7-94　　　　　图 5-7-95

图 5-7-96　　　　　图 5-7-97

43. 行步过门（托扇行步）

① 右转身穿扇（见图5-7-98）；

② 叉步抱扇（见图5-7-99）；

③ 行步，后扣脚合扇转身，开立步，侧平举（见图5-7-100）。

图 5-7-98　　　　　图 5-7-99

(a)　　(b)　　(c)　　(d)　　(e)　　(f)

图 5-7-100

第六段

44. 七星手（虚步棚扇）

① 两手前平举（见图 5-7-101）；
② 屈蹲按扇（见图 5-7-102）；
③ 虚步棚扇（见图 5-7-103）。

图　5-7-101　　　　　图　5-7-102　　　　　图　5-7-103

45. 揽扎衣（弓步极扇）

① 收脚抱手（见图 5-7-104）；
② 转身上步（见图 5-7-105）；
③ 弓步极扇（见图 5-7-106）。

图　5-7-104　　　　　图　5-7-105　　　　　图　5-7-106

46. 挒挤势（后挒前挤）

① 合手翻扇（见图 5-7-107）；
② 后坐后挒（见图 5-7-108）；
③ 转身搭手（见图 5-7-109）；
④ 弓步前挤（见图 5-7-110）。

47. 苏秦背剑（并步背扇）

① 后坐平云（见图 5-7-111）；

图 5-7-107　　　图 5-7-108　　　图 5-7-109　　　图 5-7-110

② 转腰推扇(见图 5-7-112);
③ 并步推扇推掌(见图 5-7-113)。

图 5-7-111　　　图 5-7-112　　　图 5-7-113

48. 搂膝拗步(弓步戳扇)
① 摆掌(见图 5-7-114);
② 合扇曲蹲(见图 5-7-115);
③ 转身上步(见图 5-7-116);
④ 弓步前挤(见图 5-7-117)。

图 5-7-114　　　图 5-7-115　　　图 5-7-116　　　图 5-7-117

49. 单鞭下势(仆步穿扇)
① 转身勾手扣脚合步(见图 5-7-118);

② 曲步穿扇亮扇（见图 5-7-119）。

50. 弯弓射虎（弓步架打）
① 弓腿起身举扇（见图 5-7-120）；
② 转腰摆臂（见图 5-7-121）；
③ 曲臂收扇（见图 5-7-122）；
④ 架扇打拳（见图 5-7-123）。

图　5-7-118

图　5-7-119

图　5-7-120

图　5-7-121

图　5-7-122

图　5-7-123

51. 白鹤亮翅（虚步亮扇）
① 坐腿扣脚合扇（见图 5-7-124）；
② 转腰分手，虚步亮扇（见图 5-7-125）。

图　5-7-124

图　5-7-125

52. 收势（抱扇还原）

① 抖腕合扇（见图 5-7-126）；

② 收脚开步平举（见图 5-7-127）；

③ 并步抱扇（见图 5-7-128）；

③ 垂臂还原（见图 5-7-129）。

图 5-7-126　　　　　图 5-7-127　　　　　图 5-7-128　　　　　图 5-7-129

5.7.3　太极功夫扇选项课考核评价标准

1. 课程考核方式与成绩评定

（1）考核类别：技术考试。

（2）考核方式：期末小组统一考试。

2. 各学期成绩计算方法

详见附录 A。

3. 测试项目及评分标准

（1）体育专项评判方法与标准。

方法：3～5 人为一组完成所学武术套路。

评分标准如表 5-7-1 所示。

表 5-7-1　体育专项评分标准

等　　级	分　　值	评分标准
优秀	90～100	动作熟练、舒展到位，姿态好，节奏舒缓，肢体松紧适度、自然
良好	80～89	动作熟练、舒展到位，姿态良好，节奏舒缓
一般	70～79	动作较熟练、舒展到位，姿态较好，节奏舒缓
及格	60～69	动作基本熟练、基本到位，姿态一般
不及格	60 以下	不能完成成套动作的演练

(2) 四项体能测试项目和标准。

男生：50m 跑、1000m 跑、立定跳远、引体向上。

女生：50m 跑、800m 跑、立定跳远、1min 仰卧起坐。

评分标准：严格执行教育部印发的《国家学生体质健康标准（2014 年修订）》。

体能测试项目成绩：四单项平均得分。第一学期、第二学期、第三学期、第四学期，每项 5 分。

(3) 学生平时成绩和标准。

上课出勤率：请假、迟到、早退，一次扣 1 分，旷课一次扣 2 分；教师根据学生平时上课的表现评定学生的学习态度。

(4) 课外体育锻炼根据学校下发的文件来执行。

5.8 三路长拳

5.8.1 三路长拳概述

长拳，是一种拳术流派的总称。中华人民共和国成立后，原国家体委把群众中流传广泛的查、华、炮、洪、弹腿、少林等拳种，根据其风格特点，综合整理创编了长拳。长拳是以套路为主的拳术，既适合基础武术训练，又适合进行竞赛和技术水平的提高。这类拳术的共同特点是姿势舒展、动作灵活、快速有力、节奏鲜明，并多起伏转折、蹿蹦跳跃、跌扑滚翻等动作和技术。

1. 三路长拳简介

大学武术的初级拳，一般是指三路长拳，编创于 1957 年。这套动作除了预备式和结束动作，分为四段，来回练习四趟，每段八个动作，合计三十六个动作。套路内容充实，涵盖拳、掌、勾三种手法，弓、马、虚、仆、歇五种步法。拳法如冲、劈、抢、砸、栽等，掌法有推、挑、穿、摆、亮等，肘法则包括盘、顶等。腿法则有弹、踹、踢、拍等，同时兼具跳跃和平衡技巧。编排得当，由浅入深，循序渐进，便于初学者掌握；布局与线路变化前后呼应，左右均衡，恰到好处。既强调动作规范，又注重内功修炼，更彰显出攻防意识，使学习过程更具趣味性。

2. 特点与优势

(1) 套路简单易学。三路长拳的套路设计简单而实用，适合初学者快速掌握。通过学习三路长拳，可以帮助提高身体的柔韧性、协调性和反应能力，同时增强肌肉力量和耐力。

(2) 强调实战技能。三路长拳注重实战技能的培养，通过各种实战演练，让学生在模拟的战斗环境中不断磨砺自己的技巧和反应能力。这种强调实战的特点使得三路长拳在实际应用中具备了较高的可行性和实用性。

(3) 注重身心健康。三路长拳强调身心健康的综合发展，通过拳法的练习可以有效锻炼身体,增强体质。同时,长时间的练习可以提高学生的意志力和耐力,培养坚韧不拔的品质。

(4) 传承中国传统文化。作为中国武术的一种流派,三路长拳承载着丰富的传统文化内涵。通过学习三路长拳,不仅可以锻炼身体,还能够了解和传承中国传统文化的精髓与智慧。

3. 练习的基本要求

(1) 姿势准确。长拳套路是由许多动作有机地衔接组成的,无论是动态还是静态,对身体各部分的姿势要求都有一定的规格,拳谚上要求做到"式正招圆"。"式",通常指各种静止姿势。基本要求是头正、项竖、肩沉、胸挺、腰直、臀敛;上肢动作要挺拔、舒展;下肢动作要求稳健、匀称,轮廓清楚。"招",主要是指由动到静,是一个完整的技术方法。它不仅要求做得有头有尾,过程清楚,而且要求身体各部位达到高度的协调、圆满、完整,各种拳法、掌法、步法、身法的变化做到路线清晰、力点准确、攻防有序。

(2) 劲力顺达。要有劲力,首先要做到用力顺达,讲究发力顺序。武术中有"三节""六合"的说法,手和脚为梢节,肘和膝为中节,肩和胯为根节,这6个部位在运动中和谐,称为"六合"。一般来说,上肢发力应是"梢节起,中节随,根节催";下肢则是"起于根,顺于中,达于梢";牵涉到上、下肢的动作,则是"起于腿,发于腰,传于肩,顺于肘,达于手",使腿、膝、胯的力量,通过腰力作媒介,以送肩、顺肘而达于拳面,使上、中、下三节都贯通起来。除了讲究发力的顺序外,还要做到发劲的刚柔变化,肌肉的松紧配合要得当。通常动作开始时要放松,逐渐加速,力达末端时达到最高速,这种劲力既迅速敏捷,又有弹性。

(3) 节奏鲜明。一个套路由几十个动作组成,形成不同的运动节奏。长拳中主要表现为动与静、重与轻、快与慢、起与伏、长与短的变化。动与静的变化,要做到"动迅静定",动则疾风般地迅速,静若山岳似的稳定;重与轻的变化,武术有"重如铁""轻如叶"之说,如震脚、砸拳、踏步等动作力沉千钧,而弧形步、跃步前穿则要轻灵,若风飘柳絮;起与伏,则是从动作的空间运动来讲节奏变化,高的动作要挺拔,有顶天立地的气概,低的动作要沉得下去,有鱼翔浅底的本领;快与慢也体现了一定的节奏变化,不能一快到底,为了表现身法和动作的韵律,常出现以慢带快或快而轻慢尔后更快的生动节奏;长与短的变化,就像写文章点标点似的,武术中的"长句"称挂串动作,即连续完成多个动作,"短句"称顿挫动作,有时做一二个动作即停,长短相参,使节奏更加多变。

(4) 精神饱满。武术中通常称作"精、气、神",主要指精神、意念和气质。练套路时,首先,要精神饱满,严肃认真,思想集中,充满信心,要有假设性的攻防含义和击打形象,表现出勇敢、机智、无所畏惧的气概。其次,在每个动作中,要注意手与眼的严谨配合,通过眼睛的传神会意来表现动作的攻防变化。"眼随手动,步随身行",就是说,动作的攻防、架挡、进击、格守,眼神都在贯注中紧密配合,左顾右盼,传神会意;"眼到手到,步到身到",当动作戛然而止时,眼睛全神贯注,静中含动;通过传神会意来体现人的精神面貌,使动作之间有机地联系起来,做到形断气不断,势停意不停。

(5) 呼吸得法。练习长拳时,动作和呼吸的配合,讲究"提、托、聚、沉"4种方法。一般情况下,由低动作进入高动作或跳跃动作时,应该运用"提"法,主要意指吸气,提高重心;当静止性动作出现时,应该运用"托"法,主要意指短暂地停止呼吸,稳定重心;当刚脆、短促发力动作出现时,应该运用"聚"法,主要意指呼气过程;由高动作转入低动作时,应该运用"沉"法,主要意指呼气后短暂停吸,下降重心。这些呼吸随动作变化,运用时要在自然呼吸的基础上。

5.8.2 三路长拳基本技术动作

预备动作

1. 三路长拳·预备势

两脚并步站立,两臂垂于身体两侧,五指并拢贴靠腿侧,眼向前平视(见图5-8-1)。

要点:头要端正,颏微收,挺胸,塌腰,收腹。

2. 三路长拳·虚步亮掌

① 两手抱拳收于腰间,同时头向左转,目视左方(见图5-8-2)。

② 右脚向右后方撤步成左弓步。右掌向右、向上、向前划弧,掌心向上;左臂屈肘,左掌提至腰侧,掌心向上,目视右掌(见图5-8-3)。

③ 右腿微屈,重心后移。左掌经胸前从右臂上向前穿出伸直;右臂屈肘,右掌收至腰侧,掌心向上;重心继续后移,左脚稍向右移,脚尖点地,成左虚步。左臂内旋向左、向后划弧成勾手,勾尖向上;右手继续向后、向右、向前上划弧,屈肘抖腕,在头部上方成亮掌(即横掌),掌心向前,掌指向左,目视左方(见图5-8-4)。

要点:3个动作必须连贯。成虚步时,重心落于右腿上,右大腿与地面平行。左腿微屈,脚尖点地。

图 5-8-1　　　图 5-8-2　　　图 5-8-3　　　图 5-8-4

3. 三路长拳·并步对拳

① 右腿蹬直,左腿提膝,脚尖里扣,上肢姿势不变。左脚向前落步,重心前移。左臂屈肘,左勾手变掌经左肋前伸;右臂外旋向前下落于左掌右侧,两掌同高,掌心均向上(见

图 5-8-5)。

② 右脚向前上一步,两臂下垂后摆(见图 5-8-6)。

③ 左脚向右脚并步,两臂向外向上经胸前屈肘下按,两掌变拳,拳心向下,停于小腹前,目视左侧(见图 5-8-7)。

要点:并步后挺胸、塌腰。对拳、并步、转头要同时完成。

图 5-8-5

图 5-8-6

图 5-8-7

第一节

4. 三路长拳·弓步冲拳

① 左脚向左上一步,脚尖向斜前方;右腿微屈,成半马步。左臂向上向左格打,拳眼向后,拳与肩同高;右拳收至腰侧,拳心向上,目视左拳(见图 5-8-8)。

② 右腿蹬直成左弓步。左拳收至腰侧,拳心向上,右拳向前冲出,高与肩平,拳眼向上,目视右拳(见图 5-8-9)。

要点:成弓步时,右腿充分蹬直,脚跟不要离地。冲拳时,尽量转腰顺肩。

图 5-8-8

图 5-8-9

5. 三路长拳·弹腿冲拳

重心前移至左腿,右腿屈膝提起,脚面绷直,猛力向前弹出伸直,高与腰平。右拳收至腰侧;左拳向前冲出,目视前方(见图 5-8-10)。

要点:支撑腿可微屈,弹出的腿要用爆发力,力点达于脚尖。

6. 三路长拳·马步冲拳

右脚向前落步，脚尖里扣，上体左转。左拳收至腰侧，两腿下蹲成马步；右拳向前冲出，目视右拳（见图5-8-11）。

要点：成马步时，大腿要平，两脚平行，脚跟外蹬，挺胸，塌腰。

图 5-8-10　　　　　　　　图 5-8-11

7. 三路长拳·弓步冲拳

① 上体右转90°，右脚尖外撇向斜前方，成半马步。右臂屈肘向右格打，拳眼向后，目视右拳（见图5-8-12）。

② 左腿蹬直成右弓步。右拳收至腰侧；左拳向前冲出，目视左拳（见图5-8-13）。

要点：与本节的弓步冲拳相同，唯左右相反。

8. 三路长拳·弹腿冲拳

重心前移至右腿，左腿屈膝提起，脚面绷直，猛力向前弹出伸直，高与腰平。左拳收至腰侧，右拳向前冲出，目视前方（见图5-8-14）。

要点：与本节的弹腿冲拳相同。

图 5-8-12　　　　　图 5-8-13　　　　　图 5-8-14

9. 三路长拳·大跃步前穿

① 左腿屈膝。右拳变掌内旋，以手背向下挂至左膝外侧，上体前倾，目视右手（见图5-8-15）。

② 左脚向前落步，两腿微屈。右掌继续向后挂，左拳变掌，向后向下伸直，目视右掌。（见图 5-8-16）。

③ 右腿屈膝向前提起，左腿立即猛力蹬地向前跃出。两掌向前向上划弧摆起，目视左掌（见图 5-8-17）。

④ 右腿落地全蹲，左腿随即落地向前铲出成仆步。右掌变拳抱于腰侧，左掌由上向右向下划弧成立掌，停于右胸前，目视左脚（见图 5-8-18）。

要点：跃步要远，落地要轻，落地后立即接做下一个动作。

10. 三路长拳·弓步击掌

右腿猛力蹬直成左弓步。左掌经左脚面向后划弧至身后成勾手，左臂伸直，勾尖向上，右拳由腰侧变掌向前推出，掌指向上，掌外侧向前，目视右掌（见图 5-8-19）。

图 5-8-15

图 5-8-16

图 5-8-17

图 5-8-18

图 5-8-19

11. 三路长拳·马步架掌

重心移至两腿中间，左脚脚尖里扣成马步，上体右转。右臂向左侧平摆，稍屈肘；同时左勾手变掌由后经左腰侧从右臂内向前上穿出，掌心均朝上，目视左手。右掌立于左胸前；左臂向左上屈肘抖腕亮掌于头部左上方，掌心向前，目右转视（见图 5-8-20）。

第二节

12. 三路长拳·虚步栽拳

① 右脚蹬地，屈膝提起；左腿伸直，以前脚掌为轴向右后转体180°。右掌由左胸前向下

经右腿外侧向后划弧成勾手;左臂随体转动并外旋,使掌心朝右,目视右手(见图5-8-21)。

②右脚向右落地,重心移至右腿上,下蹲成左虚步。左掌变拳下落于左膝上,拳眼向里,拳心向后;右勾手变拳,屈肘向上架于头右上方,拳心向前,目视左方(见图5-8-22)。

图 5-8-20

图 5-8-21

图 5-8-22

13. 三路长拳·提膝穿掌

右腿稍伸直。右拳变掌收至腰侧、掌心向上,左拳变掌由下向左向上划弧盖压于头上方,掌心向前。右腿蹬直,左腿屈膝提起,脚尖内扣。右掌从腰侧经左臂内向右前上方穿出,掌心向上,左掌收至右胸前成立掌,目视右掌(见图5-8-23)。

要点:支撑腿与右臂充分伸直。

14. 三路长拳·仆步穿掌

右腿全蹲,左腿向左后方铲出成左仆步。右臂不动,左掌由右胸前向下经左腿内侧,向左脚面穿出,目随左掌转视(见图5-8-24)。

图 5-8-23

图 5-8-24

15. 三路长拳·虚步挑掌

①右腿蹬直,重心前移至左腿,成左弓步。右掌稍下降,左掌随重心前移向前挑起(见图5-8-25)。

②右脚向左前方上步,左腿半蹲,成右虚步。身体随上步左转180°。在右脚上步的同时,左掌由前向上向后划弧成立掌,右掌由后向下向前上挑起成立掌,指尖与眼平,目视

右掌(见图 5-8-26)。

要点:上步要快,虚步要稳。

图 5-8-25

图 5-8-26

16. 三路长拳·马步击掌

① 右脚落实,脚尖外撇,重心稍升高并右移,左掌变拳收至腰侧;右掌俯掌向外搂手(见图 5-8-27)。

② 左脚向前上一步,以右脚为轴向右后转体180°,两腿下蹲成马步。左掌从右臂上成立掌向左侧击出;右掌变拳收至腰侧,目视左掌(见图 5-8-28)。

要点:右手做搂手时,先使臂稍内旋、腕伸直,手掌向下向外转,接着臂外旋,掌心经下向上翻转,同时抓握成拳。收拳和击掌动作要同时进行。

图 5-8-27

图 5-8-28

17. 三路长拳·叉步双摆掌

① 重心稍右移,同时两掌向下向右摆,掌指均向上,目视右掌(见图 5-8-29)。

② 右脚向左腿后插步,前脚掌着地。两臂继续由右向上向左摆,停于身体左侧,均成立掌,右掌停于左肘窝处,目随双掌转视(见图 5-8-30)。

要点:两臂要划立圆,幅度要大,摆掌与后插步配合一致。

18. 三路长拳·弓步击掌

① 两腿不动。左掌收至腰侧,掌心向上;右掌向上向右划弧,掌心向下。(见图 5-8-31)。

② 左腿后撤一步，成右弓步。右掌向下向后伸直摆动，成勾手，勾尖向上；左掌成立掌向前推出，目视左掌（见图 5-8-32）。

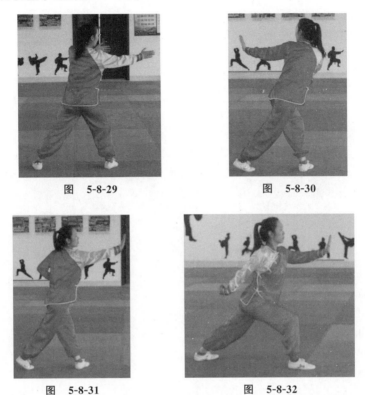

图　5-8-29　　　　　　　　　图　5-8-30

图　5-8-31　　　　　　　　　图　5-8-32

19. 三路长拳·转身踢腿马步盘肘

① 两脚以前脚掌为轴向左后转体180°。在转体的同时，左臂向上向前划半立圆，右臂向下向后划半圆（见图5-8-33）。

② 上动不停，两脚不动，右臂由后向上向前划半立圆，左臂由前向下向后划半立圆（见图5-8-34）。

③ 上动不停，右劈掌向下成反臂勾手，勾尖向上；左臂向上成亮掌，掌心向前上方。右腿伸直，脚尖勾起，向额前踢（见图5-8-35）。

图　5-8-33　　　　图　5-8-34　　　　图　5-8-35

④ 右脚向前落地,脚尖里扣。右手不动,左臂屈肘下落至胸前,左掌心向下,目视左掌(见图5-8-36)。

⑤ 上体左转90°,两腿下蹲成马步。同时左掌向前向左平掳变拳收至腰侧,右勾手变拳,右臂伸直,由体后向右向前平摆,至体前时屈肘,肘尖向前,高与肩平,拳心向下,目视肘尖(见图5-8-37)。

要点:两臂抡动时要划立圆,动作连贯。盘肘时要快速有力,右肩前顺。

图 5-8-36　　　　　　图 5-8-37

第三节

20. 三路长拳·歇步抡砸拳

① 重心稍升高,右脚尖外撇。右臂由胸前向上向右抡直;左拳向下向左,使臂抡直,目视右拳(见图5-8-38)。

② 上动不停,两脚以前脚掌为轴,向右后转体180°。右臂向下向后抡摆,左臂向上向前随身体转动(见图5-8-39)。

③ 紧接上动,两腿全蹲成歇步。左臂随身体下蹲向下平砸,拳心向上,臂部微屈;右臂伸直向上举起,目视左拳(见图5-8-40)。

图 5-8-38　　　　图 5-8-39　　　　图 5-8-40

要点:抡臂动作要连贯完成,划成立圆。歇步要两腿交叉全蹲,左腿大、小腿靠紧,臀部贴于左小腿外侧,膝关节在右小腿外侧,脚跟提起,右脚尖外撇,全脚着地。

21. 三路长拳·仆步亮掌

① 左脚由右腿后抽出前上一步,左腿蹬直,右腿半蹲,成右弓步。上体微向右转。左拳收至腰侧,右拳变掌向下经胸前向右横击掌,目视右掌(见图 5-8-41)。

② 右脚蹬地屈膝提起,上体右转。左拳变掌从右掌上向前穿出,掌心向上,右掌平收至左肘下(见图 5-8-42)。

③ 右脚向右落步,屈膝全蹲,左腿伸直,成仆步。左掌向下向后划弧成勾手,勾尖向上,右掌向右向上划弧微屈,抖腕成亮掌,掌心向前。头随右手转动,至亮掌时,目视左方(见图 5-8-43)。

图 5-8-41

图 5-8-42

图 5-8-43

要点:仆步时,左腿充分伸直,脚尖里扣,右腿全蹲,两脚脚掌全部着地。上体挺胸塌腰,稍左转。

22. 三路长拳·弓步劈拳

① 右腿蹬地立起;左腿收回并向左前方上步。右掌变拳收至腰侧,左勾手变掌由下向前上经胸前向左做搂手(见图 5-8-44)。

② 右腿经左腿前方向左绕上一步,左腿蹬直成右弓步。左手向左平搂后再向前挥摆,虎口朝前。在左手平搂的同时,右拳向后平摆,然后再向前向上做抡劈拳,拳高与耳平,拳心向上,左掌外旋接扶右前臂,目视右拳(见图 5-8-45)。

图 5-8-44

图 5-8-45

要点:左右脚上步稍带弧形。

23. 三路长拳·换跳步弓步冲拳

① 重心后移,右脚稍向后移动。右拳变掌臂内旋以掌背向下划弧挂至右膝内侧;左掌背贴靠右肘外侧,掌指向前,目视右掌(见图5-8-46)。

② 右腿自然上抬,上体稍向左扭转。右掌挂至体左侧,左掌伸向右腋下,目随右掌转视(见图5-8-47)。

③ 右脚以全脚掌用力向下震踩,与此同时,左脚急速离地抬起。右手由左向上向前掳盖而后变拳收至腰侧,左掌伸直向下、向上、向前屈肘下按,掌心向下。上体右转,目视左掌(见图5-8-48)。

④ 左脚向前落步,右腿蹬直成左弓步。右拳向前冲出,拳高与肩平;左掌藏于右腋下,掌背贴靠腋窝,目视右拳(见图5-8-49)。

图 5-8-46　　　图 5-8-47　　　图 5-8-48　　　图 5-8-49

要点:换跳步动作要连贯、协调。震脚时腿要弯曲,全脚掌着地,左脚离地不要高。

24. 三路长拳·马步冲拳

上体右转90°,重心移至两腿中间,成马步。右拳收至腰侧,左掌变拳向左冲出,拳眼向上,目视左拳(见图5-8-50)。

25. 三路长拳·弓步下冲拳

右脚蹬直,左腿弯曲,上体稍向左转,成左弓步。左拳变掌向下经体前向上架于头左上方,掌心向上,右拳自腰侧向左前斜下方冲出,目视右拳(见图5-8-51)。

图　5-8-50　　　　　图　5-8-51

26. 三路长拳·叉步亮掌侧踹腿

① 上体稍右转。左掌由头上下落于右手腕上,右拳变掌,两手交叉成十字,目视双手(见图 5-8-52)。

② 右脚蹬地并向左腿后插步,以前脚掌着地。左掌由体前向下向后划弧成勾手,勾尖向上,右掌由前向右向上划弧抖腕亮掌,掌心向前,目视左侧(见图 5-8-53)。

③ 重心移至右腿,左腿屈膝提起,向左上方猛力蹬出。上肢姿势不变,目视左侧(见图 5-8-54)。

图 5-8-52

图 5-8-53

图 5-8-54

要点:插步时上体稍向右倾斜,腿、臂的动作要一致。侧踹高度不能低于腰,大腿内旋,着力点在脚跟。

27. 三路长拳·虚步挑拳

左脚在左侧落地。右掌变拳稍后移,左勾手变拳由体后向左上挑,拳背向上。上体左转180°,微含胸前俯。左拳继续向前向上划弧上挑,右拳向下向前划弧挂至右膝外侧,同时右膝提起,目视右拳。右脚向左前方上步,脚尖点地,重心落于左脚,左腿下蹲成右虚步。左拳向后划弧收至腰侧,拳心向上,右拳向前屈臂挑出,拳眼斜向上,拳与肩同高,目视右拳(见图 5-8-55)。

第四节

28. 三路长拳·弓步顶肘

① 重心升高,右脚踏实。右臂内旋向下直臂划弧以拳背下挂至右膝内侧,左拳不变,目视前下方(见图 5-8-56)。

② 左腿蹬直,右腿屈膝上抬。左拳变掌,右拳不变,两臂向前向上划弧摆起,目随右拳转视。左脚蹬地起跳,身体腾空,两臂继续划弧至头上方。右脚先落地,右腿屈膝,左脚向前落步,以前脚掌着地。同时两臂向右向下屈肘停于右胸前,右拳变掌,左掌变拳,右掌心贴靠左拳面(见图 5-8-57)。

③ 左脚向左上一步,左腿屈膝,右腿蹬直成左弓步。右掌推左拳,以左肘尖向左顶出,高与肩平,目视前方(见图 5-8-58)。

要点:交换步时不要过高,但要快。两臂抢摆时要成圆弧。

29. 三路长拳·转身左拍脚

① 以两脚前脚掌为轴向右后转体180°。随着转体，右臂向上、向右向下划弧抡摆，同时左拳变掌向下向后向前上抡摆（见图5-8-59）。

② 左腿伸直向前上踢起，脚面绷平。左掌变拳收至腰侧，右掌由体后向上向前拍击左脚面（见图5-8-60）。

图 5-8-55　　　　图 5-8-56　　　　图 5-8-57　　　　图 5-8-58

图 5-8-59　　　　图 5-8-60

要点：右掌拍脚时手掌稍横过来，拍脚要准而响亮。

30. 三路长拳·右拍脚

左脚向前落地，左拳变掌向下向后摆，右掌变拳收至腰侧。右腿伸直向前上踢起，脚面绷平。左拳变掌由后向上向前拍击右脚面（见图5-8-61）。

要点：与本节的转身左拍脚相同。

31. 三路长拳·腾空飞脚

① 右脚落地（见图5-8-62）。

② 左脚向前摆起，右脚猛力蹬地跳起，左腿屈膝继续前上摆。同时右拳变掌向前向上摆起，左掌先上摆而后下降拍击右掌背。右腿继续上摆，脚面绷平。右手拍击右脚面，左掌由体前向后上举（见图5-8-63）。

32. 三路长拳·歇步下冲拳

① 左、右脚先后相继落地。左掌变拳收至腰侧（见图5-8-64）。

要点：蹬地要向上，不要太向前冲，左膝尽量上提。击响要在腾空时完成，右臂伸直成水平。

图 5-8-61

图 5-8-62

图 5-8-63

② 身体右转 90°，两腿全蹲成歇步。右掌抓握、外旋变拳收至腰侧；左拳由腰侧向前下方冲出，拳心向下，目视左拳（见图 5-8-65）。

图 5-8-64

图 5-8-65

33. 三路长拳·仆步抡劈拳

① 重心升高，右臂由腰侧向体后伸直，左臂随身体重心升高向上摆起（见图 5-8-66）。

② 以右脚前脚掌为轴，左腿屈膝提起，上体左转 270°。左拳由前向后下划立圆一周；右拳由后向下向前上划立圆一周（见图 5-8-67）。

③ 左腿向后落一步，屈膝全蹲，右腿伸直，脚尖里扣成右仆步。右拳由上向下抡劈，拳眼向上；左拳后上举，拳眼向上，目视右拳（见图 5-8-68）。

要点：抡臂时一定要划立圆。

34. 三路长拳·提膝挑掌

① 重心前移成右弓步。同时右拳变掌由下向上抡摆，左拳变掌稍下落，右掌心向左，左掌心向右（见图 5-8-69）。

图 5-8-66　　　　　图 5-8-67　　　　　图 5-8-68

② 左、右臂在垂直面上由前向后各划立圆一周。右臂伸直停于头上,掌心向左,掌指向上,左臂伸直停于身后成反勾手。同时右腿屈膝提起,左腿挺膝伸直独立,目视前方(见图 5-8-70)。

要点：抡臂时要划立圆。

35. 三路长拳·提膝劈掌弓步冲拳

下肢不动。右掌由上向下猛劈伸直,停于右小腿内侧,用力点在小指一侧;左勾手变掌,屈臂向前停于右上臂内侧,掌心向左,目视右掌。右脚向右后落地;身体右转 90°。同时左掌变拳收至腰侧,右臂内旋向右划弧做劈掌。上动不停,左腿蹬直成右弓步。右手抓握变拳收至腰侧,左拳由腰侧向左前方冲出,目视左拳(见图 5-8-71)。

图 5-8-69　　　　　图 5-8-70　　　　　图 5-8-71

结束动作

36. 三路长拳·虚步亮掌

① 右脚扣于左膝后,两拳变掌,两臂右上左下屈肘交叉于体左前,目视右掌(见图 5-8-72)。

② 右脚向右后落步,重心后移,右腿半蹲,上体稍右转。同时右掌向上、向右、向下划弧停于左腋下;左掌向左、向上划弧停于右臂上与左胸前,两掌心左下右上,目视左掌。左脚尖稍向右移,右腿下蹲成左虚步。左臂伸直向左、向后划弧成反勾手;右臂伸直向下、向

右、向上划弧抖腕亮掌,掌心向前,目视左方(见图 5-8-73)。

37. 三路长拳·并步对拳

① 左腿后撤一步,同时两掌从两腰侧向前穿出伸直,掌心向上(见图 5-8-74)。

② 右腿后撤一步,同时两臂分别向体后下摆(见图 5-8-75)。

③ 左脚后退半步向右脚并拢。两臂由后向上经体前屈臂下按,两掌变拳,停于腹前,拳心向下,拳面相对,目视左方(见图 5-8-76)。

38. 三路长拳·还原

两臂自然下垂,目视正前方(见图 5-8-77)。

图 5-8-72

图 5-8-73

图 5-8-74

图 5-8-75

图 5-8-76

图 5-8-77

5.8.3 三路长拳选项课考核评价标准

1. 课程考核方式与成绩评定

(1) 考核类别:技术考试。

(2) 考核方式:期末小组统一考试。

2. 各学期成绩计算方法

详见附录 A。

3. 测试项目及评分标准

(1) 体育专项评判方法与标准。

方法：3～5 人为一组完成所学武术套路。

评分标准如表 5-8-1 所示。

表 5-8-1　体育专项评分标准

等 级	分 值	评 分 标 准
优秀	90～100	动作熟练、舒展到位，姿态好，节奏舒缓，肢体松紧适度、自然
良好	80～89	动作熟练、舒展到位，姿态良好，节奏舒缓
一般	70～79	动作较熟练、舒展到位，姿态较好，节奏舒缓
及格	60～69	动作基本熟练、基本到位，姿态一般
不及格	60 以下	不能完成成套动作的演练

(2) 四项体能测试项目和标准。

男生：50m 跑、1000m 跑、立定跳远、引体向上。

女生：50m 跑、800m 跑、立定跳远、1min 仰卧起坐。

评分标准：严格执行教育部印发的《国家学生体质健康标准（2014 年修订）》。

体能测试项目成绩：四单项平均得分。第一学期，每项 10 分，第二学期、第三学期、第四学期，每项 5 分。

(3) 学生平时成绩和标准。

上课出勤率：请假、迟到、早退，一次扣 1 分，旷课一次扣 2 分；教师根据学生平时上课的表现评定学生的学习态度。

(4) 课外体育锻炼根据学校下发的文件来执行。

第6章 新兴体育运动——放松身心 张弛有度

6.1 拓展趣味运动

6.1.1 拓展趣味运动概述

拓展趣味运动是近年来新兴的一项体育运动项目,它主要是以培养团队合作能力、增强体质、增进健康为主的运动项目,主要包括同心鼓、旋风跑、大脚板和毛毛虫竞技四大项。

6.1.2 拓展趣味运动技术及规则

1. 同心鼓

(1) 同心鼓的技术及要求。

同心鼓又叫作击鼓颠球。同心,顾名思义就是要求大家齐心协力将鼓上的球颠起来。鼓的四周拴有 16 根围绳,绳的长度为 1.8~2.0m,鼓面直径为 44cm。要求每人手拉两根绳将鼓面上的排球颠起来。排球弹起高度一般不低于 20cm 为有效(见图 6-1-1 和图 6-1-2)。

同心鼓

图 6-1-1

图 6-1-2

(2) 比赛规则。

一名运动员将排球放在鼓面上,其他运动员将绳子拉紧,当听到比赛开始的信号(如枪声、哨声等)时,7 名运动员快速将排球颠起来,放球的运动员则快速后退将绳子拉紧,然后 8 名运动员齐心协力继续颠球,比赛时间为 2min,2min 内颠球次数多者为胜,如遇颠球个数相同时,则以掉球次数少者为胜。

比赛场地一般为 30m×30m,比赛中运动员必须在指定的区域内进行颠球,如超出比赛区域,则裁判员可令其回到自己所在比赛区域继续颠球,如球落地,任何一名队员均可捡球放在鼓面上,并在颠起 3 次内参与拉绳颠球,每名队员至少拉 1 根围绳。

排球颠起高度不低于20cm,即至少一个排球的高度,低于该高度不计入总数。

排球落地后计数中断,第一次颠起即累加计数一次。2min到时颠球计数结束。

每队比赛设两名计数裁判,数字不统一时取平均数。两名裁判数字差距不可以超过3次,最多与最少数字不可以超过5次。

旋风跑

2. 旋风跑

(1)旋风跑的技术及要求。

旋风跑的参加人员为8名,每名队员手握4m长杆站在起跑线后,当听到信号(鼓声、枪声、哨声等)时,8名队员手持旋风杆分别按照逆时针、顺时针、逆时针、顺时针、逆时针方向绕过3个标志杆,其中绕第3个标志杆后为折返点,折返点距起点30m,标志杆间距10m,团队整体返回起跑线后计时结束(见图6-1-3和图6-1-4)。整个过程每名队员手不得脱离杆跑动,否则即判违规,取消成绩。旋风跑主要锻炼奔跑能力和团结合作能力。

图 6-1-3

图 6-1-4

(2)比赛规则。

比赛发令后计时开始,用时少者获胜;单手脱杆即为违规,取消比赛成绩;触碰标志杆即为违规,每次罚时5s;撞倒标志杆即为违规,取消比赛成绩;绕圈方向错误或漏绕标志杆即为违规,取消比赛成绩;比赛后扔杆等行为可依据情节轻重罚时5s或取消比赛成绩。

大脚板

3. 大脚板

(1)大脚板的技术及要求。

大脚板参赛队员8名,每人均提拉提绳,站在两块3.6~4m的长板上(见图6-1-5和图6-1-6),在确保安全的情况下完成40m直行距离,若中途出现失误则从原地开始继续比赛,大脚板完全过终点线计时结束。用时少的队伍获胜。

(2)比赛规则。

比赛发令后计时开始,用时少者获胜;有人从大脚板上落下即为违规,取消比赛成绩;大脚板和人整体冲过终点线比赛结束;大脚板按既定3m宽轨道区域前进,进入他人比赛轨道即为违规,取消比赛成绩;比赛中途停顿后可继续比赛,需在原地启动继续前进。

图 6-1-5

图 6-1-6

4. 毛毛虫竞技

(1) 毛毛虫竞技技术及要求。

毛毛虫竞技参赛队员 8 名,要求每位运动员都要骑在充气毛毛虫上,双手抓住固定把手立于起跑线后(见图 6-1-7 和图 6-1-8),裁判发令后,队员之间通过配合让毛毛虫在跑道上行进,行进中毛毛虫不得接触地面,各参赛队毛毛虫尾部触及终点线所在垂直平面时计时停止,用时少者为胜。赛道长为 50m。

图 6-1-7

图 6-1-8

(2) 比赛规则。

比赛发令后计时开始,用时少者获胜;有人从毛毛虫上落下即为违规,取消比赛成绩;所有参赛运动员的双手不能离开毛毛虫,离开即为违规,取消比赛成绩;参赛队毛毛虫尾部触及终点线所在垂直平面为计时停止;参赛队毛毛虫按既定 3m 宽赛道区域前进,进入他人赛道即为违规,取消比赛成绩。

6.1.3 拓展趣味运动选项课考核评价标准

1. 各学期成绩计算方法

详见附录 A。

2. 拓展趣味课程测试项目及评分标准

（1）同心鼓考试评分标准如表 6-1-1 所示。

表 6-1-1　同心鼓考试评分标准

2min 有效颠球个数	分　数
≥130	100 分
120～129	95 分
110～119	90 分
100～109	85 分
90～99	80 分
80～89	75 分
70～79	70 分
60～69	65 分
50～59	60 分
＜50	50 分

（2）旋风跑考试评分标准如表 6-1-2 所示。

表 6-1-2　旋风跑考试评分标准

30m 往返绕障碍跑所用时间/s	分　数
＜38	100 分
38～40	95 分
40.01～42	90 分
42.01～44	85 分
44.01～46	80 分
46.01～48	75 分
48.01～50	70 分
50.01～52	65 分
52.01～54	60 分
＞54	50 分

（3）大脚板考试评分标准如表 6-1-3 所示。

表 6-1-3　大脚板考试评分标准

40m 大脚板所用时间/s	分　数
＜38	100 分
38～40	95 分
40.01～42	90 分

续表

40m大脚板所用时间/s	分　　数
42.01~44	85分
44.01~46	80分
46.01~48	75分
48.01~50	70分
50.01~52	65分
52.01~54	60分
>54	50分

（4）毛毛虫竞技考试评分标准如表6-1-4所示。

表6-1-4　毛毛虫竞技考试评分标准

50m毛毛虫竞技所用时间/s	分数
<20	100分
20.01~21	95分
21.01~22	90分
22.01~23	85分
23.01~24	80分
24.01~25	75分
25.01~26	70分
26.01~27	65分
27.01~28	60分
>28	50分

（5）学生平时成绩和标准。

上课出勤率：请假、迟到、早退，一次扣1分，旷课一次扣2分；教师根据学生平时上课的表现评定学生的学习态度。

（6）课外体育锻炼根据学校下发的文件来执行。

6.2　花样跳绳

6.2.1　花样跳绳概述

跳绳是我国民间传统体育项目之一，最初称为透索戏、跳白索。目前我国民间还会将跳绳称为"绳飞"，个人单摇跳叫"单飞"，个人双摇跳叫"双飞"，跳绳在中国发展至今已经有一千多年的历史，我国的陕西省还被称为"跳绳的故乡"。

因为跳绳运动是一项全身对称性运动，相比其他运动项目来说，它的身体锻炼及运动协调性训练价值更高,又因为跳绳动作可简单也可复杂、可跟学又可创新、可个人跳还可多人合作跳、可单绳玩耍还能多绳同时进行,加之跳绳的健身效果极佳,欧美一些医学专家称跳绳为"最完美的健康运动"。有研究表明,跳绳 10min 相当于慢跑 30min 的运动量。可以说,跳绳运动是一项老少皆宜的大众体育运动。

花样跳绳(rope skipping)又称为花式跳绳,是绳与人的各种体位位置关系的变化组成的动作,包括摇、放、抛、接、缠、停、交叉等。目前花样跳绳的比赛方式主要分为两类:一类是速度类,要求在一定时间内完成的次数最大化,如 30s 单摇跳、30s 双摇跳、3min 单摇跳、集体 3min 8 字长绳跳等;另一类是技巧类,要求配合适当的音乐变化出多种的绳花技巧,如个人花样、多人同步花样、车轮跳、交互绳等。

在从事花样跳绳之前,准备一根适合自己长短的跳绳非常重要。一般来说,双脚踩在绳子的中间,两绳柄位于腰腹之间比较合适(见图 6-2-1),初学者可以选用较长的绳,随着技术的不断提高,绳感的增强,可以逐渐缩短跳绳。一般停绳的方法是左脚(右脚)勾起脚尖,脚跟着地抵住绳子(见图 6-2-2)。

图 6-2-1　　　　　　　　　　图 6-2-2

握绳的方法是双手拇指和食指握住绳柄,自然下垂双臂(见图 6-2-3),以腕关节为轴摇动跳绳。

图 6-2-3

6.2.2 花样跳绳技术及规则

1. 速度类跳绳

速度类跳绳是通过单位时间内完成过绳次数决定胜负的跳绳方式,它需要跳绳者有良好的绳感、高度的手脚协调配合能力及良好的身体素质。根据大学公共体育课的实际情况,本书选取速度类的 30s 单摇跳、集体 3min 8 字长绳跳作为速度类跳绳的实践部分进行详细讲解。

(1) 个人 30s 单摇跳。

30s 单摇跳是指跳绳者在 30s 规定时间内采用双脚并脚跳或双脚轮换跳的方式(中途不能换跳绳方式)单摇过绳,过绳次数多者为胜。

口令:裁判员准备——运动员准备——预备——跳——10——20——停。听到"跳"声动绳,抢跳将从最后成绩中扣除 5 次。跳绳者必须在指定区域内完成跳绳。过绳计数,失误不计数,5 名裁判员数绳,取中间的 3 个值求平均数确定为最后成绩。

(2) 集体 3min 8 字长绳跳。

集体 3min 8 字长绳跳是由 2 名摇绳和 8 名跳绳者共 10 人组成一支跳绳队伍,摇绳者距离不小于 3.6m,在 3min 规定时间内跳绳者绕过摇绳者划 8 字进出跳绳,过绳次数多的队伍为胜。

8 字长绳跳

口令:裁判员准备——运动员准备——预备——跳——30——1 分钟——30——2 分钟——15——30——45——停。听到"跳"声动绳,抢跳将从最后成绩中扣除 5 次。过绳计数,失误不计数,5 名裁判员数绳,取中间的 3 个值求平均数确定为最后成绩。

2. 技巧类跳绳

个人花样跳绳是技巧类跳绳中的一小部分,在熟练完成个人基本跳的情况下选择花样跳,可以增强个人绳感,提高手脚协调性,发展个人身体素质。个人花样跳绳运动开展简单,只需要一根合适的绳子和一块空地就可以随时开展,选择节奏较明显的音乐可以提高跳绳者完成练习的兴趣,边跳边数拍子还可以增加跳绳者的节奏感。根据大学公共体育课的实际情况,本书选取技巧类的个人花样跳绳作为实践部分进行详细讲解。

个人花样跳绳动作分类及名称如下。

(1) 步法类。

双脚并脚跳:两脚并立,右脚微微向前,左、右脚略有错开;起跳时用脚踝及膝盖微屈缓冲振荡(见图 6-2-4)。

双脚轮换跳:右、左脚依次微抬起过绳(见图 6-2-5)。

开合跳:两脚并立开始,开步与肩同宽,数 1、3、5、7(见图 6-2-6);并步两脚微前后错开,数 2、4、6、8(见图 6-2-4)。

步法类

弓步跳:两脚并立开始,两脚前后开步,前腿弓步后腿绷直,数 1、3、5、7(见图 6-2-7);并步两脚微前后错开,数 2、4、6、8(见图 6-2-4)。

并脚左右跳:两脚微前后错开并立开始,两脚向左跳数 1、3、5、7(见图 6-2-8);两脚向右跳数 2、4、6、8(见图 6-2-9)。

图 6-2-4　　　　　　　　　　图 6-2-5

图 6-2-6　　　　　　　　　　图 6-2-7

图 6-2-8　　　　　　　　　　图 6-2-9

并脚前后跳：两脚微前后错开并立开始，两脚向前跳数 1、3、5、7（见图 6-2-10）；两脚向后跳数 2、4、6、8（见图 6-2-11）。

图 6-2-10　　　　　　　　　　图 6-2-11

弹踢腿跳：两脚并立开始，右小腿向后弯曲，绷直脚面数1、5（见图6-2-12），右脚脚尖弹踢向前数2、6（见图6-2-13）；换跳左小腿向后弯曲，绷直脚面数3、7，左脚脚尖弹踢向前数4、8。

图　6-2-12

图　6-2-13

勾脚点地跳：两脚并立开始，右小腿向后弯曲，绷直脚面数1、5（见图6-2-12），右脚勾脚尖落地数2、6（见图6-2-14）；换跳小腿向后弯曲，绷直脚面数3、7，左脚勾脚尖落地数4、8。

后屈腿跳：两脚并立开始（见图6-2-4），双脚开步跳数1、5（见图6-2-6），右小腿向后弯曲，绷直脚面数2、6（见图6-2-15）；开步跳3、7（见图6-2-6），左小腿向后弯曲，绷直脚面数4、8（见图6-2-16）。

图　6-2-14

图　6-2-15

吸腿跳：两脚并立开始（见图6-2-4），右膝上提至水平，绷直脚面数1、5（见图6-2-17），右脚落下并步跳数2、6（见图6-2-4）；换左膝上提至水平，绷直脚面数3、7，左脚落下并步跳数4、8。

图　6-2-16

图　6-2-17

钟摆跳：两脚向钟摆一样依次左右摆动，右脚向外摆动时绳向上至最高点数 1、5（见图 6-2-18），向内收脚时绳向下落过脚数 2、6；左脚向外摆动时绳向上至最高点数 3、7（见图 6-2-19），向内收脚时绳向下落过脚数 4、8。

图　6-2-18　　　　　　　　　　　图　6-2-19

双摇跳

提膝侧点
地跳

双摇跳：两脚并立开始，向上跳起过两次绳再落地。

提膝侧点地跳：两脚并立开始（见图 6-2-4），右膝上提至水平，绷直脚面数 1（见图 6-2-20），下落至左脚外侧数 2（见图 6-2-21），上提膝至水平，绷直脚面数 3（见图 6-2-20），并立还原数 4（见图 6-2-4）；左膝上提至水平，绷直脚面数 5，下落至右脚外侧数 6，上提膝至水平绷直脚面数 7，并立还原数 8。

（2）甩绳类。

左右甩绳：两手握绳手柄两端同时向身体左、右两边画立圆。

图　6-2-20　　　　　　　　　　　图　6-2-21

（3）缠绕类。

手臂缠绕

手臂缠绕：两手握绳手柄两端，向身体左边画立圆同时要求绳端缠绕在右手的手腕处数 1、2（见图 6-2-22），换到左边打开缠绕数 3、4；换成右手缠绕数 5、6（见图 6-2-22），换到左边打开数 7、8，依次换边换手缠绕。

（4）交叉类。

基本交叉跳：两脚并立开始（见图 6-2-4），正摇绳起跳数 1、3、5、7，两手前臂在腹部交叉贴紧同时摇绳过脚数 2、4、6、8（见图 6-2-23）。

基本交叉后摇跳：两脚并立开始（见图 6-2-4），反摇绳起跳数 1、3、5、7，两手前臂在胸前交叉贴紧同时摇绳过脚数 2、4、6、8（见图 6-2-24）。

图 6-2-22

图 6-2-23　　　　　　　　图 6-2-24

3. 花样跳绳集体绳动作

绳中绳：两人在长绳两端摇绳，尽量配合跳绳者；跳绳者从绳中央进绳，在绳子远离自己视线时切入同时摇个人绳，使个人绳与长绳速度一致。

一绳多人：两人在长绳两端摇绳，尽量配合跳绳者；多名跳绳者在绳内步调一致完成跳绳运动（见图 6-2-25）。

图 6-2-25

乘风破浪：两人摇长绳纵向排列，每组间隔 3～4 m；跳绳者反面进绳可以顺利地像无绳一样跑过绳子叫作"乘风"；跳绳者正面进绳像踏浪一样跨或跳过眼前的绳子叫作"破浪"（见图 6-2-26）。

图 6-2-26

时空穿梭:又叫套人游戏,被套者并列依次排开,套人者与被套者相向或在被套者背后摇绳,与被套者同时跳过绳子,这需要两人协同默契练习(见图6-2-27)。

图 6-2-27

梅花:多人依次牵绳结成一个圈,同时向内或向外摇绳(见图6-2-28)。

图 6-2-28

五角星:五人依次牵绳结成一个圈(见图6-2-28);1号位不动,4、5号位互换内侧绳手柄;然后2、4号位置互换,3、5号位置互换(见图6-2-29~图6-2-31)。

图 6-2-29　　　　　　　　　图 6-2-30

图 6-2-31

六角星：六人依次牵绳结成一个圈，三人组成两个三角形（见图 6-2-32），两个三角形叠加成六角形（见图 6-2-33 和图 6-2-34）。

图 6-2-32　　　　　　　　　图 6-2-33

图 6-2-34

4. 集体花样跳绳的动作编排

集体花样跳绳的动作编排是将所学的个人花样绳和集体花样绳合理、有机地编排出不同的队形变换并配合音乐进行表演。本环节要求如下。

以小组为单位将所学动作进行选择性编排，动作要求整齐、有力度、节奏感强，尽量减少断绳的次数。

队形变换至少 5 次，空间布局合理，有分有合；音乐感强，动作和音乐有机结合。

表演内容完整，从入场、队形变换、结束造型到出场，时间控制在 2～3min。

整个表演动作的编排要具有创新性。

6.2.3 花样跳绳选项课考核评价标准

1. 课程考核方式与成绩评定

（1）考核类别：技术考试。

（2）考核形式：期末小组统一考试。

2. 各学期成绩计算方法

详见附录 A。

3. 测试项目及评分标准

（1）体育专项。

速度类跳绳的考试标准根据以上描述的规则进行。

技巧类跳绳考试要求动作准确，完成质量流畅，并结合小组动作编排进行整组评分。

（2）四项体能测试项目和标准。

男生：50m 跑、1000m 跑、立定跳远、引体向上。

女生：50m 跑、800m 跑、立定跳远、1min 仰卧起坐。

评分标准：严格执行教育部印发的《国家学生体质健康标准（2014 年修订）》。

体能测试项目成绩：四单项平均得分。第一学期、第二学期、第三学期和第四学期，每项 5 分。

（3）学生平时成绩和标准。

上课出勤率：请假、迟到、早退，一次扣 1 分，旷课一次扣 2 分；教师根据学生平时上课的表现评定学生的学习态度。

（4）课外体育锻炼根据学校下发的文件来执行。

6.3 极限飞盘

6.3.1 极限飞盘概述

1. 飞盘运动的起源与发展

早在公元前 400 年左右，古希腊便有一项原始运动项目叫投掷石盘（diskos），此项运动就是依据参赛球员投掷的距离远近来判断胜负，之后随着时间推移，这项运动就演变成现在的铁饼项目和飞盘运动。现代飞盘起源于一种烤制食品时所用的锡盘。飞盘(Frisbee)的英文本来是拼作 F-R-I-S-B-I-E,而且是用锡做成的,上面还刻着福瑞斯比派(Frisbie Pies)等字样。相传,耶鲁大学的学生很喜欢吃 William Frisbie 的馅饼,没过多久,学生的宿舍里就堆满了 Frisbie Pies 的金属锡包装盒。聪明的学生发现,如果将这些碟状的包装盒抛向空中,并使它旋转,它就可以在空中平稳地飞行。由于这些包装盒是由金属制作而成的,所以为了避免在玩的过程中有同学不慎被打到而受伤,向空中抛盘的同学在抛盘的时候会大喊一声 Frisbie 以提醒其他准备接盘的同学。于是,这项新式运动就被称为 Frisbie。最早进行飞盘制作的人是瓦特·莫里森(Walter Morrison)。

1946 年,莫里森根据自己的想象设计了第一张现代飞盘图纸。1948 年,莫里森觉得飞盘运动存在巨大的市场前景,于是找人共同开发并研制出世界上第一张以塑胶为原料的现代飞盘,并取名为"飞行浅碟"(Flying Saucer),后来他在加州开设了一家公司,从 1950 年开始大量制作飞盘,并给自己的产品取名为 Frisbee。到 1955 年,莫里森还研究出更新型的飞盘,当时由于有太空中存在不明飞行物之说,莫里森就将这个飞盘取名为"冥王星浅盘"(Pluto Platter)。1967 年,由于飞盘运动的不断发展壮大,艾德在美国的洛杉矶注册了国际飞盘协会(International Frisbee Association,IFA),并且不断改进和完善了飞盘运动的比赛规则和裁判法,使得该项运动走向世界。由于艾德的贡献很大,所以被誉为"飞盘运动之父"。

在 IFA 的努力下,1974 年,在加州玫瑰杯球场举行了第一届世界飞盘锦标赛,1983 年,世界飞盘联盟(WFDF)正式成立,飞盘运动开始了历史新篇章。极限飞盘在国际上有影响力的赛事主要有锦标赛、世界杯和世界运动会飞盘比赛。在这些国际队伍中,主要以美国和加拿大两国整体实力最为强大,占据了飞盘运动的半壁江山,但是近年,随着极限飞盘运动的不断发展,日本队和德国队的竞技水平也不断提升。时至今日,越来越多人参与到玩飞盘这项运动中,体验着飞盘运动带来的乐趣。

2. 飞盘运动的分类和特点

(1) 飞盘运动的分类。

飞盘运动经历了漫长的发展演变,到今天,飞盘运动主要分为五大类:飞盘狗运动、飞盘高尔夫运动、花式飞盘运动、飞盘掷远运动和极限飞盘运动。这五大类运动每年都有不同的国际赛事,并吸引着成千上万的爱好者参与。因校园里开设的主要是极限飞盘,因此本书着重介绍极限飞盘。

极限飞盘是融趣味、休闲、娱乐于一体的阳光体育运动项目。这些运动易于普及,受场地限制较小,一般只要有一片开阔的场地,3~5 人就可以通过相互传接一张飞盘来锻炼身体,同时还可以享受阳光、草地、清新的空气带来的舒适感,极限飞盘运动正式比赛主要分为草地极限飞盘比赛和沙滩极限飞盘比赛。

(2) 飞盘运动的特点。

① 大众性。飞盘是一项十分容易接近的运动项目,从刚刚学会走路的孩子到六七十岁的老者,都可以轻松地参与进来。飞盘由特殊的塑料制成,重量较轻,不会给人造成伤

害和危险,飞盘的玩法和规则简单易懂,一般学习几小时甚至十几分钟就可以轻松入门。

② 安全性。只有安全和舒适的休闲运动才能被大多数群众所接受,飞盘运动不仅是一两个人之间的投接运动,还可以是几十个人的大型比赛,只要按照规则进行,都不会发生意外或受到较大的伤害,而且规则还在安全方面不断改进,这也是飞盘受许多女性朋友喜欢的重要原因。

③ 简易性和灵活性。飞盘运动对场地、器材的要求非常少。一小块空地,甚至在家里的客厅,都可以放松地玩弄手中的飞盘。而且,飞盘的规则可以随意制定,人少的时候可以进行相互掷盘练习,提高掷盘的准确性和稳定性;人多的时候就可以组织比赛,提升技战术水平。

④ 健身性。飞盘运动,不仅可以带来欢乐,还具有很好的健身功能。从简单的投接到大型的团体比赛,飞盘运动对于提高人的反应灵敏度、平衡能力、爆发力有很大的帮助,同时对关节的灵活性和身体的柔韧性的提升都有十分显著的效果,团体项目还对协调性和团队意识有很好的价值体现。因此,不愿参与强对抗性体育运动的人们,飞盘运动是一个不错的选择。

⑤ 礼节性。在世界飞盘联盟(WFDF)的宗旨里提道:"飞盘运动的精神是与自己的能力比赛,而非与其他人竞赛,将对手视为玩伴而非敌人,培养和谐气氛,并提升技术,体会比赛的乐趣,在比赛中互相学习、共处共存。"由此可以看出,飞盘运动强调的是对他人的尊重,通过一起玩飞盘,相互学习,互相帮助,共同遵守规则与运动精神,强调君子风度、责任与和谐的气氛,并加强运动伦理的观念。

6.3.2 极限飞盘技术及规则

掷盘技术分为反手掷盘、正手掷盘、上手掷盘3种类型,下面以右手为例来介绍3种掷盘技术。

1. 反手掷盘

反手掷盘是极限飞盘技术动作中最基本的技术。

(1) 反手握盘(见图 6-3-1)。

反手掷盘

(a)

(b)

(c)

图 6-3-1

握盘手法:反手握盘时,大拇指握在盘的上侧面,食指握在盘的外侧面,其余三个手指沿盘的侧面向下握在盘的内侧面,飞盘置于大拇指与食指第二指关节之间。

握盘要求：在握盘时手指要抓紧盘面，大拇指要紧贴盘面，使得飞盘与手成为一体。

（2）反手掷盘技巧（见图 6-3-2）。

掷盘队员与接盘队员相对站立，握盘手的同侧脚向左脚前侧跨一步，形成前弓步，同时身体向左旋转，右手屈臂持盘于身体左侧，盘在腰部高度以下，手腕屈腕使得飞盘紧贴持盘手手臂内侧面，左腿蹬地发力，身体向右旋转，持盘手肩部发力带动手臂依次打开，力量由下肢传递到手腕，最后手腕由屈腕迅速打开并外伸，同时手指顺势伸开，手腕稍向下压，出盘瞬间保持盘面与地面平行。

图 6-3-2

掷盘要求如下。

盘出手瞬间要与地面保持平行；发力顺序为脚步蹬地发力→腿部发力→腰部发力→躯干发力→肩部发力→手臂发力→手腕发力；持盘时手腕必须屈腕，出盘时手腕尽量迅速外伸，以增加运动半径；当盘脱离手腕瞬间，手腕应固定姿势保持 2~3s，以保持飞盘的运动轨迹不发生瞬间变化。在户外有风的情况下掷盘时要充分考虑风向、风速对飞盘运动轨迹的影响。顺风掷盘时，由于风向与飞盘的运动方向一致，飞盘在出手后会借助风力增加运动的距离，最后手腕发力的大小就要考虑与接盘队员的距离，换句话说，就是在顺风传盘时可以尽量采用中长距离的传盘技术。逆风掷盘时，由于风向与飞盘的运动方向相对立，因此在掷盘时就应考虑近距离的传盘，掷盘时飞盘的远侧端应尽可能地稍向下低，并且在盘出手瞬间增加飞盘的自转速度以抵消风对其产生的阻碍。同时掷盘的高度要有控制，风向、风速变化无常，但近地面的影响就比较小，飞盘飞行的高度尽可能控制在 2m 的范围内，飞盘的飞行最佳状态是控制在与地面保持平行的一个平面上飞行，尽量不要有高低起伏的变化。

2. 正手掷盘

（1）正手握盘（见图 6-3-3）。

正手掷盘

(a) (b) (c)

图 6-3-3

正手握盘时大拇指在飞盘的上面，食指和中指并起伸直放置于飞盘的内侧面，中指第一指关节紧贴飞盘的内侧面，小拇指和无名指自然弯曲或略伸出置于飞盘的外侧面，具体姿式取决于哪种握法更舒适，并没有明确的要求。大拇指自然弯曲紧握飞盘边缘，大拇指第一指关节应在飞盘的上面，与反手握盘比较明显的区别在于，握盘时不需要飞盘和地面平行。

对于初学者来讲,握盘时也可以将食指和中指分开,中指伸直放于飞盘底部,这样做是托住飞盘;当练习一段时间后能够掌握握盘的平衡时,再将食指与中指并起。

(2)正手掷盘技巧(见图6-3-4)。

图　6-3-4

正手握盘后,面对接盘队友,握盘手的同侧脚向右侧跨步成侧弓步,同时右手屈臂持盘放于右肩侧上方,手腕外展。右脚蹬地发力带动躯干由右向左侧逆时针扭转,同时手臂经上下打开,依次发力,当手腕至腰侧高度时,手腕顺势旋转至飞盘与地面保持平行,掌心由向外变至向侧上方后,发力的同时压手腕,手指压拨飞盘内侧面使其迅速旋转。手指自然伸开,指尖应正对斜前下方,保持2~3s以控制飞盘出手瞬间的平衡性。上体保持正直或稍向右侧倾斜,眼睛看着传盘目标点。

3. 上手掷盘

上手掷盘又称过顶盘,是极限飞盘技术动作中较难掌握的一项。掷盘时3个手指夹盘,从头顶将盘掷出。该掷盘法主要在防守人员严密防守下飞盘不能及时从左右两侧传出时采用。它具有飞行速度快、力量大、不容易被拦截的特点。

(1)上手握盘(见图6-3-5)。

上手握盘时,大拇指在飞盘的上面,食指和中指并起伸直放于飞盘的内侧面,小拇指和无名指自然弯曲或略伸出置于飞盘的外侧面,具体取决于哪种握法更舒适,没有明确的要求。上手掷盘的握盘方法基本等同于正手掷盘的握盘方法。

(a)　　　　　　　　　(b)　　　　　　　　　(c)

图　6-3-5

(2)上手掷盘技巧(见图6-3-6)。

上手掷盘

上手握盘后,面对接盘队友,左脚向前跨半步,同时上体向后引成弓形,右手握盘上举飞盘置于头顶后上方,手腕外展,飞盘底部面朝身体左侧前上方。右脚蹬地发力将身体向上顶,同时腰腹部发力内收,上体微左前倾,右肩上提,右手臂向前挥臂发力至额头斜前上方,手迅速内屈压腕,中指拨转飞盘内侧面使飞盘迅速按顺时针方向快速旋转。出盘后手指自然伸开,手指对应飞盘飞行方向保持2~3s以控制飞盘出手瞬间的平衡性,在飞行过程中,飞盘

图　6-3-6

盘面朝下、底部朝上。

4. 正手技术的衍生技巧(弧线轨迹)

(1) 内旋正手(outside-in)。

当做内旋正手时,只要轻轻抬高飞盘外侧就可以了。在飞行期间,如果飞盘翻转落地,就应该适当放低飞盘外侧。在肘部向身体外侧展开的同时,手臂也要向外伸展。然后,将手轻轻往肩膀方向抬起,飞盘出手后的弧线将是从右向左。再次提醒,将飞盘外侧抬太高会使飞盘急速内旋,这将考验接盘队员的接盘能力(对新手尤为困难)。

内旋正手的经验如下。这种掷盘方式常用于长传、传防守方空档、绕开防守队员,对于本队速度型前锋进行快速得分尤为有效。在比赛中很多精彩的得分都是由内旋正手完成的,当然还有得分手的配合,这也是最有可能制造队友飞扑动作的掷盘方式。

(2) 外旋正手(inside-out)。

外旋正手掷盘比较刁钻,对于破防守队员严密防守具有较大的杀伤性。正因为如此,这种掷盘方式在国外经常被冠以简称IO。首先,要领是将手臂在身前由右到左划过去,同时飞行方向都是向左的。飞盘前侧稍微抬起,外侧略略放低。此时,身体重心是在左脚上,而右脚先是略微向后或者在左脚一侧。然后将右脚向前跨,摆臂的时候手臂要贴着身体前方,左肩向后转而右肩向前转,在胸口正对着目标位置时出手。同样地,快速甩手腕然后出手,出手后手指向接盘队员。因为外旋正手很容易破防,所以在比赛中利用好它具有很好的战术价值。比赛中,飞盘队员常常用这项技术传给往左边方向切入的队员,以达到突破对方防线的目的。

5. 双手接盘

(1) 双手接胸部高度飞盘(见图6-3-7)。

双手接胸部
高度飞盘

在极限飞盘练习和比赛过程中,双手夹接飞盘是最基础也是最稳定的一种接盘方式。对于初学者来讲,双手夹接飞盘也是提高技术的最佳方式,这种接盘方式在比赛中也是最常用的。

动作要领:面对掷盘队员,双脚自然分开稍宽于肩,双腿微屈,身体略前倾,两臂自然伸出,肘关节微屈,双手五指分开,掌心相对置于胸前,右手在上,左手在下,当盘飞行至身体正前方约1m处时,双手迎接并合力夹住飞盘,两臂随盘后引,以减缓飞盘的速度和冲力,同时两手将盘握住置于胸前。

(2) 双手接头部高度飞盘(见图6-3-8)。

双手接头部
高度飞盘

图 6-3-7　　　　　　　　　图 6-3-8

在比赛过程中常常有些飞盘飞行比较高，有时会超过肩部甚至头部，对于这样的飞盘，为了尽早控制，常常采用双手肩上接盘。

动作要领：面对掷盘队员，双脚自然分开稍宽于肩，双腿微屈，身体略前倾，手臂上举，双手五指分开，掌心向前，大拇指朝下，其余四指朝上，双手间隔约一盘距离。当飞盘飞行至身体正前方约1m处时，双手迎接并夹住飞盘，两臂随盘后引，以减缓飞盘的速度和冲力。

(3) 双手接低于腰部飞盘（见图6-3-9）。

双手接低于腰部飞盘

动作要领：面对掷盘队员，双脚自然分开稍宽于肩，双腿深屈，上体弯曲前倾，手臂向下，双手五指分开，掌心向前，大拇指朝上，其余四指朝下，双手间隔约一盘距离。当盘飞行至身体正前方约1m处时，左脚蹬地发力，右脚前跨成弓步，身体重心落在右脚。双手迎接并夹住飞盘，两臂随盘后引，置盘于胸腹之间，同时右脚蹬地后撤步，身体重心置于两腿之间，成基本站立姿势。

6. 单手接盘

(1) 单手原地接头上高度飞盘（见图6-3-10）。

单手原地接头上高度飞盘

动作要领：接盘时右手手臂上伸，五指分开，大拇指朝下，其余四指朝上，正对飞盘运行方向，左脚蹬地发力，右脚前跨半步，两腿伸直，当手触及飞盘时迅速夹住飞盘，同时手臂迅速下引缓冲飞盘的速度和冲力，置盘于胸腹之间，右脚撤半步成基本站立姿势。

(2) 单手接膝下高度飞盘（见图6-3-11）。

单手接膝下高度飞盘

图 6-3-9　　　　　　图 6-3-10　　　　　　图 6-3-11

动作要领：接盘时右手手臂下伸，五指分开，大拇指朝上，其余四指朝下，正对飞盘运行方向，左脚蹬地发力，右脚前跨成弓步，双腿深屈，上体前倾，当手触及飞盘时迅速夹住飞盘，同时手臂随盘后引，置盘于胸腹之间，同时右脚蹬地后撤步，身体重心置于两腿之间，成基本站立姿势。注意在接盘时防止飞盘先接触地面。

在比赛期间经常会出现一些特殊的传盘，如超过身体高度、宽度或者更低的飞盘，不能采用上述接盘方法进行接盘，此时，需要更多地利用身体做出扑救、起跳、倒地等动作去完成接盘。

7. 其他接盘技术

（1）扑救接盘。这项接盘技术相对比较难，做得不好容易受伤。对于初学者来讲一般不要求掌握该技术；对于技术相对熟练的运动员来讲，在做这个技术动作时，首先要确保身体已经有了足够的准备，或者可以针对这个动作做一些辅助性的保护动作练习，以防止在做动作期间受伤。

（2）起跳接盘。针对飞盘超过了手臂向上伸出的高度，同时为了防止他人接盘，应及时果断地采用此种方法接盘，这种接盘方法对运动员的个人技术要求比较高，手对盘的感觉要好，否则很难抓住飞盘，同时身体在腾空过程中要有自我保护和控制平衡的能力，否则落地也比较容易受伤。

（3）倒地接盘。针对飞盘偏离身体向一侧快速下旋运行，而且脚步移动又不能触及飞盘时，可以采用倒地的方式去接盘。同样，此种接盘方法也比较有难度，容易导致受伤。因此做这种接盘方法时，必须要做好充分的准备工作。

掷盘和接盘是相互依存的关系，在比赛和练习中不断加强掷盘和接盘的技术熟练性和稳定性练习对于传接盘的队员来讲都是有很大益处的，一次进攻能否顺利完成取决于传接队员是否配合默契。传盘队员不仅是将盘在规定的时间内迅速传出，而且也要在不被防守队员或外界干扰的情况下准确平稳地传出飞盘；同样，接盘队员也要给传盘创造有利的传盘位置，摆脱防守，寻找空当尤为重要，同时也要对传出的飞盘有一定的预判，以便及时准确地做出接盘的动作，保障传接过程能够顺利进行。

6.3.3 极限飞盘选项课考核评价标准

1. 各学期成绩计算方法

详见附录 A。

2. 极限飞盘测试项目及评分标准

（1）传接盘评分标准（动作自选），如表 6-3-1 所示。

表 6-3-1 传接盘评分标准

项目/得分	性别	100	95	90	85	80	75	70	65	60	50	40	30
1min 双人正反手接盘	男	33	32	31	30	29	28	27	26	25	20	18	16
	女	31	26	21	16	11	10	9	8	6	5	4	3

（2）飞盘射门评分标准，如表 6-3-2 所示。

表 6-3-2 飞盘射门评分标准

项目/得分	性别	100	95	90	85	80	75	70	65	60	50	40	30
正、反手飞盘射门（正、反手各掷盘10次）	男	20	19	18	17	16	15	14	12	11	10	9	8
	女	20	19	18	17	16	15	14	12	11	10	9	8

(3) 学生平时成绩和标准。

上课出勤率：请假、迟到、早退，一次扣 1 分，旷课一次扣 2 分；教师根据学生平时上课的表现评定学生的学习态度。

(4) 课外体育锻炼根据学校下发的文件来执行。

6.4 定向运动

6.4.1 定向运动概述

定向运动就是在一张详细精确的地图和指北针的帮助下，以最短的时间，按顺序到访地图上所标示路线的各个点标，在每两个点标之间选择自己认为的最佳路线直到终点。它是一项结合棋手技能的极富冒险性的运动。

1. 定向运动起源

定向运动(orienteering)产生于 19 世纪末、20 世纪初欧洲北部斯堪的纳维亚半岛，斯堪的纳维亚半岛覆盖着一望无际的森林，当地军人最经常在一望无际的森林中行走，利用森林条件开展穿越哨所、"穿越未知地带"的游戏。由于这一游戏能锻炼士兵穿越森林，识别地形、地图方位等多重能力，最终这一活动形式在军队中得到推广，也正是由于它的这些价值功能，使得这种活动形式在社会得到广泛发展。

2. 定向运动分类

常见的定向运动类型按运动形式分为徒步定向(也称为定向越野，cross-country orienteering)、滑雪定向(ski-orienteering)、山地车定向(mountain-bike orienteering)、轮椅定向(wheels-orienteering)、夜间定向(night-orienteering)、公园定向(park-orienteering)、校园定向(school-orienteering)等；按距离(完成时间)分类有公园定向(15min)、短距离(25min)、标准距离(70～90min)、接力赛(4×45min)、长距离(2h 以上)、夜间定向(1～2h)等。

3. 定向运动的精髓

(1) 必须识图，明辨方向。

(2) 在点与点之间做出最聪明的选择。

(3) 必须独立寻找所有点标。

(4) 必须按正确顺序打卡。

(5) 以最快速度完成。

4. 定向运动的重大国际赛事介绍

(1) 瑞典五日赛(O-Ringen 5-Days)。

(2) 芬兰 24h 白昼接力赛(Jukola)。

(3) 瑞典十公里夜间定向接力(Tio-Mila)。

(4) 苏格兰六日赛。

(5) 瑞士六日赛。

(6) 世界青少年定向锦标赛(WJOC)。

(7) 世界定向锦标赛(WOC)。

(8) 世界大师定向锦标赛(WMOC)。

(9) 世界公园定向精英锦标赛联赛(PWT)。

5. 定向运动具有的特点及价值

定向运动(定向越野)是一项体能与智能相结合的运动,就智能而言,首先要有地理学、测绘学、军事地形学等相关知识以及运用这些知识的能力,还要有融入自然,积极参与户外锻炼的健康状态,从而实现参与者体力与智力的共同发展。定向越野是在野外环境下进行的,清新的空气、优美的环境、茂盛的森林、崎岖的道路、复杂的地形,给人带来新鲜感和神秘感,对参与者也是一种挑战。定向越野的竞赛性、游戏性、情趣性和神秘性,能给人带来愉悦身心的良好效果。

6.4.2 定向运动技术及规则

定向运动根据开展的项目不同,所需场地、器材及装备也不相同。由于徒步定向(定向越野)属于定向运动中最普及的一种形式,所以本书介绍的项目即以徒步定向(定向越野)为主,定向越野的开展可以在野外、公园、校园等场地进行,而活动场地的环境对参与者的个人装备(鞋子、服装)要求不同。

1. 定向越野的场地

(1) 场地要求。地形对定向越野比赛的难易程度和用时长短有较大影响,因此要根据教学活动或比赛的需要选择地形。我国及国际定联对比赛区域的地形要求如下。

要选择地形比较复杂、植被较多的地区,为设计"难度高的竞赛路线提供可能性,同时它能使运动员充分发挥自己的定向技能";竞赛区域不应具有使本地运动员获利的自然特点,也就是说比赛区域必须是所有选手都不熟悉的。鉴于此,我国规定举办过定向越野的竞赛场地,在三年内不得再用于全国性竞赛;竞赛区域应保密,并应在比赛前尽可能长的时间内没有用于定向越野,以免有人因熟悉地形而获益。通常情况下应保证达到上述要求,在组织一般的定向越野比赛时,城市街区、公园、校园、近郊区也是可供选择的地点。

(2) 起点和终点。定向越野的起点和终点最好设在同一个地方,这样能方便比赛的组织工作。根据地形的特点和组织工作的需要,也可以将起点和终点分开设置。

起点的设置:起点应为较宽阔的地域。进行组织比赛时通常起点分为预备区、参观区、工作区(出发区)、报到区等。

终点的设置:终点通道的地段要平坦和有足够长度,便于运动员冲刺,并能让裁判人员与观众看清参赛的运动员。终点可以分为工作区(终点区)、休息区和参观区。

(3) 比赛路线。定向越野比赛路线设计通常为环形,图6-4-1中的虚线是必经路线的标志线,实线是自由选择路线标志线。

图 6-4-1

(4) 各点的设计要求。起点及终点如第(2)条所述。

设置检查点位置的依据如下。一是在图上有相应地图符号的地形位置;二是检查点的附近有可以成为辅助捕捉目标的地形;三是前一名运动员在打卡作业时不能被后续运动员发现,客观上造成给后续运动员提供帮助的情形发生;四是全赛区内相邻两检查点除非地形细节部分有明显区别,否则两个检查点间的距离不能小于 30m。两个位于相似或看起来相似特征上的检查点间的距离不能小于 60m。路段设计要具有选择性。这样可迫使运动员独立思考,认真判断地形,分析利弊,根据体能、技能状况做出选择。同时路段设计应能迅速散开,便于运动员超越和加速。一般路线长度为 500~1000m。全路线的设计长度要根据比赛级别、运动员水平、组别及比赛时间而定。路线的爬高量应按国际定联的规定不超过总长度的 4%。路线的走向尽量保证运动员按顺序前进。另外,全路线中应设置适当的饮水站、救护站及裁判点,确保比赛安全进行。

2. 定向越野物质条件

(1) 个人装备。

定向越野对个人装备没有特殊要求,有指北针、定向鞋、定向服、头巾、护腿等适合野外活动的装备均可。

(2) 赛会提供器材。

地图是地球表面的平面缩写。定向运动地图与其他地图相比更清晰,它是按照一定的比例尺(根据比赛场地的地貌),将地貌、地物按地形实际比例,经过综合取舍后用特定的图式符号和数字绘制在图纸上形成的。定向地图是根据国际定向联合会制定的《国际定向越野地图制图规范》而绘制的一种地形图。定向越野地图与其他地图相比,更为清晰、易读、更适合在野外使用。

定向地图的比例尺是绘制地图的基本要素之一,是把地貌、地物按一定比例绘制在图纸上的基本元素,这种比例关系是图纸与实地的一种对应关系。要想学会识图,使用定向越野地图,就应该掌握地图比例尺和等高线。

定向运动地图的符号根据符号和注记,可以识别地物的分布、形状和大小,了解江河的河宽、水深和流速,桥梁的长、宽、载重量和性质,森林的覆盖程度、通行难度、森林区域的海拔、区域广度等。地面上的各种地物在地图符号是按照《地形图图式》规定的符号和注记表示的,这些规定的图形符号称作地物符号。

地形符号包括地物符号与地貌符号,种类多、数量大,但只要了解其设计规律并掌握一定的要领,就能便于识别,增强记忆。如按象形识别,设计地形符号遵从象形的原则,定向地图中的庙、亭、钟楼按它们的大屋顶形状构图,气象站取风向标图形,水(风)车按水轮(或风叶)的形状绘制。所以识别、记忆符号,要从符号构图的象形角度去联想所代表的物体。此外,还可以从含义分析、逻辑角度判断上对地物、地貌的符号进行联系记忆。

定向运动地图的地貌判定。地貌即地球表面各种形态的总称,也叫地形。较大的地貌有山地、平地、凹地、谷地。小的地貌有丘陵、土崖、冲沟等。

定向越野地图采用等高线法表示地貌。等高线表示地貌的原理是假想把一座山从底到顶按相等的高度一层一层水平切开,山的表面就出现许多大小不同的截口线,然后把这些截口线垂线投影到同一平面上,便形成一圈套一圈的曲线图形。由于同一条曲线上的各点的高度都相等,所以把它叫作等高线。

等高线与地形的关系。等高线把同一高度的地方连串起来,从等高线的形态和密度可以反映山的形状、高度和斜度。

等高距的作用。等高距是相邻两个水平截面之间的垂直距离,等高距的大小,在很大程度上决定着地貌表示,等高距越小,等高线越多,地面表示就越详细;等高距越大,等高线越少,地貌表示得就越概略。定向越野地图的标准比例尺等高距 5m;在大面积的平缓地形上,其他地物又不多的情况下,也可以采用 2.5m 的等高距。地图上的等高距指等高线之间的距离,通常为 2.5m。

路线设计。由活动组织人印刷或手绘在地图上。在一条典型的定向越野比赛路线中,三角符号表示起点;单圆圈表示检查点(参赛者要寻找的目标),它在现在所在地(以下简称为"现地")的精确位置是在圆圈的中心;双圆圈表示终点。

检查卡。传统的成绩验证装置,用厚纸片。检查卡也可能会直接印在地图的空白处。电子指卡(SI卡)是近几年兴起使用的一种电子点签设备。

检查点。检查点是由 3 部分构成的,即点标、点签、地物及其特征。注意:通常点标上编有代号(代号通常贴在点标的附近,需走近才能看清),以便在比赛时根据此代号来判断是否找到了正确的检查点。完整的检查点由其周边环境共同组成。

定向运动开展所需的电子装备。目前的定向运动已经基本实现全电子化,整个竞赛过程实现电子设备的全介入,对赛事的成功提供了重要保障。图 6-4-2 为现代电子打卡计时系统的指卡、控制站、检查站。

图 6-4-2

参赛者使用电子打卡设备参赛的一般流程:获取指卡→清除指卡(清除站)→出发(起点站)→检查点(路线顺序上所标注的各检查点)→完成路线(终点)→主站(获取成绩/成绩条)。

3. 定向运动的基本技术

定向运动的基本技术主要分为奔跑技能和定向技能。奔跑技能是指参加者根据比赛场地的不同情况，所选择的走、跑或攀爬等行进方式，属于定向运动的"体力"部分内容；定向运动的"定向"技能，是指在场地（野外、公园、校园等环境）上进行的方向判定、地图标定、站立点位置确定、目标方向确定、行进路线选择等技术，这部分属于定向运动的"智力"部分内容，也是定向运动的精髓所在。由此可见，定向运动是体力和智力并重的一种体育运动项目，奔跑靠速度，方位判断、路线选择靠智力。

（1）读图的一般规则。

① 要完整、正确地理解定向图。定向图不是地面客观存在的机械反映，它是通过制图人采用综合、概括、夸大、取舍、移位等制图综合方法完成的。因此，图上物体的数量、形状、大小、精确位置等与实地并非总是完全一致的。

② 要有选择地了解地图的内容。读图时不能漫无边际什么都看，而应有选择地把注意力集中在与解决如何定向和越野跑问题有关的地域和内容上。可以先综合扫视一下图上的比赛地域，而后确定需要重点考察的内容，进而获取需要的信息。

③ 要对各类符号进行综合阅读。不能孤立地看待地物或地貌的单个符号，而应将它们与地貌和其他地形要素联系起来阅读。即不仅要了解它们的性质，还要了解它们之间的方向、距离、高差等空间位置关系，从而明确这些要素对竞赛的综合影响。

④ 要注意读图与记图的关系。读图时，要边理解边记忆，对在比赛中可能有助于判明方向与确定站立点的各种要素更应如此；有效地读图应转变为这样一种能力：比赛中不必过多而频繁地查看地图就能在自己的意识中清楚地再现从图上得到的信息，并根据自己的记忆快速而准确地确定自己在图上的位置、下一步的运动路线和方向。

⑤ 要考虑现地的可能变化。人工或自然的原因造成地形变化是不可避免的，有时甚至是十分迅速的，因此，读图时必须根据图廓外说明注记中注明的测图时间，考虑图上表现内容落后于现地变化的可能性。一般来说，测图时间距离使用时间越久，图上与现地之间的差异就会越大。

⑥ 读图要点。按照由大到小、由重要到一般的顺序，逐一解读图内的各种地物、地貌及各种特征。

（2）读图技术训练方法。

读图技术是快速确定方位、确定站立点的一项基本技术，读图技术的训练目的也就是通过多种手段使参加者能较快了解地图和现地的实际地物、地貌的对应情况，并尽快确定站立点，这一过程也叫标定地图。

① 利用指北针标定地图（定位）的训练法。定向运动中指北针的作用有两个：一个是标定/正置地图，另一个是确定或校正前进的方向。标定地图的方法也有两个：一个是利用现地进行标定，另一个是利用指北针标定。

在站立点上使用指北针，将指北针水平放置于定向地图上，使其蓝色指针指向地图上要去的方向，转动身体，使红色指针指向磁北线方向并与磁北线平行。用指北针标定地图时，当绕过障碍物，如灌木丛、浓密的植被、沼泽、小山等后，必须重新标定地图。在练习中目标应该明显不易错过，完成一个回到起点再找下一个。利用指北针标定地图属于精确标定，故在实际操作时应该依托在一个平稳的基础（如地图图板）上进行。标定完毕还必须保证地图不被触动,才可以进行之后的操作和使用。

② 利用明显地形点标定地图训练法。当位于明显地形点上,并已从图上找到该地形点的位置(即自己所在的站立点)时,可以利用明显地形点标定地图。方法是:先选择一个图上与现地都有的远方明显地形点(目标),然后转动地图,使图上的站立点至目标的连线与现地的站立点至目标的连线重合,此时地图即已标定。

③ 利用直长地物标定地图训练法。利用直长地物(如道路、土垣、沟渠、高压线等)标定地图,首先应在图上找到这段直长地物,然后转动地图,使图上的直长地物与现地的直长地物方向一致,检查对照两侧地形,如果现地各地形点的关系位置与图上相符,则地图即已标定。运动员是在道路上运动,需要标定地图时,平持且转动地图,使图上道路符号与实地道路概略重合,地图即已标定。但要注意的是,实地树位于运动员的右侧,标定地图时,图上树也应位于图上运动员站立点的右侧,否则,标定后的地图方位和实地方位就会相反。

④ 概略标定地图训练法。定向图上的方位是上北、下南、左西、右东。在现地正确地辨别方向之后,只要将定向图的上方对向现地的北方,地图即已标定。这种方法简便迅速,是定向越野比赛中最常用的方法。

标定地图就是为了使定向图的方位与现地的方向一致,这是在野外使用定向图的最重要的前提;标定地图又是个持续不断的、贯穿用图始终的基本要求,如果不遵守,就很容易犯"南辕北辙"的严重错误。

(3) 利用地图行进的能力训练方法。

利用地图行进是定向越野的基本运动方式,它有赖于参加人对前面所述各种方法的综合运用。根据地形情况和个人特点,选择下述对自己最适合的各种方法,反复练习,融会贯通,以便在比赛时不降低或少降低运动速度的情况下,始终正确地行进在自己选定的路线上,顺利到达目的地。

① 拇指辅行法。首先明确自己的站立点、比赛路线、到达的目标;转动地图,使地图与现地的方向一致;以左手拇指压于站立点上(把左手拇指想象为缩小到图中的自己)。行进中要根据自己所到达的位置,不断移动拇指,转动(标定)地图,保持位置、方向的连贯性与正确性,即"人在地上走,指在图上移"。

② 记忆法(超前记图)。按运动的顺序,分段地记住前进路线的方向、距离,经过的地形点,两侧的特征物等内容。通过记忆,应该使自己具备这样一种能力:现地的情景能够不断地与记忆的内容"叠影",印证"人在地上跑,心在图上移"。在短短的几秒的看图时间内,借此方法理解、记忆前方相当长一段距离的比赛路线,以便能在行进中保持较高的奔跑速度。这一方法是定向比赛中高级选手经常使用的方法。

③ 借线法(扶手法)。当检查点位于线状地形或其附近时,可以采用此法。行进时,要先明确站立点,尔后利用易于辨认的线状地形,如道路、围栏、高压线、山背线、坡度变换线等,作为行进的"引导",使自己运动时更具信心。由于沿着线状地形前进犹如扶着楼梯的栏杆行走,因此又称这种方法为"扶手法"。

④ 偏向瞄准法。运用此法时需借助指北针精确定向,当检查点位于线状地形上或其附近时,所处的位置因与其遥遥相对而不是顺延,如果直接瞄准它前往,途中由多种因素造成的偏移会导致到达该线状地形后不知检查点在何方(应该向左还是向右寻找)。若有

意识地将目标方向往左或往右偏移一定的角度(需注意偏移的幅度要适当),则在到达线状地形后就非常明确检查点所在的位置了。

⑤ 借点法。当检查点近旁有高大或明显的地形点时,可用此法。行进前,要先将该地形点辨认清楚(亦可用其他物体辅助、佐证),然后用最快的速度前往检查点。

⑥ 水平位移法。运用此方法的时机是站立点(或辅助点)与检查点在同一高度上;站立点(或辅助点)与检查点之间的植物可通行且无其他不利奔跑的障碍物。

⑦ 导线法。当站立点距离检查点较远,途中地形又很复杂时,可以采用此法。需注意,切勿将相似的地形点用错。行进过程中,要多次利用各个明显地形点,确保前进方向与路线的正确性。

(4) 定向越野"跑"的技术训练。

定向越野跑的特点:一种长距离的间歇式赛跑(在途中常需要停下来看图或定向);在野外清新环境中的奔跑可以使肌肉的紧张与放松,身体的负荷与精神的专注不断地交替进行;所有参加者的全身,特别是呼吸与心血管系统能得到较大的锻炼。

基本要求:一方面能够尽可减少人体能量的消耗,维持一定的跑速,另一方面又能根据比赛的情况,具有加速度的能力。

在奔跑过程中始终注意:① 呼吸,最好利用鼻子与半张开的嘴(用舌尖轻舔上颚)共同呼吸。一般情况下应自然、有适当的深度并有节奏地呼吸。② 姿势,主要采用身体微向前倾或正直的姿势,要尽量使身体保持平稳。③ 速度,一般来讲不宜过快。过快会影响体力的正常发挥和判断力。但对于一名有经验的参赛者来说,当地形有利(如参照物多、道路平坦等)时,则应尽可能地快跑。④ 体力分配,通过工作阶段(肌肉的紧张)和休息阶段(肌肉的放松)适时交替的方法,达到既跑得快,又跑得省力的目的。⑤ 距离感,在越野跑中保持一定的距离感是必要的,它不仅可以帮助提高找点的速度,也有利于体力的计划与分配。⑥ 节奏,人感受的最适宜的节奏是每分钟 70~90 步(即每步时值为 0.85~0.67s)。有节奏的动作不仅能节省身体能量的消耗,而且能达到最适宜的动作协调。协调而富有节奏的动作,能给人以轻松自如的感觉和美的享受。

越野跑技术:越野跑时,由于跑的地点和环境在变化,所以跑的技术也要因条件的改变而随之变化,以下针对越野过程可能涉及的路况进行不同路况的技术分析。

沿道路跑技术:采用基本上与中、长距离跑相同的技术,并尽量注意在路面平坦的地方奔跑。

过草地跑技术:用全脚掌着地,同时留心向前下方看,以免陷入坑洼或碰在石头上。

上坡跑技术:上体应前倾,大腿高抬一些,并用前脚掌着地,小步跑上去。遇到较陡的斜坡,可改用走步的方法或用之字形跑(走)法。必要时可用单手或双手辅助攀登。

下坡跑技术:上体应稍后倾,并以全脚掌或脚跟着地的方法进行,遇到较陡的下坡或地面很滑的斜坡,可用侧脚掌着地,甚至采用蹲状,并用手在体后牵拉(草、树)、撑(地)方式行进。到达下坡的末端(一般 8~10m),可顺坡势疾跑至平地。

穿树林奔跑技术:注意不要被树枝、树叶、藤蔓等剐伤,特别要防止被树枝戳伤眼睛。此时一般都用一手或两手随时护住脸部。

下跳技术:从稍高的地方(1.50m 以下)往下跳时,可用跨步跳的动作。踏在高处的腿(支撑腿)必须弯曲,另一腿则向前下方伸出,跳下,两脚着地并以深屈膝来缓和冲击的力量。同时,在落地时,两脚应稍微前后分开,以便继续前跑。从很高的地方往下跳时,应设法降低下跳的高差,根据情况采用坐地双手撑跳下或侧身单手撑跳下的方法。注意:落地时要两腿深屈。

过障碍跑技术:遇到小的沟渠、土坑、矮的灌木丛或倒伏树木时,要增加跑速,大步跨跳而过;在落地的同时,上体稍向前倾,以便保护腰部,便于继续前跑;在通过较宽的(2.5~4m)的沟渠时,需用15~25m的加速跑,采用大跨步跳和跳远的方法越过。应注意做好落地动作,防止后倒;遇到大的倒伏树木、其他矮障碍物,可以用踏过它们的方法越过;遇到较高的障碍物(不超过2m),如矮围栏、土墙等,可用正面助跑蹲跳和一手或双手支撑的方法翻越;通过独木桥等狭窄悬空的障碍物时,应采取使脚面外转成八字的跑法。如果这类障碍物很长,就不应跑,而应平稳地走过。

4. 定向运动基本规则

从定向运动的定义概述中可以知道,定向运动的徒步定向(定向越野)要求"以最短的时间"及"按顺序到访"(非积分赛或团队赛),因此,参与者只能在定向运动地图、指北针的帮助下徒步完成比赛,最终按全部顺序到访的检查点所用时间最少为优胜。

实践(比赛过程)中犯规与处罚分类如下。

(1)定向运动中下列情况给予警告。

代表队成员擅自出入预备区,但未造成后果的;在出发区提前取图和抢先出发者;接受别人帮助,如指路、寻找检查点等;为别人提供帮助,如指路、寻找检查点等;为从对手的技术获利,故意在竞赛中与对手同跑或跟进者。

(2)下列情况,判运动员成绩无效。

冒名顶替参加竞赛者;定向越野竞赛中使用交通工具者;有证据表明在竞赛前勘察过路线者;超过规定的完成竞赛时间者;竞赛未结束,运动员到达终点后,再进入赛区;未通过全部检查点,即检查卡片上打印器图案不全者(基层竞赛执行);打印器图案模糊不清,确实无法辨认者(基层竞赛执行);竞赛结束前(指终点关闭)不交回检查卡片者(基层竞赛执行)。

(3)下列情况,取消竞赛资格。

竞赛前擅自进入竞赛场地者;不符合分组年龄标准或谎报年龄,弄虚作假者;蓄意破坏点标、打卡器或其他竞赛设备者;有意妨碍他人竞赛的竞赛者;丢失竞赛检查卡片者;没有佩戴大会颁发的号码布的竞赛者。

(4)其他情况处理。

运动员途中因伤病不能继续完成竞赛时,以弃权处理,退赛后应尽快向就近裁判员报告;出发前运动员因故退赛,领队或教练员应向起点裁判长递交书面报告;运动员迟到,且按竞赛顺序下批运动员已进入出发线时,该运动员按弃权处理;运动员在竞赛中损害群众利益,视情节给予处罚,影响竞赛由本人负责,造成的后果及经济损失由本队负责。

6.4.3 定向运动选项课考核评价标准

1. 各学期成绩计算方法

详见附录A。

2. 定向运动课程各测试项目及评分标准

(1) 体育专项考试项目和标准。

定向运动专项考试成绩评定方法：定向运动期末考试成绩按照个人完成路线所用时间(秒表/电子计时)在班级中的排名给分(女生可提高10个名次)，第一名100分，第二名99分，第三名98分，第四名97分，以此类推；成绩时间无效按照最低分60分处理。

(2) 四项体能测试项目和标准。

男生：50m 跑、1000m 跑、立定跳远、引体向上。

女生：50m 跑、800m 跑、立定跳远、1min 仰卧起坐。

评分标准：严格执行教育部印发的《国家学生体质健康标准(2014年修订)》。

体能测试项目成绩：四单项平均得分。第一学期、第二学期、第三学期和第四学期，每项5分。

(3) 学生平时成绩和标准。

上课出勤率：请假、迟到、早退，一次扣1分，旷课一次扣2分；教师根据学生平时上课的表现评定学生的学习态度。

(4) 课外体育锻炼根据学校下发的文件来执行。

6.5 门　　球

6.5.1 门球运动概述

门球起源于法国，最初被称为槌球，它是一种在平地或草坪上，用木槌击打球穿过铁门的一种室外球类游戏。门球运动后来传入英国并得到广泛传播，经过改良和精简后，逐渐发展成为现代门球运动。17世纪，在英、法、意、苏格兰等国的宫廷和上流社会中都有众多的槌球爱好者，在当时已成为风尚。1861年，英国人E·劳特利吉编印了第一部槌球规则，使这项宫廷游戏演变成体育项目，从此走向社会。1870年，英国成立了"全英槌球俱乐部"。20世纪40年代，槌球传入我国，当时的燕京大学曾把它列为体育课的内容。1947年12月，门球运动传入日本的北海道，经过铃木和伸的改良和精简后，成为风靡日本的门球运动。

在中国，门球运动于20世纪80年代初进入人们的生活。1983年，当时的国家体委委托上海市体委举办了第一届全国门球培训班，并在全国推广门球运动。1987年，中国门球协会注册的会员已达50万人，门球爱好者数量众多。进入20世纪90年代，门球运动有了长足发展。大江南北，长城内外，到处可看到肩扛T形球棒的老人。1996年举行的全国第三届工人运动会，门球被列为比赛项目。现如今各高校也在开设门球课，门球成为当代大学生所接受和喜爱的运动项目。

6.5.2 门球运动技术及规则

1. 握柄技术

(1) 正握柄法。左右两大臂贴于胸前，两手掌向内。左手用拇指在后，其他4个手指在前，满把握住棒柄。右手用同样的方法在左手上方或下方满把握住棒柄。

(2) 反握柄法。左右两大臂内旋,掌心向前,虎口向下。左手握棒柄时,掌心向前,虎口向下用拇指、中指、无名指和小指握住棒柄,食指伸直贴在棒柄的后面。右手用同样的方法握在左手的上面或下面的柄上。

此握柄方法在瞄准时,瞄准目标与手掌向前的方向是一致的,在瞄准时看槌联线的线段要长,有利瞄准。

(3) 侧握柄法。左右两臂自然下垂,两手虎口向下。左手掌贴至棒的左侧,用拇指在前并与中指、无名指和小指握住棒柄,食指伸直紧贴棒柄的左侧。右手在左手的上方或下方用同样的方法握在棒柄的右侧。

(4) 由正握、反握、侧握3种而综合成的双手握柄法。一手正握一手反握的正反握柄;一手正握一手侧握的正侧握柄;一手反握一手侧握的反侧握柄。另外还有一手按照握柄方法握住棒柄后并将棒柄上端靠住握柄手的小臂,达到稳住棒柄目的的单手握柄;还有用一手的食指和中指夹住棒柄上端,另一手握在这手的下端的握柄方法。

2. 击球技术

击球是由击球姿势开始,经瞄准、挥棒击球至结束的过程。

(1) 瞄准。击球前先将槌头放在球后,槌前端面距球约5cm,槌前后两端面最低点所连直线平行地面与地面相距1.5~2cm,使槌中心线,球体中心线与击球方向线相吻合。

(2) 击球。经过瞄准,球棒放好后再准备挥棒击球。挥棒时先使棒柄沿击球的方向线,缓慢而平稳地后摆,后摆距离不宜太长,一般距球20~30cm(侧击可到40cm)。棒柄后摆停止后接着沿后摆路线向前摆动。在后前摆动时做到两手臂肌肉放松,身体各部位和谐配合。再眼注视槌和球,在前摆中以槌头端面的中心点击打球体的重心水平面的后端端点,并使槌头有瞬间随球前送过程,从而增加球向前滚动的平稳性。

在击球的过程中,击球姿势不同,在动作方法上也有所不同。

① 跨打。双脚分开站立,与肩同宽,球杆置于双脚之间。挥动球杆击打时,球杆摆动类似于钟摆(见图6-5-1)。这种击球姿势虽是我国独创,但已得到国际门球联合会的认可。
跨打

双贴脚站位。双脚站立与肩平,品字站位杆居中,双腿站直腰微躬(见图6-5-2)。
双贴脚站位

图 6-5-1　　　　　　　　图 6-5-2

单贴脚站位。双脚平行分开与肩同宽,双脚与球构成等腰三角形。然后将槌头平放
单贴脚站位

在自球与目标的延长线上,一只脚向前将前脚掌突出部位轻贴在槌侧边,即"单点贴"(见图 6-5-3)。或槌边贴靠在前脚掌与脚后跟的两个突出部位,即"两点贴"。

侧击站式

侧击站式。(以向左击球为例)向右摆棒柄时,两大臂贴于肋侧,小臂向右摆的同时,身体重心随摆棒移至右脚。双臂向左摆时要借助身体重心左移和全身协调配合的力量使棒柄摆至体前击球(见图 6-5-4)。

图 6-5-3

图 6-5-4

正体侧击站式

图 6-5-5

正体侧击站式。(以右侧击球为例)两臂后摆的同时借助两膝抬起的动作带动棒柄缓慢后引。在摆动中棒柄上部紧贴右臂的小臂,防止棒柄晃动,槌头偏离击球方向。接着两膝弯曲,使棒柄前摆,两膝前顶保证棒柄平行地面前摆击球。击球时,上手不要过分用力。击球过程中脚踏实地,脚跟不要抬起(见图 6-5-5)。

② 闪击。亦称闪击球,即通过击打自球而产生的振动力将置于自球前的他球击出

闪击

的特殊击球技术。闪击是门球常用的攻击、破坏手段,具有独特的战术意义,因此必须很好地掌握。

闪击的技术要领:当自球碰撞他球时,如果自球和他球均停在界内,可进行闪击。其技术要领如下。

撞击后,待自球、他球停稳后,球员去捡拾他球;将他球拾起后回到自球停止的位置;根据闪击方向,将他球置于自球前面;用脚踩住两球,使之固定;如闪击的他球是对方的球,则必须伸直一条手臂指示击球方向;以正常的击球动作,用球槌端面叩击自球,通过自球的动量将他球震出。

闪击注意事项如下。由于闪击时必须通过自球把力传给紧贴的他球,所以瞄准时应当把他球球心放在自球球心"射"出的瞄准线上;由于闪击涉及自球与他球,因此必须用脚踩住它们,动作完成之前不能发生位移;脚踩二球时,力量应适中,以使双方球固定为宜,

踩得太重或太轻都影响闪击的效果。特别应注意：自球传给他球的动量是他球运动时的全部动量，因此，他球必须贴紧自球，并用脚踩住，固定好，稍有松动，力就不能全部传给他球，使球受力不足或偏离击球方向，影响闪击的准确性；闪击的击球力量要恰当把握，闪送自球时，最低限度要保证击球后，他球留在场内；闪击他球则应视情况加大力量，使其一定出界。

3. 比赛基本规则

门球比赛时间为 30min，两队对抗，每队 5 人。首先由双方教练或队长在裁判领导下，投币决定攻球先后。先攻队攻红球，号码为 1、3、5、7、9 号；后攻队攻白球，号码为 2、4、6、8、10 号。教练员、比赛队员和击球的顺序，均填入记录表，然后在指定位置列队。比赛开始时，裁判宣布 1 号球员开始过第一门，如进门失败，则轮到 2 号过门，直到 10 号打完为止。第二轮重新击球过第一门。如果通过第一门，作为通过球门的权利，可获得一次续击权。通过第一门后，继续根据比赛规则通过第二门、第三门，再撞终点柱，该队员的比赛活动才全部结束。通过各球门各得 1 分，撞上终点柱得 2 分。参赛队员每人的最高得分为 5 分。如果全队队员的球都能撞到终点柱，则共得 25 分，最后总分多的队获胜。

比赛场地为长方形，长 25m，宽 20m，四周界线称比赛线，比赛线外四周 1m 处再画一条线，称为限制线。比赛场地四角，按逆时针方向依次称为 1、2、3、4 角。在第一角角端 1m 处，向第四角延伸 2m 的线段称起始线。场内设有 3 个球门，分别称第一门、第二门、第三门。球门钉牢在地面上。终点柱钉在 4 个角对角线的交叉点上。球棒由柄和槌头组成，柄长不得少于 60cm，槌头为圆柱形，可用木质或压缩树脂加工，槌头端面为平面。球表面光滑，直径 7.5cm，分红、白两色。球体应有号码，红球为 1、3、5、7、9 号；白球为 2、4、6、8、10 号。

6.5.3 门球选项课考核评价标准

1. 各学期成绩计算方法

详见附录 A。

2. 测试项目及评分标准

（1）体育专项评判方法与标准。

全场击球（100 分）要求：按规定路线击球进门（不进需补进），具体评分标准如表 6-5-1 所示。

表 6-5-1 全场击球评分标准

100 分	90 分	80 分	70 分	60 分	50 分	40 分	30 分	20 分
6	7	8	9	10	11	12	13	14

定点击球 5 个（每球 20 分，共 100 分）要求：在终点柱外 5 米处击打终点柱，击中得分。

(2) 四项体能测试项目和标准。

男生：50m跑、1000m跑、立定跳远、引体向上。

女生：50m跑、800m跑、立定跳远、1min仰卧起坐。

评分标准：严格执行教育部印发的《国家学生体质健康标准（2014年修订）》。

体能测试项目成绩：四单项平均得分。第一学期、第二学期、第三学期、第四学期，每项5分。

(3) 学生平时成绩和标准。

上课出勤率：请假、迟到、早退，一次扣1分，旷课一次扣2分；教师根据学生平时上课的表现评定学生的学习态度。

(4) 课外体育锻炼根据学校下发的文件来执行。

6.6 轮　　滑

6.6.1 轮滑运动概述

轮滑（roller skating），又称为滚轴溜冰、滑旱冰，是穿着带滚轮的特制鞋在坚硬的地面上进行滑行的运动。现今轮滑运动分为单排轮滑和双排轮滑。轮滑运动也是极限运动的一种，同时，随着技术的不断进步，轮滑还被人们开发为一种出行的交通工具。

提及轮滑运动，多数人的脑海里会浮现出时尚、动感、新颖等形容词，但轮滑这项运动其实并不年轻，200多年前世界上便有了对轮滑的记载。轮滑运动最初是由荷兰的一位运动员发明，其目的是想在自然冰融化时找到一个可以继续训练的手段。他的设计思路是将木线轴固定在鞋底部，从而使鞋子能够达到滑动的效果，在经过不断的尝试与改进后，世界上第一双轮滑鞋便就此诞生。这一伟大的发明迅速引起了人们的兴趣，轮滑运动的热度也随之不断升高。在随后的时间里，人们对轮滑鞋的构造不断改进，由木轮变为铁轮、钢轮，再到最后的橡胶轮，轮子从无轴承变为有轴承，轮滑鞋从无制动装置变为有制动装置，每一次构造的改变都为轮滑鞋的性能带来了大大提升，从而吸引了越来越多的人群参与到轮滑运动中。轮滑主要分为速度轮滑、花样轮滑、轮滑球、极限轮滑、自由式轮滑和休闲轮滑等几种类型。轮滑运动具有娱乐性、健身性和观赏性等特点，深受大学生的喜爱。

6.6.2 轮滑运动技术及规则

轮滑技能的习得是一个循序渐进的过程，且技术之间均为环环相扣的关系。因此本书将轮滑技术按照由易到难，由基础到进阶的难度梯度依次进行介绍，读者可依此顺序进行练习，能够获得更好的学习效果。需要注意的是，轮滑项目初学时很容易摔跤，故初学者尽量不要在无保护措施的情况下进行练习，练习轮滑前务必穿戴好护膝、护肘、护掌及头盔等装备。

1. 安全摔倒与起身

(1) 安全摔倒。摔倒是轮滑学习中不可避免的，那么如何在摔倒时将伤害降到最低

安全摔倒

是我们要考虑到的。摔倒时没有固定的保护姿态,初学者切记在起身后应时刻保持重心前倾的姿态,屈膝下蹲,将身体重心降低,摔倒时尽量使用护具接触地面,尽可能避免向后摔倒。

（2）起身。轮滑鞋底部一般由3、4个轮子作为支撑物,首次穿轮滑鞋时,初学者会因重心不稳而无法起身。此时,需要做到双膝跪地,呈面向地面的姿态。首先将双手撑地,以固定身体姿态,随后提臀,将两条腿依次收到身体下方,将两脚固定住后腿部发力,逐渐起身。

起身

2. 轮滑鞋的适应

以下几个动作能够更快地帮初学者适应轮滑鞋。

（1）人动轮不动。初学者脚穿轮滑鞋尝试向前行走,迈出的每一步都要控制好不让轮子转动,起初迈步距离不要太大,速度不要太快。随后逐渐将膝盖抬高,步子迈大,加快行走速度。

人动轮不动

（2）轮动人不动。初学者将两脚靠近,保持两只脚平行站立。将一只脚向前滑动,另一只脚向后滑动,随后两只脚交换方向,交替滑动。此时上身保持原地不动,做到轮动人不动。做该动作时可将双臂伸开以保持身体平衡。

轮动人不动

（3）蹲起。双脚与肩同宽站立,双排轮保持平行,缓慢做深蹲动作。注意穿轮滑鞋做深蹲时身体要主动前倾,避免向后摔倒。

3. 正/倒滑弧技术

正/倒滑弧技术为轮滑技术中最为基础的滑行技术,该技术能够最为快捷地提升初学者对轮滑鞋的掌控能力以及掌握滑行时腿部的发力顺序。接下来以正滑弧为例具体介绍。

正/倒滑弧技术

准备阶段：身体正直站于地面,屈膝下蹲降低重心。膝盖外翻,脚跟靠近,脚尖分开,双脚所成的夹角接近90°为宜。

出发阶段：身体整体前倾,将重心置于体前,双脚顺势向身体两侧蹬地,当双脚间距大约两肩距离的宽度时将双脚脚尖摆正,此时双脚方向平行朝前。

结束阶段：脚踝发力,带动双脚脚尖形成内扣姿态,此时两脚随轮滑鞋向身体中心方向回收。此时大腿发力配合内夹,从而成功将双脚回收至身下。(注意：双脚回收阶段要注意双脚距离,当双脚脚尖接近至一拳距离时应及时停住,避免两只轮滑鞋因相撞而造成摔倒。)

倒滑弧技术与正滑弧技术动作相似,将正滑弧技术反向做出即可得到倒滑弧技术。但做倒滑弧时需注意将头转向两个肩膀的位置,利用余光观察身后情况,避免被障碍物绊倒。

技术动作成型后,可尝试取消两次动作间的停顿,变成视频中呈现的连续正、倒滑弧。

4. 单腿正/倒滑弧

在学习单腿正/倒滑弧时需要掌握单腿支撑和重心转移技术。

(1) 单腿支撑。两脚开立,略宽于肩,双脚脚尖平行朝前;一条腿慢慢弯曲,成为支撑腿,另一条腿逐渐打直,成为浮腿。逐渐将整个上身移动至支撑腿上,身体不要产生任何歪倒和旋转。重心向前倾,自身体感为脚掌用力多于脚跟用力;支撑腿下蹲,膝关节角度略大于直角,支撑腿垂直于地面站立。此时学习者的下巴、膝盖、脚尖呈"三点一线"的状态,自身体感为向下看时,膝关节刚好挡住自己支撑腿的脚尖。此时整个上半身的重量全部置于支撑腿上,浮腿上没有任何重心。

重心转移

(2) 重心转移。学习者做单腿支撑状,此时支撑腿侧向发力慢慢蹬直,逐渐将上半身转移至浮腿上。浮腿慢慢下蹲,逐渐变为支撑腿。重心转移时须始终保持重心稳定,避免重心转移过程中产生高度的变化,上半身要做到平移。

单腿正/
倒滑弧

(3) 单腿正/倒滑弧。一条腿作为重心腿,另一条腿做正/倒滑弧动作。回收后重心转移,双腿动作交换,交替蹬腿,从而实现向前/后滑行。如果学会单腿倒滑弧,那么就已经学会了最基础的倒滑技术。

正滑陆地
模仿

5. 正滑+摆臂

正滑动作包括蹬腿、收腿、落地3个环节。学习者可先脚穿运动鞋做正滑的陆地模仿练习,熟悉动作后再进行轮滑练习,从而达到更好的学习效果。

正滑+摆臂

(1) 蹬腿。将上身移至支撑腿上方,重心降低,将头抬起目视前方,浮腿向身体侧面用力蹬出(注意:初学者很容易向侧后方蹬腿,切忌此类错误出现)。

(2) 收腿。当浮腿蹬出后,在动作末端将腿抬起,此时大腿向内靠拢,自然下垂,小腿折叠抬起,平行于地面,脚踝呈自然放松状态,将浮腿回收至身体下方(注意:收腿阶段浮腿只有小腿发力,大腿与脚踝均呈放松状态。初学者切忌向前顶膝和勾脚尖的动作出现)。

(3) 落地。小腿逐渐放松,将浮腿落下。落地时两脚间距一拳为宜,两脚脚尖尽量落于同一冠状面。浮腿落地后马上转为支撑腿,承担身体重心。

双腿交替重复以上动作。

(4) 摆臂。双手空握拳,似手心有鸡蛋。向前摆臂时,手的虎口正对面颊,不要超过身体中心矢状面。手肘自然下垂,肩关节放松,双肩朝前,不要扭动变形。向后摆臂时手臂须打直,高高摆起,掌心朝上,手臂并非紧贴身体而是与身体矢状面留有 45°的夹角。

正滑时浮腿蹬地,对侧手向后摆臂,手脚配合进行滑动,从而习得正滑。

制动

6. 制动

滑行时能平稳、安全地减速制动可以为滑者带来充分的安全保障,并且能够很大程度降低滑者的恐惧心理,此处介绍几类较为基础和简便的制动方式。

(1) A 刹。A 刹为正滑减速的一项制动技巧。顾名思义,该制动方式在开始阶段双脚充分打开,双脚脚尖内扣,视觉上双脚摆出类似大写字母 A 的状态。减速时重心尽可能压低,大腿尽力撑开以抵挡脚尖内扣时轮滑鞋带来向内的压力。此时滑者会慢慢降低速度,直至停止。

(2) V刹。V刹为倒滑减速的一项制动技巧。与A刹类似,动作相反。在制动阶段双脚尽量打开,此时脚尖外翻,视觉上双脚呈现字母V的状态。减速时重心尽可能压低,大腿尽力撑开以抵挡脚尖外翻时轮滑鞋带来向内的压力。此时滑者会慢慢降低速度,直至停止。

(3) 圆规转。圆规转是指滑者在制动时将双脚充分打开,以一个脚为圆心进行转弯的技巧。圆规转利用转弯时产生的离心力来抵消轮滑时产生的动力势能,从而达到制动的效果。需要注意的是,利用圆规转技巧制动时需要更多地横向移动,因此此时要注意观察身旁的情况。

7. 转身

转身技术是连接正滑、倒滑技术的纽带。

(1) 原地转身练习。转身技术并非单纯的滑行技术,而是整个人进行180°的转体动作,因此该动作的完成离不开上身的协调配合。

准备转身时应膝盖弯曲,重心降低,先将头部扭向身后(向哪个方向转身头转向哪个方向),肩膀顺势扭动,整个人呈"拧麻花"的状态;转身时将身体重心略微抬高以便轮滑鞋能更灵活地转动,此时抬起外侧脚(转身侧脚)沿着身体垂直轴进行旋转,转动180°后落地,转动脚放置于支撑脚后侧,脚尖方向相对;将支撑腿收回,两脚平行相向,间隔一拳距离左右,屈膝下蹲,降低重心,保持身体平衡。

原地转身

(2) 行进间转身。原地转身动作掌握以后可尝试进行行进间转身练习。在行进间转身练习时,建议滑者依照"弱前强后"的原则进行练习,也就是说正滑、倒滑,更熟悉哪种滑行技术可将其作为转身后的滑行状态(如熟悉正滑的滑者可优先练习倒滑转正滑),这样能够保证在转身后更容易控制身体平衡,达到事半功倍的效果。

行进间转身

8. 惯性转弯

惯性转弯技巧能够使滑者的滑行能力更为灵活,从一维的仅能前、后滑行方式转为二维滑行方式。

惯性转弯

(1) 1字滑。1字滑是惯性转弯的基础。顾名思义,是将两只脚前后开立,左右并拢,两轮滑鞋视觉上组成数字1的滑行姿态。练习1字滑时应将重心稍向前倾,前腿承重多于后腿。

(2) 惯性转弯。在1字滑的基础上将重心向身体侧面倾倒。前侧鞋用外刃滑行,后侧鞋用内刃滑行,身体自然而然地会向身体一侧进行转弯。进行惯性转弯时要注意,向哪一侧转弯应将同侧脚置于身前,同时身体向同侧倾倒。

9. 压步转弯

压步转弯是轮滑弯道加速的滑行技巧。

原地压步

(1) 原地压步练习。两脚与肩同宽,身体倒向一侧,支撑腿垂直地面;浮腿顶膝高抬,带动轮滑鞋越过支撑脚脚面;浮腿落地,屈膝下蹲,变为支撑腿支撑身体重量,此时后浮腿打直,外刃触地;浮腿收回,放至双脚一肩距离处,屈膝下蹲,变为支撑腿。重复以上动作多次。

（2）压步转弯分解练习。做单腿压弯练习，支撑腿弯曲下蹲，利用外刃进行滑行，浮腿做正滑弧；单腿压弯的基础上，由单腿正滑弧变为单腿侧蹬；单腿侧蹬的基础上将浮腿顶膝高抬，轮滑鞋置于支撑腿小腿处；浮腿落地，变为支撑腿，后退利用外刃侧蹬后收腿，随后循环做压步动作。

压步转弯分解练习

倒滑压步动作与正滑压步动作相似，区别在于浮腿落地时，脚跟需要向身体外侧偏转，两脚之间留有一个 45°左右的夹角。

倒滑压步

6.6.3　轮滑选项课考核评价标准

1. 课程考核方式与成绩评定

（1）考核类别：技术考试。

（2）考核方式：期末小组统一考试。

2. 各学期成绩计算方法

详见附录 A。

3. 测试项目及评分标准

（1）轮滑测试项目及评分标准。

项目一：曲直交替滑行

适合在室外教学活动场地宽阔、平整、干燥的条件下使用。

考试场地：轮滑场地为长 30m、宽 14m 的矩形空地。考场内设置曲线滑行区和直线滑行区。

考试内容：运动员从起点出发，先进入曲线滑行区，交替绕过 6 个标志桩后进入直线滑行区，在直线滑行区奋力冲刺最终抵达终点，如图 6-6-1 所示。

图 6-6-1　滑行路线

项目一成绩评定标准如表 6-6-1 所示。

项目二：绕圈滑行

适合在轮滑室外教学活动场地较小、干燥的情况下使用。

考试场地：在场地适合的位置上,放置标志物,组成一个闭合的圈子。

表 6-6-1　项目一成绩评定标准

分值	100	95	90	85	80	75	70	65	60	55	50	45	40	35	30
男生/s	≤25	26	28	30	32	34	36	40	44	48	52	56	60	65	≥66
女生/s	≤30	32	34	37	40	43	46	50	54	58	62	66	70	75	≥76

考试内容：测试同学从起点出发,绕圈滑行,选取适宜的滑行距离,统一计时,按照在轮滑班级中的排名恰当给分。男女生的滑行距离比为 1.2∶1,即男生滑 120m 相当于女生滑 100m。

项目三：绕桩滑行

适合在室内教学场地较为狭窄、干燥的场地使用。

考试场地：轮滑场地长 16m、宽 3m 左右的矩形空地上,放置 5 个标志物。

考试内容：测试同学从起点出发,交替绕过 5 个标志桩,2 个来回,最终抵达终点,按照时间长短给分,如图 6-6-2 所示。

图 6-6-2　轮滑绕桩滑行线路图

轮滑绕桩滑行成绩评定标准如表 6-6-2 所示。

表 6-6-2　轮滑绕桩滑行成绩评定标准

分值	100	95	90	85	80	75	70	65	60	55	50	45	40	35	30
男生/s	≤19	20	21	22	23	24	25	28	30	32	34	36	38	40	≥42
女生/s	≤22	23	24	26	28	31	34	37	40	43	46	49	52	55	≥58

(2) 四项体能测试项目和标准。

男生：50m 跑、1000m 跑、立定跳远、引体向上。

女生：50m 跑、800m 跑、立定跳远、1min 仰卧起坐。

评分标准：严格执行教育部印发的《国家学生体质健康标准(2014 年修订)》。

体能测试项目成绩：四单项平均得分。第一学期、第二学期、第三学期、第四学期,每项 5 分。

(3) 学生平时成绩和标准。

上课出勤率：请假、迟到、早退，一次扣 1 分，旷课一次扣 2 分；教师根据学生平时上课的表现评定学生的学习态度。

(4) 课外体育锻炼根据学校下发的文件来执行。

第三篇　学习评价篇

第7章 "体育与健康"课程学习评价

《全国普通高等学校体育课程教学指导纲要》(以下简称《纲要》)指出:"体育课程评价包括对学生的学习、教师的教学和课程建设等三个方面。"体育学习评价是教育教学中的重要环节。评什么、怎样评,事关学生的进步与发展。虽然近些年体育与健康评价改革取得了一些进展,但改革者对评价改革理念的理解仍较为模糊,尚存在认识上的偏差,且评价的实施缺乏可操作性,为评价而评价的情况依然很普遍。因此,需要建立一个符合时代要求的、真正促进学生身心发展的体育与健康课程学习评价体系。

7.1 体育学习评价概述

当前的体育教育实践要求学生各方面素质得到全面和谐的发展。而传统的体育学习评价只注重学生的体能和运动技能,忽视学生其他方面的发展;坚持用统一的标准(如《国家体育锻炼标准》)来评价所有的学生,忽视了学生的个体差异。当代建构主义理论认为,认知个体是主动解释客观世界的,并处在不断发展和改变的过程中,如果用一成不变的评价标准来评价不同时代的学生显然具有较大的局限性,而且传统、单一的评价方式也不适应当代心理学理论中的多元智力理论。由此可见,学生体育学习评价的改革势在必行。而在"体育与健康"课程的教学实施过程中,如何确定评价标准,如何科学合理地评价学生的"体育与健康"课程的学习成绩,使评价成为促进学生更好地进行学习和积极参与体育活动的有效手段,是我国体育与健康课程改革亟待解决的问题。

7.1.1 "体育与健康"课程学习评价的目的

传统教育是一种精英教育,学生的学习评价主要以选拔和升学为目的,是甄别学生的过程。在这一过程中,只有少数人获得鼓励,体验到成功,大多数学生都成了体育学习的失败者。然而,素质教育是以面向全体学生、全面提高教学质量、充分发展学生个性为特征的教育。《基础教育课程改革纲要(试行)》指出:"评价不仅要关心学生的学业成绩,而且要发现和发展学生各方面的潜能,了解学生发展中的需求,帮助学生认识自我,建立自信"。"体育与健康"课程也应该要时刻关注学生的发展,培养学生的自尊和自信,淡化学生之间的评比,为每一位学生的自主体育学习创造机会和条件。因此"体育与健康"课程学习评价的目的主要体现在如下几点。

1. 了解学生的学习情况与表现,以及达到学习目标的程度

由于学习目标不仅是一个要求所有学生达到的统一标准,还应包括个人的努力程度。

因此,"体育与健康"课程学习评价不仅要了解学生的体能与运动技能的情况,更要了解学生在学习活动中的行为表现。

2. 判断学生学习中存在的不足,分析其原因,并改进教学

评价最重要的目的不是为了证明,而是为了改进。"体育与健康"课程学习评价则主要是为了对学生在体能、运动技能、行为、态度、人际交往等方面表现出来的不足进行认真分析,找到原因,以努力改进教师的"教"和学生的"学",使"体育与健康"课程学习评价真正成为实现"体育与健康"课程教学目标的"催化剂"。

3. 为学生提供展示自己能力、水平、个性的机会,并鼓励和促进学生的进步与发展

"体育与健康"课程学习评价不仅让学生在充分展示自己在"体育与健康"课程学习方面的长处的同时,体验体育活动中成功的乐趣与喜悦,增强学习的自信心,而且还让学生在发现不足、体验失败的过程中,激发学生的学习潜力,有助于学生进一步学习和发展。

4. 培养学生正确认识和评价自己与他人的能力,达到自我教育和互相教育的效果

在"体育与健康"课程学习评价过程中,通过学生的自评和互评,可以使学生对自己与同伴的体能、运动技能、态度、行为、人际交往等方面的情况有正确的认识,在此基础上看到自己和他人的长处与不足,以便扬长补短。

7.1.2 "体育与健康"课程学习评价的观点

我国传统的体育学习评价过分强调学生的体育锻炼达标成绩在评价中的作用,把学生的达标率作为评价学校体育教学质量优劣的唯一指标,把达标与评价等同起来。后来大部分高校采用了体育与健康选项课的形式,个别学校施行体育俱乐部的教学组织形式。"体育与健康"课程学习评价则是以人为本,以尊重学生的人格为前提的评价,注重学生的全面发展。与传统的体育学习评价相比,"体育与健康"课程学习评价的主要观点表现在以下 3 方面。

1. 用全面的、辩证的评价代替片面的、不公平的评价

唯物主义辩证法认为,任何事物都有其正面与反面,并且它们在一定条件下可相互转换。在体育教学过程中,有的学生可能因家庭条件好或有运动天赋等因素而有良好的体育学习成绩,在体育学习中的优点和长处明显一些,有的学生则恰恰相反。这是个体差异的反映,是必然的。但在体育教学实践中,我们常常发现有的体育教师认为某位学生的体育成绩好,就"一俊遮百丑",产生"爱屋及乌"的情感和不切实际的评价,反之亦然。其结果导致体育学习成绩优秀的学生自命不凡、骄傲自满;而体育学习有困难的学生则自感卑贱、悲观丧志。这种评价上的"晕轮效应"不仅有失偏颇,而且有碍学生的健康成长。因此,在"体育与健康"课程学习评价中,应注重用全面辩证的观点来评价学生,做到"长其善而救其失"。

(1)全面地评价学生的"体育与健康"课程学习成绩。

全面评价主要表现在既评价学生在"体育与健康"课程中学习运动知识和技能的情况,又评价他们在体育活动中的具体表现;既评价学习的结果,又评价学习的行为;既评价学生在"体育与健康"课程学习中的能力因素,又评价其情感因素等。这样全面地评价学生，不仅能促进学生心理素质的全面发展，提高学生的运动技能水平，而且还能完善和健全学生的人格品质。

（2）辩证地评价学生的"体育与健康"课程学习成绩。

辩证评价则主要表现为让不同水平、不同天赋和条件的学生都能看到自身发展的起点与潜力，通过正确的评价手段来激励和促进学生的发展。在"体育与健康"课程学习评价过程中，应给学习成绩优秀的学生多提供否定的信息，激励他们百尺竿头，更进一步；给学习感到困难的学生常反馈肯定的信息，调动他们"我并不差，我能行"的内驱力。每一位学生只要在原有基础上有提高、有发展、有创新，都有机会得到肯定和赞赏。

2. 用普遍联系的评价代替孤立的评价

唯物主义辩证法认为，世界上的一切事物都是普遍联系的。学生在"体育与健康"课程学习过程中的表现和学习结果无不与其自身各种因素和所处的环境有联系，也就是说，先天与后天、生理与心理、智力与非智力，无不与班级、家庭及社会产生联系。过去在"达标"这根指挥棒的引导下，评价学生的体育学习成绩时，重运动技能而轻情感体验，重生理发展而轻心理健康，重学校的教育作用而轻家庭与社会的监督和配合作用。这是以偏概全的，其结果只能导致学生的体育学习两极分化，使得一些在学习态度、情意表现和合作精神等方面表现较好的学生，终因运动技能的学习感到困难而被淘汰。

"体育与健康"课程学习评价以面向全体学生，使所有的学生都能得到全面发展为主要宗旨，强调用普遍联系的观点来评价和激励学生，从而唤起学生在"体育与健康"课程学习中的活力。首先，在对学生进行体能和运动技能的评价时，应时刻注意关照其他方面，如学习态度、情意表现和合作精神等，以避免分数评价的孤立、片面、生硬、无情。其次，应把学生的"体育与健康"课程学习放在相关的环境中进行考察、评价，并注意其联系。例如，对学生进行"体育与健康"课程学习评价时不要孤立地看学生的"体育与健康"课程上单独进行学习的情况，还要考察其与同伴的合作学习表现，以及课外或校外进行体育活动的情况等，将学生的"体育与健康"课程学习表现和其所处的相关环境联系起来进行综合评价，从而促使他们健康成长。

3. 用发展变化的评价代替一成不变的评价

唯物主义辩证法认为，世界上任何事物都是不断运动、变化和发展的，一成不变的事物是没有的。教师不能以学生一时的学习表现来断定其终身的发展情况。我们都知道，即使是爱迪生、爱因斯坦这样的"旷世奇才"，在小学时期也曾多次因某些方面的不足或失败被教师判为"永远不会有什么前途"的学生，但事实并作如此。如果当时的爱迪生、爱因斯坦因教师的片面评价而一蹶不振的话，其对科学界甚至整个社会的发展所造成的损失是可想而知的。难怪我国著名的教育家陶行知先生要向教师们大声疾呼"你的教鞭下有瓦特，你的冷眼中有牛顿，你的讥笑中有爱迪生"。由此可见，那种用僵化的、静止的观点来评价学生的方式有可能会扼杀人才，阻碍学生的健康发展，这也绝不是教育的目的。因此，体育教师应从一切事物都是发展变化的观点出发，相信学生的发展潜能，并通过相应的评价，促使学生踏上不断发展的阶梯，跃入成功者的行列。基于这一点，在"体育与健康"课程学习评价过程中，体育教师绝不能以一次成败论英雄，而是要从优化学生的学习心理出发,采取激励的手段和方法,促进其主动全面地发展。

7.2 体育学习评价的内容与方法

7.2.1 "体育与健康"课程学习评价的内容

我国传统的对学生的体育学习评价内容呈现单一的现象,基本上局限于对体能和运动技能的评定,忽视了对学生的学习态度、锻炼习惯、情感、合作等方面的评定,这实际上对学生来说是很不公平的。学生无论在体能、技能、兴趣、个性等方面都存在着很大差异,有些学生不用怎么努力,体能和运动技能成绩也能达到优秀;有些学生的"天分"较差,无论怎么努力,成绩依然不能及格,因而严重伤害了这部分学生的自信心和自尊心,削弱了他们体育学习的积极性,甚至使他们远离体育活动。

1. "体育与健康"课程学习评价由单一内容评价向多元内容评价转变

国外一些发达国家自20世纪90年代以来,就普遍重视综合性地评价学生的体育学习情况。日本对学生体育学习的评价内容包括关心、意欲和态度、思考和判断、技能和表现、知识和理解等,并将关心、意欲和态度放在评价内容的首要位置。加拿大安大略省"健康与体育"课程的学习评价内容包括:1~8年级为概念理解、运动技能、积极参与、必备知识的交流;9~12年级为知识和理解、思维和质询、交流、应用。美国最佳体适能教育计划的评价内容包括身体活动的态度、健康概念知识、健康测验、身体活动的努力水平、健康技能的应用,并给予态度部分最大的权重,达到40%。

由上可见,一些发达国家的体育学习评价不仅局限于运动技能,更重视学生的学习态度和运动参与。对学生"体育与健康"课程的学习进行评价,除了需要对其学习的具体内容进行直接评价以外,还要重视其他潜能与特质的发展,尤其要重视学生的探究与创新能力、合作能力、实践能力等方面的发展。传统的体育学习评价由于过分追求量化,抛弃了许多暂时无法定量而又极为重要的评价信息,如学生的学习态度、情意表现和合作精神等。这种评价带来的后果就是使体育教师只重视学生体能和运动技能的发展,而忽视学生情感、心理、能力等方面的发展。因此,为了保证"体育与健康"课程学习评价结果的信度和效度,更为了降低评价的消极影响,尽可能发挥其积极作用,评价内容必须多元化。"体育与健康"课程学习评价理念走出了只重视评价的甄别功能的误区,更关注学生的实际发展,强调学生的个别差异和个性特点,在一定范围内允许学生依照自己的兴趣和特长选择所擅长的项目作为评价内容,以尊重学生在"体育与健康"课程学习评价中的个性化反应。与此同时,"体育与健康"课程学习评价还比较注重评价学生合作学习的情况。传统的体育学习评价为了达到甄别的目的,往往把学生置于个人环境中,忽视学生之间的交流与合作,让学生面对困难孤军奋战。这不利于学生养成相互合作的技巧和精神,不符合当代社会生活对人的要求。因此,"体育与健康"课程学习评价鼓励学生之间的合作,关注学生在小组合作中的行为表现。

2. "体育与健康"课程学习评价的具体内容

《体育与健康课程标准》(以下简称《课程标准》)十分重视对学生体育学习的综合评

价,强调在评价学生的体能和运动技能的同时,更重视评价学生的学习态度、情意和能力等方面的发展,以真正体现"面向全体学生"的教育理念,真正体现评价的公平性和教育功能。

(1) 体能的评定。发展体能既是"体育与健康"课程重要的学习内容,也是"体育与健康"课程的重要目标。依据我国学校体育要贯彻"健康第一"的指导思想,并考虑到目前我国学生的健康现状,《课程标准》将体能作为学生学习成绩的评定内容之一,其中所指的体能的评定与以往体育课中的身体素质与运动能力的考核既有联系,又有明显差别。《课程标准》更强调对与健康有关的体能进行评价,如心肺耐力、柔韧性、肌肉力量、肌肉耐力、身体成分等。学生的体能评价可根据相应水平的体能发展目标与内容框架,选择几项体能指标进行评定。在对学生的体能成绩进行评定时,建议结合各水平学生的年龄特点,参照《国家学生体质健康标准(2014年修订)》,并结合学生的个体基础与进步幅度进行成绩评定。

(2) 知识与技能的评定。对学生体育与健康知识与技能学习成绩的评定内容主要包括:对于体育与健康的认识,体育与健康对于人、社会的价值和重要性;掌握体育与健康的相关知识以及运用于实践的情况;掌握符合一定学习水平目标要求的运动技能以及运用于实践的情况。

(3) 学习态度的评定。从终身体育的角度来看,"体育与健康"课程的重要目标就是要树立学生对"体育与健康"的正确认识,使学生形成正确、积极的体育与健康态度。所以学生对待"体育与健康"课程学习与练习的态度应是"体育与健康"课程学习成绩评定的重要内容。对学生学习态度的评价指标可以包括以下几方面:能否主动、自觉地参与体育活动;在体育活动过程中能否全身心地投入;能否积极主动思考,为达到目标而反复练习;能否认真接受老师的指导。

(4) 情意表现与合作精神的评定。提高学生的心理健康和社会适应水平是"体育与健康"课程的重要目标之一。在"体育与健康"课程中,学生的心理健康主要表现在:能否战胜胆怯、自卑,充满自信地进行学习与练习;能否敢于和善于克服各种主观、客观的困难与障碍,挑战自我、战胜自我,坚持不懈地进行学习与练习;能否善于运用体育活动等手段较好地调控自己的情绪等。学生的社会适应能力主要表现在:能否对其他同学和老师理解与尊重,并在学习过程中表现出良好的人际交往能力和合作精神,努力承担在小组学习与练习中的责任;能否遵守规则、尊重裁判;能否不计较胜负,赞扬对手;能否认真分析失败原因,不埋怨他人;能否与他人很好地交换意见等。

7.2.2 "体育与健康"课程学习评价的方法

我国以往对学生体育学习的评价方法比较单调贫乏,普遍采用的是终结性评价、定量评价和绝对性评价。原本采用这种评价方法的目的是将评定的结果用于与学生和家长进行交流,使学生认识到自己的不足以及需要努力的方向。然而,由于这种方法往往是在阶段学习或学期结束时进行的,且因片面追求学习成绩的客观性而只进行定量评价和绝对性评价,从而突出了评价的甄别功能,失去了评价的有效反馈功能,对激励学生学习、提高教学效果以及改进教学质量作用不大。其结果往往导致体育测试成绩好的学生沾沾自喜、盲目自大，不追求进步和发展；体育测试成绩差的学生则可能灰心丧气、动摇意志，失去体育学习的信心。

"体育与健康"课程学习评价则不仅注意结果性的评价，而且重视对学生学习过程的评价；不仅注意定量评价，而且重视定性评价；不仅注意绝对性评价，而且重视相对性评价。在对体育与健康的知识学习进行评价时，也不太强调单纯的记忆，比较强调对所学知识的理解与运用。

1. 定性评价与定量评价相结合

发源于20世纪初的现代课程评价是以整个世纪飞速发展的现代科技为背景的。因此，其从产生之日起，就以科学所崇尚的客观、量化为标志。然而，对教育而言，量化的评价是把复杂的教育现象加以简化或只评价简单的教育现象，这往往丢失教育中最有意义、最根本的内容。

定量评价是一种以量化为基础的评价方法。这种量化的评价方法从表面上看是比较准确的，因为它可以用一把尺子去衡量所有对象。这种评价更多地可以看作一种工业化的评价模式，就像用一把卡尺来卡螺丝帽，合格的就是合格，差一点就是不合格。这种机械的做法对于产品的严格把关是很有必要的，它可以保障消费者的权益。传统的体育学习评价也沿用了这样的评价方法，例如，测试同一年级学生的100m跑成绩，凡是达到14秒8即为及格。要知道，在体育课程和教学中，我们评价的是一个活生生的人，是一个可以不断发展变化的学生，这怎能与规格标准统一不变的工业产品来相提并论呢？况且，难道100m跑14秒8的学生在各方面都一定比跑15秒的学生强？在我们的教育教学实践中，定量的评价方法只能起甄别和选拔的作用，比较适合于对学生的体能和运动技能做出评价，但很难评价学生的体育学习态度、锻炼习惯、意志品质、自信心和自尊心、合作意识等。如果仅采用定量评价是不能全面反映学生的体育学习和体育活动情况的，最终只能导致评价走进死胡同。

"体育与健康"课程将目标定位在增强学生身体、心理和社会适应等整体健康方面，如果仅仅采用定量的评价方法显然不能反映学生达成学习目标的情况。因此，依据"体育与健康"课程的目标与内容，采用的学习成绩评价方法不应是单一的，而应是多元的，应该制定一种定量与定性相结合的、以衡量学生健康水平为主的评价体系。定量评价与定性评价相结合主要表现为两方面：一是在对某些可量化的因素进行量化以后再对那些不能量化的因素进行定性评价，二是对某些因素进行量化后得到的结果进行定性分析，这样就使定量评价和定性评价有机地结合在一起。

需要强调的是，对学生"体育与健康"课程的学习进行定性评价时，评语的质量是关键。要想使评语真正发挥其反馈、调整、激励的功能，使之成为师生交流的信息通道，就必须要求评语简要、精炼、中肯、有针对性、真诚、高于感情、有重点，让学生始终保持健康向上的学习心理状态。首先，评语要符合不同年龄特点学生的需要。如低年级学生的自我检查和评价能力较低，他们对自己的认识往往依赖于他人的评价，所以应给予低年级学生明确的、具体的、鼓励性的评语。其次，评语要符合不同个性特点学生的需要，力求把评语与学生的个性结合起来，使之发挥更大的激励作用。如给优生的评语应尽可能客观，以防止他们滋长骄傲情绪。而对差生的评语则要使他们常常感到自己在进步，有成功的情绪体验。体育教师应热爱每个学生,努力通过评语与学生沟通情感,消除师生关系的心理障碍,建立良好的师生关系,让情感交流贯穿于"体育与健康"课程学习的全过程。还应该指出的是,"体育与健康"课程强调定性评价并不是对定量评价的简单否定。从根本上讲,定性评价应该内在地包含定量评价,且定性评价能更逼真地反映学生的体育学习情况。因此,定性评价从本质上并不排斥定量评价,而是把它们整合于一身,在适当的评价内容或场景中依然可以使用定量的方式进行评价。

2. 终结性评价与过程性评价相结合

传统评价往往用行为目标作为判断的依据,而行为目标是结果取向的,它重视的是学习结束后的成就,而忽略学习的过程。我国传统的体育学习评价只重视终结性评价,而忽视过程性评价;只重视学生学会了什么,而不管学生是怎样学的。以至于学生不重视如何学会体育技能,而把大量的时间和精力用来对付如何过关。过去"片面追求达标率"这一现象在很大程度上就源于此。由于受传统思想的影响,许多人认为终结性评价简便易行,能做出准确判断,而过程性评价比较麻烦,不易操作,不能准确评定学习结果。然而,我们是否应该想一下,是过程性评价还是终结性评价更有助于学生有效地学习和进步?

采用何种评价方法应该以能否促进学生更有效地学习为标准。在"体育与健康"课程的教学实践中,学习目标主要是在"过程"中完成的,其中许多目标(如学习态度、情意表现、合作精神、创新能力、发现问题和解决问题的能力等)如果不在"过程"中进行评价,放到学期末一起来"算总账"是毫无意义的。因此,"体育与健康"课程的学习评价方法必须多元化,即诊断性评价、形成性评价和终结性评价三位于一体。例如,对某学生的学习成绩进行评价,首先应进行诊断性评价,也就是在学期开始时对该学生的现有"体育与健康"课程学习水平做一个评价;然后在学生"体育与健康"课程学习的过程中随时进行评价,特别是进行体育教师的外部评价及学生的自我评价。这些评价有利于体育教师和学生自己随时发现学生在学习过程中存在的问题(包括学生的学习方法和学习态度、教师的教学方法和教学态度等方面的问题),并随时加以改进,即形成性评价;最后在学期结束时再对学生的"体育与健康"课程学习情况做一个终结性评价。只有通过多种评价形式的有机结合,才能真正准确而公正地评价一个学生的体育学习情况,既能保证评价结果的信度和效度,又能调动学生学习和教师教学的积极性。

3. 绝对性评价与相对性评价相结合

近年,许多发达国家在体育课程的学习评价中,特别是在对体能和运动技能的评价中,往往将绝对性评价与相对性评价结合起来。例如,德国在评定学生体育学习成绩时,运用社会参照标准(即绝对标准±1)的评定方法进行,即最终得分=社会参照标准±1;日本对学生体育学习成绩的评定也充分考虑到学生态度和行为的进步与发展,并提出了应依据每个学生的实际进步情况进行考评的思想,而不是以统一的标准要求所有的学生;美国最佳体适能教育计划更是强调个体评价的意义,指出学生应依据个人的进步得到评价,而不是通过相互比较或以一个统一的标准来衡量等。

相对性评价有助于学生看到通过自己努力所取得的进步,建立学习的自信心和自尊心,而"体育与健康"课程关注的正是学生的进步与发展,因此,"体育与健康"课程学习评价不仅采用绝对性评价,更强调相对性评价的作用。我国部分地区的学校已开始尝试采用"体育与健康"课程学习的"相对评分法"。具体的做法是:在学生初入学时,通过诊断性评价建立一套学生个人的"体育与健康"课程学习档案,包括对学生的知识、技能、体能等方面的摸底,作为学生的入学起点成绩;通过将每学期结束时的终结性评价结果与学生每学期开学时的起点成绩进行对照,就可以发现每个学生一学期来学习进步的幅度(相对成绩=绝对成绩-起点成绩),从而使每个学生都看到自己的进步。在进行"体育与健康"课程学习评价时还要注意两方面的问题:一是采用的相对性评价要简便、易操作,不能增加体育教师过重的负担;二是相对性评价要与绝对性评价结合起来进行。只要关注到学生的进步与发展,体育教师完全可以发挥自己的创造力,设计出更完善、合理、可操作的评价方案。

7.2.3 "体育与健康"课程学习评价的主体

在过去的几十年中,学生的学习评价是以教师为主的。教师对学生进行评价似乎是天经地义的事情,几乎没有人会怀疑这种权威式的评价存在哪些问题。殊不知,"手大捂不过天",仅仅由体育教师来评价学生的体育学习,难免会有了解不到、掌握不准确之处。《纲要》则倡导在对学生的"体育与健康"课程学习成绩进行评价时,既要有教师和家长从外部对学生进行的评价,又要有学生对自己的学习情况进行的评价,以及学生互相之间的评价,使得学习评价的主体多元化。

1. 学生主体

现代教育思想的重要内容就是学生主体地位的确立和主体性的发展,这是提高人的素质、培养创新能力的关键。在教育过程中,学生是主体,只有当学生对自身有了主动的认识时,评价才能转化为学习的动力。俗话说"鞋子合不合脚只有脚知道",那么最能了解学生学习情况的应是学生本人,所以应该让学生参与到评价中。为此,"体育与健康"课程学习评价采取了以学生为主体、师生共同参与的评价形式,使学生有权对自己和同伴的"体育与健康"课程学习情况进行评价。让学生参与到"体育与健康"课程学习评价中来,充分尊重了学生的主体地位,激励学生形成自己独特的品质和风格,对于激发学生"体育与健康"课程学习的积极性和主动性,提高学生的体育学习兴趣具有重要作用。首先,在学生对自己或同伴的"体育与健康"课程学习情况进行评价的过程中,可以充分发挥其主观能动性,从中学会学习和思考,增强学生正确认识和评价自己与他人的能力,有利于学生主体意识的增强。其次,让学生参与到"体育与健康"课程学习评价中来,可以减少体育教师单方面评价的片面性。由于采用学生自评和互评、教师测评相结合的方式,从而保证了"体育与健康"课程学习评价结果的公正性。最后,以学生为主体的"体育与健康"课程学习评价方式改变了以往"要学生怎样""不许学生怎样""禁止学生怎样"的禁锢学生的教学管理模式,注重培养学生的观察力、判断力以及分析和解决问题的能力,这对增强学生的创新能力极为有利。

2. 教师主体

在"体育与健康"课程学习评价中,教师评价主要是由体育教师根据学生的测试成绩、技评成绩、进步幅度和表现，并参照学生的自评和互评情况对学生进行等级评价。

"体育与健康"课程强调学生的自我评价和相互评价，并不意味着要否认教师的评价，而是将学生评价与教师评价结合起来，并且教师在学生评价中所起的指导作用也是不容忽视的。过去一些体育教师认为，让学生参与评价会使教师失去权力和地位。然而，转换一下思维就会发现，如果教师能在"体育与健康"课程学习评价中指导和帮助学生正确地进行自我评价和相互评价，让每个学生都能通过自我评价和相互评价更好地看到自己的进步或不足，并能激励自己更有效地学习，则教师的权力和地位不仅不会降低，而且还会得到提升，这实际上也是教师在"体育与健康"课程评价中主体地位的另一种体现形式。

综上所述，"体育与健康"课程学习评价与传统的体育学习评价相比，更加强调评价体系的多元化，突出评价的反馈与激励作用，关注学生发展的过程，保护学生的自尊和自信，真正变苦学为乐学，为每个学生自主学习和探究学习创造机会和条件。在高等教育"体育与健康"课程改革的新形势下，体育教师应抓住机遇，与时俱进，开拓创新，彻底转变教育观念，选择正确的评价方法，积极探索新的评价模式，全面有效地评价学生的"体育与健康"课程学习成绩，以促进学生进步和发展。

"大学体育与健康"课程成绩计算办法见附录 A。

"大学体育与健康"课程学生免测相关规定见附录 B。

免予执行《四项体能测试和课外体育锻炼》申请表见附录 C。

第8章 体质健康测试与课外体育锻炼

8.1 国家学生体质健康标准

为落实立德树人根本任务,加强高等学校体育工作,切实提高高校学生体质健康水平,促进学生全面发展,2014年中华人民共和国教育部新修订了《国家学生体质健康标准》(以下简称《标准》)。本标准适用于普通本科学校和高等职业学校的体育工作,主要从身体形态、身体机能和身体素质等方面来综合评定学生的体质健康水平,是促进学生体质健康发展、激励学生积极进行身体锻炼的教育手段,是国家学生发展核心素养体系和学业质量标准的重要组成部分,是学生体质健康的个体评价标准。

8.1.1 《标准》的重要性

本标准的学年总分由标准分与附加分之和构成,满分为120分。标准分由各单项指标得分与权重乘积之和组成,满分为100分。附加分根据实测成绩确定,即对成绩超过100分的加分指标进行加分,满分为20分;大学的加分指标为男生引体向上和1000m跑,女生1min仰卧起坐和800m跑,各指标加分幅度均为10分。得分在90.0分及以上为优秀,80.0~89.9分为良好,60.0~79.9分为及格,59.9分及以下为不及格。

大学生体质健康测试成绩评定达到良好及以上者,方可参加评优与评奖;成绩达到优秀者,方可获体育奖励学分。测试成绩评定不及格者,在本学年度准予补测一次,补测仍不及格,则学年成绩评定为不及格。大学生在毕业时,如果《标准》测试的成绩达不到50分者按结业或肄业处理。因此,要求大学生必须要高度重视一年一度的体质健康测试。

8.1.2 测试项目及权重

对于大学生来说,大学一、二年级为一组,三、四年级为一组。各组别的测试指标均为必测指标。其中,身体形态类中的身高、体重,身体机能类中的肺活量,以及身体素质类中的50m跑、坐位体前屈为各年级学生共性指标。大学各年级标准测试项目及权重如表8-1-1所示。

表 8-1-1　大学各年级标准测试项目及权重

项　　目	权重/%
体重指数(BMI)	15
肺活量	15
50m 跑	20
坐位体前屈	10
立定跳远	10
引体向上(男)/1min 仰卧起坐(女)	10
1000m 跑(男)/800m 跑(女)	20

注：体重指数(BMI)=体重(kg)/身高(m)的平方，即 kg/m^2。

8.1.3　测试项目评分表

大学生体重指数单项评分如表 8-1-2 所示，肺活量单项评分如表 8-1-3 所示，坐位体前屈单项评分如表 8-1-4 所示，50m 跑单项评分如表 8-1-5 所示，立定跳远单项评分如表 8-1-6 所示，男生 1000m、女生 800m 跑单项评分如表 8-1-7 所示，男生 1min 引体向上、女生 1min 仰卧起坐单项评分如表 8-1-8 所示。

表 8-1-2　大学生体重指数单项评分(单位：kg/m^2)

	正　常	低体重	超　重	肥　胖
单项得分	100	80	80	60
男生	17.9～23.9	≤17.8	24.0～27.9	≥28.0
女生	17.2～23.9	≤17.1	24.0～27.9	≥28.0

8.1.4　特殊学生的处理

学生因病或残疾可向学校提交暂缓或免予执行《标准》的申请，经医疗单位证明，体育教学部门核准，可暂缓或免予执行《标准》，并填写《免予执行〈国家学生体质健康标准〉申请表》(见附录 D)，存入学生档案。确实丧失运动能力、被免予执行《标准》的残疾学生，仍可参加评优与评奖，毕业时《标准》成绩需注明免测。

表 8-1-3 大学生肺活量单项评分（单位：mL）

单项得分	优秀			良好				及格									不及格			
	100	95	90	85	80	78	76	74	72	70	68	66	64	62	60	50	40	30	20	10
大一、大二男生	5040	4920	4800	4550	4300	4180	4060	3940	3820	3700	3580	3460	3340	3220	3100	2940	2780	2620	2460	2300
大三、大四男生	5140	5020	4900	4650	4400	4280	4160	4040	3920	3800	3680	3560	3440	3320	3200	3030	2860	2690	2520	2350
大一、大二女生	3400	3350	3300	3150	3000	2900	2800	2700	2600	2500	2400	2300	2200	2100	2000	1960	1920	1880	1840	1800
大三、大四女生	3450	3400	3350	3200	3050	2950	2850	2750	2650	2550	2450	2350	2250	2150	2050	2010	1970	1930	1890	1850

表 8-1-4 大学生坐位体前屈单项评分（单位：cm）

单项得分	优秀			良好				及格									不及格			
	100	95	90	85	80	78	76	74	72	70	68	66	64	62	60	50	40	30	20	10
大一、大二男生	24.9	23.1	21.3	19.5	17.7	16.3	14.9	13.5	12.1	10.7	9.3	7.9	6.5	5.1	3.7	2.7	1.7	0.7	−0.3	−1.3
大三、大四男生	25.1	23.3	21.5	19.9	18.2	16.8	15.4	14.0	12.6	11.2	9.8	8.4	7.0	5.6	4.2	3.2	2.2	1.2	0.2	−0.8
大一、大二女生	25.8	24.0	22.2	20.6	19.0	17.7	16.4	15.1	13.8	12.5	11.2	9.9	8.6	7.3	6.0	5.2	4.4	3.6	2.8	2.0
大三、大四女生	26.3	24.4	22.4	21.0	19.5	18.2	16.9	15.6	14.3	13.0	11.7	10.4	9.1	7.8	6.5	5.7	4.9	4.1	3.3	2.5

表 8-1-5 大学生 50m 跑单项评分（单位：s）

单项得分	优秀				良好			及格								不及格				
	100	95	90	85	80	78	76	74	72	70	68	66	64	62	60	50	40	30	20	10
大一,大二男生	6.7	6.8	6.9	7.0	7.1	7.3	7.5	7.7	7.9	8.1	8.3	8.5	8.7	8.9	9.1	9.3	9.5	9.7	9.9	10.1
大三,大四男生	6.6	6.7	6.8	6.9	7.0	7.2	7.4	7.6	7.8	8.0	8.2	8.4	8.6	8.8	9.0	9.2	9.4	9.6	9.8	10.0
大一,大二女生	7.5	7.6	7.7	8.0	8.3	8.5	8.7	8.9	9.1	9.3	9.5	9.7	9.9	10.1	10.3	10.5	10.7	10.9	11.1	11.3
大三,大四女生	7.4	7.5	7.6	7.9	8.2	8.4	8.6	8.8	9.0	9.2	9.4	9.6	9.8	10.0	10.2	10.4	10.6	10.8	11.0	11.2

表 8-1-6 大学生立定跳远单项评分（单位：cm）

单项得分	优秀				良好			及格								不及格				
	100	95	90	85	80	78	76	74	72	70	68	66	64	62	60	50	40	30	20	10
大一,大二男生	273	268	263	256	248	244	240	236	232	228	224	220	216	212	208	203	198	193	188	183
大三,大四男生	275	270	265	258	250	246	242	238	234	230	226	222	218	214	210	205	200	195	190	185
大一,大二女生	207	201	195	188	181	178	175	172	169	166	163	160	157	154	151	146	141	136	131	126
大三,大四女生	208	202	196	189	182	179	176	173	170	167	164	161	158	155	152	147	142	137	132	127

表 8-1-7　大学男生 1000m、女生 800m 跑单项评分

单项得分		优秀			良好				等级 及格						不及格			
	100	95	90	85	80	78	76	74	72	70	68	66	64	62	60	50	40	30	20	10
大一、大二男生	3'17"	3'22"	3'27"	3'34"	3'42"	3'47"	3'52"	3'57"	4'02"	4'07"	4'12"	4'17"	4'22"	4'27"	4'32"	4'52"	5'12"	5'32"	5'52"	6'12"
大三、大四男生	3'15"	3'20"	3'25"	3'32"	3'40"	3'45"	3'50"	3'55"	4'00"	4'05"	4'10"	4'15"	4'20"	4'25"	4'30"	4'50"	5'10"	5'30"	5'50"	6'10"
大一、大二女生	3'18"	3'24"	3'30"	3'37"	3'44"	3'49"	3'54"	3'59"	4'04"	4'09"	4'14"	4'19"	4'24"	4'29"	4'34"	4'44"	4'54"	5'04"	5'14"	5'24"
大三、大四女生	3'16"	3'22"	3'28"	3'35"	3'42"	3'47"	3'52"	3'57"	4'02"	4'07"	4'12"	4'17"	4'22"	4'27"	4'32"	4'42"	4'52"	5'02"	5'12"	5'22"

表 8-1-8　大学男生 1min 引体向上、女生 1min 仰卧起坐单项评分（单位：个）

单项得分		优秀			良好				等级 及格						不及格			
	100	95	90	85	80	78	76	74	72	70	68	66	64	62	60	50	40	30	20	10
大一、大二男生	19	18	17	16	15		14		13		12		11		10	9	8	7	6	5
大三、大四男生	20	19	18	17	16		15		14		13		12		11	10	9	8	7	6
大一、大二女生	56	54	52	49	46	44	42	40	38	36	34	32	30	28	26	24	22	20	18	16
大三、大四女生	57	55	53	50	47	45	43	41	39	37	35	33	31	29	27	25	23	21	19	17

8.2　课外体育锻炼的重要性及注意事项

课外体育锻炼是指在除了"体育与健康"课程以外来进行身体锻炼的一种运动方式。坚持课外体育锻炼可以增强体质、提高免疫力、改善精神状态。为增强大学生身体素质，提升大学生体质健康测试水平，促进大学生良好生活习惯的养成，各高校可以根据本校实际情况开展不同时间段（如晨跑或夜跑等）的课外体育锻炼，为大学生的体质提升保驾护航。现将课外体育锻炼的重要性及注意事项阐述如下。

8.2.1　课外体育锻炼的重要性

课外体育锻炼对身体健康的益处前文已经提及，课外体育锻炼对于大学生来说是非常重要的，具体表现如下。

1. 课外体育锻炼可以有效减脂

越来越多的人已经意识到减脂的重要性，想要有效减脂，就需要搭配有氧运动，这样效果才最好。跑步就是有氧运动的一种，不仅能够让全身大部分的肌肉和关节运动起来，还可以很有效地燃烧脂肪，从而达到瘦身的目的。此外，坚持课外体育锻炼还可以塑造身形，坚持一个月，身体线条就会更加匀称。

2. 课外体育锻炼能够提神醒脑

早上的时间非常宝贵，而身体经过一夜的修整，各项机能都处于比较好的状态，不过，想要充分调动身体各项机能，就需要一些适当的运动来唤醒。这个时候选择课外体育锻炼再好不过，提神醒脑，用一种令人愉快的方式让身体尽快地苏醒过来，为一天的工作和学习做好充分的准备。需要注意的是，晨跑强度不要太大，否则很容易疲累，反而会影响一天的学习。

3. 课外体育锻炼可以提升心肺功能

如果只是偶尔参加课外体育锻炼，效果可能不会太明显，坚持一个月，就会比较明显地感受到心肺功能得到了很大的提升，耐力变强了，肺活量也比以前大了，这些都是长期坚持课外体育锻炼带来的微妙变化。不过，课外体育锻炼前一定要注意热身，否则容易造成关节损伤。

4. 课外体育锻炼可以帮助大学生建立良好的生物节律

经常进行课外体育锻炼，除了能够增强体质、增进健康，还能帮助大学生建立良好的生物节律，生物节律也称生物钟。对于大学生来说，如果早晨没课，可能会赖床，课外体育锻炼的推出可以改善大学生赖床的局面，帮助大学生建立良好的生物钟。

5. 课外体育锻炼可以提高大学生的体育课成绩

课外体育锻炼总次数纳入本学期的体育课成绩，占平时成绩的50%，计20分。由于学校鼓励学生进行课外体育锻炼，因此，本学期中超过规定课外体育锻炼距离的可以进行加分。

8.2.2 课外体育锻炼的注意事项及要求

1. 注意事项

(1) 课外体育锻炼应以慢跑为主,在慢跑之前应补充足够的水分和少量的食物,避免出现低血糖。

(2) 要避免内源氧缺乏,雾天不宜进行课外体育锻炼,空气质量差的地方不宜进行课外体育锻炼。

(3) 在课外体育锻炼过程中,安排教师检查,若出现借助交通工具、代跑代刷等违规违纪现象,则将相关学生体育课平时成绩计 0 分,同时,在其所在学院进行通报批评。

(4) 课外体育锻炼按照学校教学日历进行,如遇天气不好,学生可自愿选择,学校仍安排教师及工作人员值班。

(5) 如遇学校、学院统一安排的见习、实习等教学任务,凡在校住宿均需参加课外体育锻炼;校外住宿的见习、实习任务,持续时间在 3 周(不含)以上的超出日期按一周一次标准减少规定次数。

(6) 如因身体伤病等原因,持续时间 3 周(不含)以上不能参加课外体育锻炼的,凭医院证明,超出日期按一周一次标准减少规定次数。

(7) 学生应根据当日身体状况选择是否进行课外体育锻炼,如处于病后休养期、生理期等情况,请暂停课外体育锻炼。

(8) 参加课外体育锻炼的学生应注意安全,服从值班教师及工作人员指挥,跑步中靠右行进,锻炼后不宜马上进食。

(9) 学生必须严格按照规定时间进行课外体育锻炼,规定时间外锻炼完的,不计入课外体育锻炼成绩。因伤或因病申请并获批的体质免测和体育保健课学生,可以不参与本项锻炼活动。如有突发情况发生,可与值班教师联系,处理相关事宜。

2. 要求

(1) 穿衣要得体,最好穿运动服进行课外体育锻炼。

(2) 一定要穿运动鞋进行课外体育锻炼,避免出现运动损伤。

(3) 如遇身体不适,应马上中断课外体育锻炼。

附录A "大学体育与健康"课程成绩计算办法

"大学体育与健康"课程教学是学校贯彻《高等学校体育工作基本标准》的主要途径之一,为落实立德树人根本任务,加强高等学校体育工作,切实提高高校学生体质健康水平,促进学生全面发展,严格执行《全国普通高等学校体育课程教学指导纲要》,切实做好"体育与健康"课程的考核工作,特制定"体育与健康"课程成绩计算办法。

一、"体育与健康"课程成绩的组成

2024级同学"体育与健康"课程成绩主要由学期考试成绩和平时成绩两部分组成。

第一学期、第二学期、第三学期、第四学期、第五学期 学期考试成绩占总成绩的60%,平时成绩占总成绩的40%。其中学期考试成绩包括期末考试成绩和四项体能测试成绩;学生平时成绩包括上课出勤率、学习态度(课后作业等)、课外体育锻炼。

第六学期 学期考试成绩占总成绩的60%,平时成绩占总成绩的40%。其中学期考试成绩主要是四项体能测试成绩;学生平时成绩包括上课出勤率、学习态度(课后作业等)和课外体育锻炼。

1. 第一学期

课程成绩(100分)=学期考试成绩(60分=期末考试成绩20分+四项体能测试成绩40分)+学生平时成绩(40分=上课出勤率、学习态度等20分+课外体育锻炼20分)。

(标注:期末考试内容为男生1000m和曲臂悬垂;女生800m和立定跳远,每个项目各10分)

2. 第二学期、第三学期、第四学期、第五学期成绩计算方法

课程成绩(100分)=学期考试成绩(60分=期末考试成绩20分+四项体能测试成绩40分)+学生平时成绩(40分=上课出勤率、学习态度等20分+课外体育锻炼20分)。

(标注:期末考试内容为专项技能)

3. 第六学期

课程成绩(100分)=学期考试成绩(60分=四项体能测试成绩60分)+学生平时成绩(40分=上课出勤率、学习态度等20分+课外体育锻炼20分)。

特别说明:

(1) 每节课应不少于30min的体能训练内容。

(2) 第一学期、第三学期、第五学期四项体能测试由学校组织统一测试,成绩于学期末发放给所有任课教师;第二学期、第四学期、第六学期四项体能测试由任课教师在课堂上自行完成,测试时间暂定第七周或第八周,具体时间以学院通知为准。

(3) 2023级同学的第三学期和第四学期考核标准与2024级同学的第三学期和第四学期考核标准相同。

(4) 参加校运动队训练并代表学校参加省级比赛获得四至八名,本学期体育课成绩认定为80分,获得省级比赛一至三名或参加全国比赛获得前八名,本学期体育课成绩认定为95分(参加校队训练的公共体育学生,必须严格遵守任课老师的课堂常规要求,否则,任课老师有权利取消成绩认定)。

二、"体育与健康"课程各测试项目及评分标准

1. 体育专项考试项目和标准

执行各专项所制定的考试标准,部分项目可参考本书中的考试标准。

2. 四项体能测试项目和标准

男生:50m跑、1000m跑、立定跳远、引体向上。

女生:50m跑、800m跑、立定跳远、1min仰卧起坐。

执行教育部印发的《国家大学生体质健康标准(2014年修订)》,详见本书中各项目的评分标准。

体能测试项目成绩:四个单项每项10分,总计40分。

3. 学生平时成绩和标准

上课出勤率和学习态度由任课教师制定评价标准。

课外体育锻炼由公体部制定统一的评价标准。

以上标准如有变化,请按照当年学校文件来执行。

三、选修"大学生健康教育"课程

1. 选修"大学生健康教育"课程条件及办理程序

学生因病或残疾可向学校提交免予执行《标准》的申请,经医疗单位诊断,凭诊断证明经学校门诊部核准,填写《免予执行〈国家学生体质健康标准〉申请表》,经学校有关责任部门(体育学院)同意,可免予执行《标准》,并准许选修"大学生健康教育"课程。

办理程序:填写免测申请单后交于本人所在二级学院负责人,由二级学院负责人统一交于体育学院。

2. 选修"大学生健康教育"课程考核

体育与健康课程成绩100分=学期末理论考试成绩60分+学生平时成绩40分(上课出勤率、学习态度等30分+线上课程学习10分)。

附录B "大学体育与健康"课程学生免测相关规定

为了保障学生的身心健康,防止伤害事故和意外事件的发生,切实做好"体育与健康"课程考评工作,针对公共体育学生因病或残疾免予执行体能测试和课外体育锻炼,特作出如下相关管理规定。

1. 选修体育与健康理论课

条件:学生因病或残疾不能进行剧烈运动者,必须在选课时向学校提交免予执行《国家学生体质健康标准(2014年修订)》的申请,经医疗单位(二级甲等以上级别医院)诊断,凭诊断证明经学校门诊部核准,填写免测申请表,选修"大学生健康教育"课程。

办理程序:填写免测申请表后交于本人所在二级学院负责人,由二级学院负责人统一交于体育学院收发室"体育与健康免测申请箱"内。受理时间,以教务处规定的每学期选课截止时间为准。

成绩评定:体育与健康课程成绩100分=学期末理论考试成绩60分+学生平时成绩40分。具体标准由理论课任课教师制定。

2. 转选体育与健康理论课

条件:上了几周体育与健康实践课以后,突然出现了特殊情况(如受伤、骨折、心脏病等)不能进行课外体育锻炼和四项体能测试,必须转选体育与健康理论课即"大学生健康教育"课,不能继续参加体育与健康实践课的学习,否则不能参加体育与健康各专项课考试。

办理程序:经医疗单位(二级甲等以上级别医院)诊断不能剧烈运动者,凭诊断证明经学校门诊部核准,填写免测申请表,凭证明和免测申请表去教务处换课,转选"大学生健康教育"课程。换选课程结束后,需将所有证明材料交到体育学院收发室"体育与健康免测申请箱"内。

具体流程:开诊断书→填申请表→去门诊部盖章→教务处换课→改上大学生健康教育理论课。

成绩评定:由原教师对学生转课前几周的平时成绩进行评定,转课后的平时成绩和考试成绩由"大学生健康教育"任课教师评定,学生要提醒原教师将几周平时成绩交给体育与健康理论课老师。体育与健康课程成绩100分=学期末理论考试成绩60分+学生平时成绩40分(原实践课程平时成绩+后理论课平时成绩)。

具体标准由任课教师制定。

3. 特别说明

学生因病或残疾不能进行课外体育锻炼和四项体能测试者,又没有选修体育与健康理论课者,该门课程直接视为重修。

附录C 免予执行《四项体能测试和课外体育锻炼》申请表

姓名		性别		所属学院	
班级		学号		出生日期	
原因					
医院证明			医院证明粘贴处		
体育教师签字			辅导员签字		
学院领导审批意见	公章：　　　　　　负责人签名： 　　　　　　　　　　年　月　日				

注：1. 如果是选课时直接选修"大学生健康教育"课，需要辅导员签字，无须体育教师签字。

　　2. 如果是上了几周体育实践课后，因受伤等原因必须转选"大学生健康教育"课的，需要体育教师签字，无须辅导员签字。

　　3. 须附相关证明。

附录D 免予执行《国家学生体质健康标准》申请表

姓名		性别		民族	
班级		学号		出生日期	
原因					
体育教师签字		学生签字			
学校体育部门意见					

盖章/签字：
　　年　　月　　日

注：须附相关证明。

附录E　课外体育锻炼方案

为增强学生体质,磨炼学生意志,激励广大学生积极参加课外体育锻炼,提高学生自我保健意识和体质健康水平,促进学风、校风建设,根据《中共中央 国务院关于加强青少年体育增强青少年体质的意见》《中共浙江省委浙江省人民政府关于加强青少年体育增强青少年体质的实施意见》以及教育部颁布的《学校体育工作条例》和《学生体质健康标准》文件精神,我校将在新学期第2周开启闪动校园App跑步打卡模式,现将具体事项公布如下。

一、参加对象

2023级、2024级在校本科生(含重修本学期"体育与健康"课程学生)。

二、跑步区域与时间

(一)跑步区域

学校各校区田径场。

(二)跑步日期及时间段

1. 跑步日期:每学期第二周至第十五周(具体时间以学校通知为准)。

2. 跑步时间段:周一至周日6:00—22:00。

三、跑步管理办法

1. 跑步模式选择

在闪动校园App选择"阳光跑"模式(注意,其他跑步模式不计入成绩),点击"开始跑步"按钮,随机生成跑步路线,此时将出现4个有序号的点位,把地图缩小到全校可见。按照点位序号依次顺利经过1→2→3→4,靠近和经过点位有语音提醒,经过全部点位,并满足学校最低公里数,长按"暂停"按钮可结束跑步。

2. 跑步规则

(1) 路程要求:女生每次不少于2km,男生每次不少于2.5km。

(2) 速度要求:男生跑步配速在$3'30''/km$~$8'30''/km$。女生跑步配速在$4'/km$~$9'/km$(具体参照App软件内提示的配速)。

(3) 每日有效距离最高计6km,采用手机App记录,如果成绩有效,跑步结束后App会显示。

四、监督机制

1. 学生监督

(1) 违规现象采取拍照片、拍视频形式取证,取证信息尽量全面。如骑电瓶车,应要拍到全身包含车牌信息(看清牌照号码);如摇手机、一人多机要拍到正面全身(人脸要清晰)。最好能提供违规学生的学院、学号、姓名等信息。取证材料发至相关邮箱。

(2)监督采取实名制,应备注取证人姓名、学号、电话号码等个人信息(此信息保密)。

2. 学校监督

由体育学院牵头组织成立校园跑监督领导小组,对违规学生不定时、不定点进行监督查处。

五、违规行为认定与处理

1. 违规行为的认定

因闪动校园跑分数计入"体育与健康"课程总分,请同学们务必严肃认真对待,合理安排课余时间,积极参加闪动校园跑。以下行为均视为校园跑违规行为。

(1)借助交通工具或器材,如自行车、电动车、平衡车、滑板车、轮滑鞋等参加跑步;

(2)持其他人手机代跑;

(3)用自己手机登录其他同学账号代跑;

(4)使用模拟器代跑等;

(5)其他弄虚作假的跑步行为。

2. 违规行为的处理

闪动校园系统具备完善的作弊行为大数据分析识别功能,软件将对跑步数据定期或不定期筛选。若出现作弊行为,一经查实作弊事实将按学校相关规定对作弊人员严肃处理。具体违规行为处理措施如下。

(1)闪动校园系统判定第一次违规封号14天,清空本学期校园跑所有成绩,并将学生违规记录通告二级学院,封号期满后由辅导员联系工作人员对违规账号进行解封。闪动校园系统判定第二次违规,则取消该生本学期"体育与健康"课程考试资格,并将违规情况通报二级学院。

(2)校园跑监督领导小组对违规学生不定时、不定点进行监督查处,学生违规证据确凿将直接取消该生本学期"体育与健康"课程考试资格,并将违规情况通报违规学生所在分院。

注意:

(1)违规学生必须配合校园跑监督领导小组登记准确的个人信息,如若出现态度恶劣(如殴打、辱骂、威胁等)将从严、从重处理该生(取消该生本学期"体育与健康"课程考试资格,在全校范围内予以通报,并将该违纪行为在学校各公众号推送)。

(2)代跑人若不需要修"体育与健康"课程,将该生违纪情况通报其二级学院及教务处处理。

(3)违规账户在封号期间运动成绩无效。

(4)在田径场上跑步的数据,后台将重点监控,如出现多台手机记录的所有数据完全一致,系统自动判定成绩无效。如学生对跑步数据有异议,可通过各二级学院辅导员向校园跑负责老师反馈,由辅导员在管理群里联系App后台管理人员解决。

(5)被校园跑监督领导小组现场发现违规、违纪行为的学生将直接取消该生本学期"体育与健康"课程考试资格。

六、参加校运动队训练与参加

各训练队指导教师将参加校队训练及参加省级及以上比赛及获得竞赛优异成绩学生

名单汇总、签字后将汇总表在第十四周前发送至相关负责老师处。

具体折算办法：参加校运动队训练（每周不低于 3 次），闪动校园跑计 80km，代表学校参加省级及以上比赛者，闪动校园跑计 125km，参加省级比赛获得前八名或参加全国比赛者，闪动校园跑计 150km。

注意：

校队队员主动参与校园跑的公里数，可与代表学校参加省级及以上比赛折算公里数相加。

七、评分方法

跑步成绩占学期体育总分的 20％，闪动校园跑评分标准如表 E-1 所示。

表 E-1　闪动校园跑评分标准

距　　离	分　　值
＜80km	0
80km	11
85km	12
90km	13
95km	14
100km	15
105km	16
110km	17
115km	18
120km	19
125km	20

注：为鼓励学生进行课外锻炼，在满分（125km）基础上，每增加 5km 加 1 分，最高加 5 分（150km，25 分）。

八、软件操作使用说明

1. 下载软件

（1）可扫描图 E-1 中二维码下载软件。

（2）通过手机应用市场下载。iOS 系统在 App Store 中下载，安卓系统通过手机官方应用市场或应用宝、豌豆荚、360 应用市场、百度手机助手等第三方应用市场搜索"闪动校园"App 并下载。

2. 注册认证（见图 E-2）

（1）根据界面提示进行注册。

（2）输入学号进行校检，自动匹配学生姓名信息，确认相关信息是否正确。

（3）完成注册认证，正式启用。

3. 开始跑步

可切换到运动版，使用"阳光跑"功能，熟悉学校所制订的跑步计划、规则后点击"开始跑步"按钮，如图 E-3 所示。

（1）公里数：每次跑步须跑完要求的最低公里数。

附录E 课外体育锻炼方案 291

图 E-1

图 E-2

图 E-3

（2）点位打卡。

自由打卡模式：地图随机跳出 4 个点位，必须经过两个必选打卡点和至少一个可选打卡点。点位有一定的感应范围，靠近打卡点，根据提示确认是否经过打卡点。

顺序打卡模式：系统随机跳出需要经过的全部点位，需按照点位标记的顺序 1→2→3

→……依次经过全部点位,未按照顺序靠近点位则不感应。点位有一定的感应范围,靠近打卡点,根据提示确认是否经过打卡点。

按序打卡模式:系统逐个跳出点位,经过点位后,系统跳出下个需要经过的点位,直至经过全部点位。点位有一定的感应范围,靠近打卡点根据提示确认是否经过打卡点。

无点位模式:跑步过程不需要经过任何点位。此模式下只需要按照要求完成最低公里数要求和配速要求,记录即为有效。

具体点位打卡模式以学校要求或软件系统的设置为准。为鼓励诚信跑步,自由打卡模式、顺序打卡模式、按序打卡模式下可按照软件提示解锁无点位跑步。

(3)跑步速度:符合配速要求。

完成以上规则后长按"暂停"按钮可**结束跑步**,跑步记录计入有效成绩。

4. 跑步奖励活动参与方式

为鼓励师生积极参与跑步锻炼,参与活动后,跑步将额外获得计入总目标的公里数或次数。跑步奖励活动参与方法:进入 App 后在首页点击"活动跑"按钮,如图 E-4 所示。**未从此入口进入则视为放弃参与翻倍跑活动。**

是否有奖励活动或奖励活动开放时间具体以学校规定或系统设置(通知)为准。

5. AI 锻炼

App 首页最底部点击"AI 作业"→"开始锻炼"按钮,按照 App 页面提示进行操作,如图 E-5 所示。

AI 锻炼功能可记录用户参与其他锻炼,并可对跑步公里数或次数进行自动抵扣。**是否开放 AI 锻炼、是否可抵扣阳光跑以及参与 AI 锻炼的对象范围以学校要求为准。**

AI 锻炼动作组合以系统内显示的动作组合为准,一个组合为一次有效锻炼,每个组合为单个或若干动作组成,锻炼动作需在规定的时间内完成最低的次数或持续时间,可按照界面提示和视频指导完成一次有效的锻炼。

图 E-4

6. 查看跑步记录

(1)完成跑步后可在"开始跑步"页面查看当前校园跑完成情况(见图 E-6),具体跑步任务要求以学校公告文件为准,留意公告是否对晨跑次数、最少次数或公里数、附件公里数或次数对应的体育成绩奖励等。

(2)学生可通过手机 App 及时查询自己相关的校园跑信息,如对记录和里程有异议者,请及时与客服联系。

7. 联系客服的方式

在使用软件过程中如遇疑问,可保留跑步运行界面截图或录制屏幕,准确描述遇到的情况,以便于快速解决使用过程中遇到的问题,答疑解惑。

(1)可在 App 首页"我"→"客服中心"查看相关注意事项,如图 E-7 所示。

(2)可通过"客服中心"→"人工客服"入口联系咨询。

$$\text{(a)} \qquad \text{(b)} \qquad \text{(c)}$$

图 E-5

（3）可查阅使用注意事项及常见问题解答，如图 E-8 所示。

$$\text{图 E-6} \qquad \text{图 E-7} \qquad \text{图 E-8}$$

参考文献

[1] 张元.焦点与实质——体育教学理论与实践[M].北京：中国文史出版社,2005.
[2] 吴刚.知识演化与社会控制[M].北京：教育科学出版社,2002.
[3] 卢元镇.体育人文社会科学概论高级教程[M].北京：高等教育出版社,2003.
[4] 金福春.体育与健康[M].北京：高等教育出版社,2002.
[5] 钟启泉.体育与健康课程与教学论[M].杭州：浙江教育出版社,2003.
[6] 毛振明.体育教学论[M].北京：高等教育出版社,2017.
[7] 蒋健保.大学体育与健康教程[M].上海：上海交通大学出版社,2016.
[8] 季浏.体育与健康[M].上海：华东师范大学出版社,2001.
[9] 赵文武,张钧,刘晓莉.体育保健学[M].6版.北京：高等教育出版社,2018.
[10] 牛映雪,鹿国晖,刘杨.体育保健与运动康复技术[M].北京：化学工业出版社,2016.
[11] 何福洋.体育保健实践教程[M].北京：北京理工大学出版社,2013.
[12] 中国排球协会.气排球竞赛规则[M].北京：北京体育大学出版社,2013.
[13] 黄汉升.球类运动——排球[M].北京：高等教育出版社,2009.
[14] 黎禾.大众气排球[M].北京：北京体育大学出版社,2016.
[15] 于贵和.软式排球、沙滩排球、气排球理论与方法[M].北京：北京师范大学出版社,2009.
[16] 足球教材编写组.足球[M].北京：高等教育出版社,1998.
[17] 王崇喜.球类运动——足球[M].3版.北京：高等教育出版社,1998.
[18] 何志林,邓达之,余吉成,等.现代足球[M].北京：人民体育出版社,2005.
[19] 蒋健保.现代足球[M].上海：上海交通大学出版社,2015.
[20] 中国足球协会裁判委员会.足球裁判规则2016/2017[M].北京：人民体育出版社,2016.
[21] 苏培仁.乒乓球运动教程[M].北京：高等教育出版社,2004.
[22] 孙麒麟.乒乓球[M].北京：高等教育出版社,2006.
[23] 唐建军.乒乓球运动教程[M].北京：北京体育大学出版社,2006.
[24] 张瑞林.乒乓球运动[M].北京：高等教育出版社,2005.
[25] 张瑛秋.乒乓球直拍技术图解[M].北京：北京体育大学出版社,2014.
[26] 张瑛秋.乒乓球横拍技术图解[M].北京：北京体育大学出版社,2014.
[27] 程云峰.现代乒乓球教学与训练[M].哈尔滨：哈尔滨地图出版社,2005.
[28] 程云峰.乒乓球运动[M].杭州：浙江大学出版社,2015.
[29] 中国乒乓球协会.乒乓球竞赛规则(2017)[M].北京：人民教育出版社,2017.
[30] 肖杰.羽毛球运动理论与实践[M].北京：人民体育出版社,2011.
[31] GRICE TONY.羽毛球运动从入门到精通(图解第二版)[M].孙奇,译.北京：人民邮电出版社,2015.
[32] 谢相和.大学网球教程[M].成都：四川大学出版社,2013.
[33] 郭开强,蒲娟,张小娥.网球教学[M].北京：科学出版社,2016.
[34] 陶志翔.网球运动教程[M].北京：高等教育出版社,2003.
[35] 宛祝平,赵锦锦.嗒嗒球[M].长春：吉林出版社,2015.
[36] 尚志强.嗒嗒球[M].北京：北京体育大学出版社,2004.
[37] 张瑞林.健美操[M].北京：高等教育出版社,2003.

[38] 王莹.街舞[M].北京：人民体育出版社,2009.
[39] 张艳.街舞理论与实践[M].北京：对外经济贸易大学出版社,2010.
[40] 吴东方.体育舞蹈[M].北京：高等教育出版社,2016.
[41] 姜桂萍.体育舞蹈[M].北京：高等教育出版社,2007.
[42] 李小芬.体育舞蹈运动教程[M].北京：北京体育大学出版社,2015.
[43] 洪涛,王娜.形体训练[M].上海：上海交通大学出版社,2015.
[44] 傅强.职业形体塑造[M].北京：北京体育大学出版社,2011.
[45] 蔡仲林,周之华.武术[M].北京：高等教育出版社,2009.
[46] 全国体育院校教材委员会.中国武术教程[M].北京：人民体育出版社,2004.
[47] 曾天雪.八式十六式太极拳[M].武汉：湖北科学技术出版社,2006.
[48] 李德印.十六式太极拳[M].哈尔滨：黑龙江文化音像出版社,2010.
[49] 杨柏龙.健身气功·八段锦[M].北京：人民体育出版社,2003.
[50] 霍瑞明.健身养生八段锦[M].沈阳：辽宁科学技术出版社,2016.
[51] 韩秋红.女子防身术[M].北京：中国原子能出版社,2019.
[52] 许声宏.空手道[M].北京：北京体育大学出版社,2010.
[53] 刘同为,贾平,戴有祥.空手道[M].哈尔滨：黑龙江科学技术出版社,2003.
[54] 庞俊鹏.空手道教程[M].武汉：湖北科学技术出版社,2016.
[55] 刘同为,林官仁,李在凤.跆拳道[M].哈尔滨：黑龙江科学技术出版社,2003.
[56] 刘卫军.跆拳道[M].北京：北京体育大学出版社,2012.
[57] 张瑞林,张丹,张桂铭,等.跆拳道[M].北京：高等教育出版社,2011.
[58] 刘树军.花样跳绳[M].北京：高等教育出版社,2013.
[59] 张晓威.定向越野[M].北京：星球地图出版社,2003.
[60] 张惠红.定向越野[M].北京：高等教育出版社,2006.
[61] 韩秋红.大学体育与健康课程[M].北京：清华大学出版社,2020.